家庭社會工作
Family Social Work

彭懷真◎著

序

本書共十二章，以十二個感謝為序言。

1.謝父母：沒有家父家母，就沒有我。父母生育了六個子女，八個人有超過三千種的關係組合，使我從小就觀察、分析、適應動態的家人關係。

2.謝還未20歲就認識的許惠仙：至今超過四十年，有兒有女，有媳婦有女婿，有孫子孫女外孫女。每一位都是我觀察、分析，希望對方幸福的最親愛家人。

3.東海大學幸福家庭研究推廣中心：33歲起在此三年的主管生涯，帶領十多項方案，成效不錯，獲選為教育部最佳社會教育團體，給我極大信心持續推動家庭社會工作。

4.中華民國幸福家庭促進協會：已經投入超過四分之一世紀，服務對象多元，遍及社會工作各人口群。對於協會裡的眾多夥伴，只能用無數個「讚！」來感謝。

5.台中市政府：與社會局、勞工局等的方案超過百個，接受委託及補助的經費早已超過億元。為了這些方案，記者會、研討會、訓練工作坊等超過百場，簡報、接受的評鑑也上百次。如此珍貴的經驗都來自珍貴的夥伴。

6.內政部、衛生福利部、教育部、彰化縣政府、澎湖縣政府、金門縣政府、連江縣政府等：將眾多方案交給幸福家庭促進協會執行。

7.各方案的服務對象：在一場又一場的說明會、座談會之中，因為您們的發言給予我很多刺激。到某些案家拜訪的經驗，更是可貴。

8. 總統府、行政院、內政部、衛生福利部、婦女權益基金會、國家發展基金會等：邀請我擔任委員、諮議員、董事、特聘研究員，使我能有機會從政府體系、政府設立的基金會、政黨的智庫，全面認識家庭。

9. 媒體：報紙的記者、雜誌的編輯、廣播的主持人、電視台的記者遇到家庭有關的新聞事件，主動聯繫邀我表達看法，使我持續關注家庭議題。

10. 學術界的夥伴：在各方案及研究案的審查中給予寶貴意見，非常感謝。各種專書、教材、授課大綱、研究成果、學位論文等，都成為材料，我像蜜蜂處處取材，醞釀出獨特的蜂蜜。

11. 東海大學的學生：在「婚姻與家庭」、「家庭社會工作專題」、「家庭暴力與性侵害防治」、「性別關係」等課程相遇，深深體會教學相長的快樂。也因為學生的肯定，使我獲得106年台中市優良教育人員的殊榮。

12. 謝謝揚智：為了此書提供編輯、行銷、會計等業務。

最後謝謝讀者。讀者可能是現在或未來投入家庭領域的工作者，期盼此書帶給您「冷靜的腦、溫暖的心、挺直的腰、勤快的腳」。

彭懷真 謹識
序於兒子及孫女2017年的生日

目　錄

圖表目錄

表次

圖次

未刊載但可進一步查詢的表格

第五章

家庭暴力事件通報表，https://www.mohw.gov.tw/dl-15397-c8eb19d3-12f4-439f-a0dc- f9866dcb6b10.htm

各直轄市、縣（市）政府家庭暴力暨（及） 性侵害防治中心受

理家庭暴力事件應行注意事項，https://www.mohw.gov.tw/dl-23278-ea9be7d6-776d-48cf-86f4-76612397826d.html

　　各直轄市、縣（市）政府家庭暴力暨（及）性侵害防治中心受理家庭暴力事件服務流程圖，http://www-ws.pthg.gov.tw/Upload/2015pthg/OldFile/RelFile/FDL/1329/634042465940345000.pdf

第六章

　　兒童及少年高風險家庭關懷輔導處遇通報表，https://www.sfaa.gov.tw/SFAA/ Pages/ashx/File.ashx?FilePath= ~/File/Attach/.

　　高風險家庭評估表，ncuecounseling.ncue.edu.tw/ezfiles/9/1009/img/263/family.pdf

第七章

　　兒童及少年家內性侵害被害人社工處遇模式，https://www.mohw.gov.tw/dl-12846-249bbcc5-cec2-4e15-b289- 4c9669a8c425.html

　　侵害防治中心性侵害案件處理流程，http://social.hsinchu.gov.tw/zh-tw/Duties/Detail/90/

　　「老人保護事件通報表」，https://ecare.mohw.gov.tw/form/PublicDvCtrl?version=v11&func=insert

第十二章

　　安置提審權利告知書，socbu.kcg.gov.tw/download_file.php?file_dir=doc_file

第壹篇
奠定家庭服務的能力

Chapter 1 導　論

- 歡迎進入家庭社會工作的世界
- 輕鬆有效廣泛學習
- 全書架構及特色

第一節　歡迎進入家庭社會工作的世界

一、被嚴重低估的領域

在台灣，「家庭社會工作」特別重要卻也特別容易被忽視。每一種社會工作的領域都離不開家庭，社會工作人員幾乎都要做家庭圖、家庭評估、家庭會談，有時還要進行家庭處遇計畫。在醫院，各種專業人員，誰負責與病患的家屬互動？主要是社工。在法院，法官要找誰去處理家庭暴力、兒童虐待、性侵害、出養收養、子女監護權等難題？當然是社工。在學校，諮商中心與資源教室遇到要和家長打交道的業務時，通常社工身先士卒。在早期療育、安寧療護、吸毒戒治、觀護輔導等，通常也是社工背景者扛起與家人溝通的責任。

家庭社會工作是政府推動社會福利不可少的，各種方案、計畫、服務據點等，紛紛列出以家庭爲對象的重點。地方政府聘請眾多社工，各社會福利機構都有社工課，要求社工處理各種與案主有關的家庭難題。家庭社會工作也是各歷史悠久非營利組織的主要服務項目，家扶、世展、芥菜種會、伊甸、兒福聯盟、幸福家庭協會、向上等等，都致力於以家庭爲中心的專業服務。

對每一位生活在台灣的人而言，都知道家庭是無比的重要。美國社會基本上靠法治，我國則顯然更重視家庭。家庭制度、婚姻關係都建立在文化的基礎上，中華文化的基石建立在家庭的規範之上，五倫之中就有父子、夫妻、兄弟等三倫是家人關係，家族主義的重要性及約束力極爲強大。相對的，美國社會偏向個人主義，對於婚姻、親子、手足等，總是放在對自身有利的基礎上。我們的文化則普遍認爲

個人對家庭付出，理所當然。

我們對家庭裡的問題都不難理解。從小至今，人人都在家庭乃至家族之中成長，都體會到家人之間的複雜關係。人人都有些親戚，各自承受家庭問題的困擾。例如老人照顧、夫妻失和、離婚後的監護權、家人爭奪長輩的財產以致對簿公堂等。人人都有些同學朋友受到貧困、兒童虐待、性侵害或性騷擾的傷害。許多高中生在眾多大學的科系之中優先考慮社工學系，也可能是想藉此更知道怎麼面對自己或好友的問題。

每一位社工系學生，對家庭社會工作一詞也不陌生。大一唸社會工作概論，當然有這一章節，大二學習畫家庭圖、準備實習等，都與家庭社會工作有關。多數大學的社會工作學系都開設了「家庭社會工作」這門課，有些用心規劃了學程，安排了好多種課，還希望學生能優先選擇相關機構去實習。

但是在台灣，「家庭社會工作」特別容易被忽視。政府不重視，沒有一個家庭法、沒有一個家庭政策、沒有一個主管家庭業務的部會、沒有一個專門研究家庭社工的科系、沒有一個處理家庭困境的專業。行政體系之中，衛生福利部沒有家庭署、地方社會局沒有家庭科，基層的鄉鎮市區公所沒有家庭課。專科社工師考試分五個領域，醫療是單獨的，心理衛生是單獨的，老人是單獨的，身障也是單獨的，唯獨家庭是與兒童、青少年、婦女混在一起。

甚至，大學裡的社會工作系也不夠重視這門課。相關的學者、研究、理論，都很少，立足於台灣社會的，更少。例如家庭社會工作源自於美國，但台灣的家庭社工應該以美國的方式為依據為典範嗎？家庭教育的理論及做法顯然過於西方化，忽略我國的家庭狀況的特性。例如，西方的家庭工作主要放在改善夫妻關係之上，大致遵循「夫妻關係良好是所有家人關係經營的重點」。此論點當然有道理，但忽略了中華文化裡親子關係非常重要，父子倫的重要性往往高於夫妻倫。

例如各國都叫殺子自殺，或殺子後自殺，不叫攜子自殺。台灣傳統上還是認為孩子是父母的財產，仍習慣稱呼「攜子自殺」（今周刊，2017），孩子怎麼會想要自殺呢？

二、本書改進昔日缺失

民國88年，內政部社會司委託我主持研擬《社會福利基本法草案》，當時訪問各方面學者、實務工作者，所得到的共同看法是應使以各人口群為區隔的法律有一基本法。基本法的概念源自德國的法制，基本法如同火車頭，各相關人口群如同一節又一節的車廂。

各種社會福利立法與政策，幾乎都與家庭有關，即使原本是針對某一種年齡或身心障礙或族群所立的法律，都將影響該人口群所屬、所生活的家庭。家庭如同性別，無所不在，公共政策的研擬必須注意到家庭的狀況，公共政策的執行必須考慮對家庭的衝擊。政府應仿效性別影響評估的機制，檢視社會福利領域裡的各項法令。

在實踐上，本書基本的立場是「以家庭而非個人為中心，以改善家人關係為重點，以專業社工而非志工為主角，以台灣實踐經驗為體裁」。在服務輸送方面，強調系統及一貫性。透過「界→門→綱→目→科→屬→種」來說明，具體的建議，按照層次依序就是：從法→令→中央→地方→家庭福利服務中心→其他根據服務類別所設的中心→主責社工。詳細的分析在第四章。

在全書的論述上，力求清晰。參考籃球場的種種思維，假定家庭社會工作者為一籃球員，有應當扮演的角色、該遵守的遊戲規則、該完成的任務。在層次上，先分參大篇——奠定家庭服務的能力、透過113業務幫助家庭、透過經濟與司法幫助家庭。每篇四章，每章三節，每節大約在4,000～5,000字。

三、對家庭充滿信心

　　社會工作者日以繼夜處理家庭問題，難免灰心，但應兼顧問題及轉機。看一個家庭，有時會看到千瘡百孔，問題難解。卻也在問題中看到生機，看到家中成員奮鬥的生命力。舉三個例子，舊約聖經主要記錄一個民族的興衰，就是以色列民族。以色列的名字由來是一位原名雅各的人，他欺騙了父親、惡意爭奪了哥哥的祝福，又使母親傷痛欲絕，因而逃離原生家庭，到遠方舅舅那裡討生活。與舅舅惡鬥二十多年，有四個老婆和十二個兒子，幾位女人勾心鬥角，兒子分派對決……。表面上看，這是最糟糕的家，卻也是最有生命力的家，由此產生了歷史上精采的民族。

　　再看當今全球第一大城，紐約原名新阿姆斯特丹，1624年2月25日一艘船航向這個小村落，上面有對新婚夫婦，先生是19歲來自法國瓦隆先的約里斯・拉帕伊，妻子是18歲來自荷蘭阿姆斯特丹的卡塔琳娜・崔理科，他們結婚才八天，一起航向冒險之旅。他們生了十一個兒女，丈夫活到1662年。在妻子80歲時，已經有一百五十位子孫。到了21世紀初，超過一百萬人，是紐約各地最重要的家族之一，也是將美國文化與荷蘭文化連結的最重要力量（吳緯疆譯，2017）。

　　在台灣，葉氏家族掃墓已經是客家文化不可少的奇景。葉春日先生1735年渡海來台，在新屋區的大牛欄落腳建立家業，有五房子孫分別命名「大榮」、「大華」、「大富」、「大貴」、「大春」，象徵人間五大美事，後世統稱為葉五美公。子孫開枝散葉，全球各地處處有後人。每一年他的後代在清明祭祖，到2017年已經有二百八十二年歷史，近年每次都有八千多人各房子孫從海內外返回桃園新屋，展現對自己家族根源的認同，把「葉五美公祖塔宗祠」擠得水洩不通，場面隆重壯觀。子孫輪流點香到祠堂祭祖，光是金銀財寶金紙就燒了好

幾小時,掃墓對於葉家人而言,除了追思祖先之外,更要凝聚龐大宗族的向心力,表達後代子孫飲水思源的美德。

這些家族都有各種難題,卻持續發展。家庭社會工作的重要學者Collins、Jordan和Coleman（2013）提醒十三個基本又普遍的信念,特別在本書之首,以英文及中文呈現:

Belief 1：Families want to be healthy. 家庭都希望健康

Belief 2：Families want to stay together and overcome their differences. 家人希望聚在一起並克服彼此的歧見

Belief 3：Parents need understanding and supporting for the challenges involved in keeping relationship staying and raising children. 為了維持關係和養育子女,家長需要獲得瞭解和支持以面對挑戰

Belief 4：Parents can learn positive, effective ways of responding to their children if they have opportunities to obtain support, knowledge, and skills. 如果家長有機會獲得支持、知識和技能,就能夠學會以正向且有效的方式回應子女

Belief 5：Parents's basic needs must be met before they can respond effectively and positively to the needs of their children. 家長基本需求必須先獲得滿足,才可有效且正向回應子女的需求

Belief 6：Every family member need nurturing. 每一位家庭成員都需要滋養

Belief 7：Family members, regardless of gender or age, deserve respect from each other. 不論性別或年齡,家庭成員都應該彼此尊重

Belief 8：A child's emotional and behavioral difficulties should be

viewed within the context of the family and the larger social environment. 孩童的情緒和行為困難應放在家庭和更大的社會環境脈絡之中去正視

Belief 9：All people need a family. 所有人都需要家庭

Belief 10：Most family difficulties do not appear oversight but have developed gradually over years. 大多數的家庭問題都不是一夜之間出現，而是經年累月的結果

Belief 11：A difference exits between thoughts and actions in parenting. 教養的想法和行動總是有差別

Belief 12：A difference exits between being a perfect parent and being a good enough parent. 當個完美的家長和當個還不錯的家長還是有所差別

Belief 13：Families require fair and equal treatment from environmental system. 家庭必須有環境系統公正及平等對待

Featherstone（2004）強調協力的重要性，家庭社會工作者必須與男人、與女人、與伴侶，一起面對家庭的問題。在多元化的狀態裡，不可能靠專業工作者獨立的判斷。社工不能在象牙塔、辦公室或會議室之中為不同類型的家庭做決定。

 第二節　輕鬆有效廣泛學習

一、學什麼

(一)基本概念

　　家庭社會工作就是以家庭為對象所從事的社會工作，對家庭各成員的需求和問題提供幫助。若某個家庭裡個人的家庭角色執行困難，或是家人關係有問題，導致家庭功能無法發揮，更需要家庭社會工作給予協助（DuBois & Miley, 2005; 彭懷真，2009）。

　　家庭社會工作並不只是個別的處理家庭成員的問題，而是以與家庭互動有關的問題為主；它採取社會工作方法或理論，以家庭整體為核心所提供的各項服務；它以家庭整體為取向，視個人的問題為家庭失功能的一種症狀，是家庭受到內外在環境的影響所產生的現象；它重視家庭內部結構、系統和溝通問題，以及與外在生態系統環境的互動關係；目的在協助家庭能在變遷的社會中發揮功能，有良好的家人互動關係可以促進個人健全的發展，是一種以家庭為中心的社會工作處遇方法（修正自謝秀芬，2007、2011）。

　　凡是採取社會工作方法或理論，以家庭整體為核心所提供的各項家庭服務，都屬於家庭社會工作。家庭社會工作並非個別的處理家庭成員的問題，而是以家庭整體為核心所提供的各項家庭協助工作。臨床家庭社會工作以家庭成員在家庭的角色實行上有困難者為對象，把各種障礙的解決放在家庭關係上。利用綜融社會工作之原則與方法，協助案主瞭解需求，啓發潛能，增強解決問題的能力（McCarthy &

Edwards, 2011）。

　　社會工作者對家庭協助的重點，從傳統角度來看主要有四方面：
(1)家人關係的問題，如夫妻關係、婆媳關係、親子關係等衝突；(2)
家庭成員缺少或失去功能所製造的問題；(3)家庭成員有社會適應困難
所產生的問題；(4)缺乏社會資源所產生的問題（彭懷真，2013）。當
代則更重視：家庭暴力、高風險、家庭內虐待疏忽等。社會工作者被
司法體系借重，成為處理家事的重要夥伴，在收養、出養、寄養等業
務，扮演主要角色（彭懷真，2015）。

　　《家事事件法》更是家庭社會工作領域的重要舞台，該法從2012
年6月起施行，是法院處理關於婚姻、親子、繼承、收養、未成年人
監護、親屬間扶養、失蹤人財產管理、宣告死亡、監護宣告、輔助宣
告、兒童少年或身心障礙者保護安置、嚴重精神病人聲請停止緊急安
置或強制住院等依據的法律，家庭社會工作者在這些業務中，積極按
照專業提供意見及服務。

(二)充權及優勢觀點

　　充權（empowerment）是家庭社會工作最看重的策略及目標，
包含：(1)家庭社會工作者與案家之間是合作夥伴關係；強調並擴
大案家的能力（ability）和優勢（strength）；關注家庭與環境；尊
重案主為積極的主體；多注意受到剝奪和壓制的人群；(2)參與者
（membership）：看重服務的對象如同服務者，享有隨之而來的自
尊、尊嚴和責任。人們的聲音應該被聽到，需要得到滿足，不公平受
到重視，從而實現夢想；(3)復原力（resilience）：人們在遭遇嚴重麻
煩時具有復原力，個人和社區可以超越和克服負面事件；(4)對話與
合作（dialogue and cooperation）：在對話中，當事人確認他人的重要
性，開始彌補個人、他人和制度之間的裂縫（周月清，2001；DuBois
& Miley, 2005）。每個個人、家庭都有優勢（如財富、資源、智慧、

知識等），創傷、虐待、疾病固然有傷害性，但可能是挑戰和機遇。所有環境都存在著資源，社會工作者注重關懷、照顧和脈絡，以優勢取向可以激發案家和社會工作者的樂觀情緒、希望和動機（Langer & Lietz, 2015）。

強調家庭優勢和正向選擇是本書的基本立場，Jordan、Collins和Coleman（2013）提出家庭社會工作的四項指導原則，本書認同，並進一步呈現在本書各章之中。

1. 原則一：協助家庭最適合的地點就是他們家裡，因此社工須進入家庭，家庭訪視為最重要的工作方法。
2. 原則二：家庭社會工作讓家庭充權以解決他們自己的問題，因此要激發家庭的生命力，鼓勵家人面對及處理各種挑戰。
3. 原則三：處遇必須個別化，以家庭的社會、心理、文化、教育、經濟和物質特質評估為基礎。家家有本難念的經，家家有不同面貌，需依照家庭各自的狀況，找尋適合的處遇方案。
4. 原則四：家庭社會工作者必須先回應家庭的立即需求，然後也處理他們的長期目標。「衣食足方知榮辱」，經濟議題不能忽視。若家庭發生婚姻暴力、兒童虐待或老人虐待，應先停止此類違法行為，然後有持續的種種專業處理。

充權是一項參與的結果，也是一種參與的過程，目的是使服務的家庭發展力量感，期待案家獲得特定的技巧、知識及足夠的力量，去影響他們自己的生活及所關心之人的生活（魏希聖譯，2013）。

二、如何學

(一)看新聞——強化感覺及分析能力

　　讀理論使社工有「冷靜的頭腦」，看新聞促使社工有「敏銳的感覺」，觀賞電影和影集則使社工有「寬廣的視野」，說明如下：

◆悲劇事件

　　2011年，新竹市一名資歷不到五個月的年輕社工，接獲通報有一位未滿2歲女童，肚子上大片瘀傷的案件。經過兩次家訪調查，該社工未親眼確認兒童腹部傷勢，因為看到小女生窩在媽媽懷裡，回來寫報告指兒童與案母依附關係緊密，看不出有虐待或是恐懼神情，因此未成案。十一天後，女童再次受虐送醫，急救無效不幸死亡。事後監察院以草率讓專業及經驗不足應付重大案件的社工上第一線服務，並未善盡督導為由，彈劾社會處處長和專員，創下兒虐調查事件彈劾官員的先例。

　　當社工手中同時處理多案，分給孩子的時間密度就不夠，如果專業能力不足，可能無法發現孩子受虐的蛛絲馬跡。例如2017年6月，新北市一名因遭受家暴而被列管在案的8歲男童，被生母與同居人活活打死。這位早在兩個月前就進入兒少保護系統的孩子，還是來不及長大。

　　上述這兩件屬於單獨的新聞（news），各種113悲劇是媒體關注的焦點。許多悲劇新聞有共通性，成為媒體追蹤的事件（event），例如《今周刊》在2017年7月底的封面專題報導是「誰讓他們來不及長大」，說明2016年底列管的受虐兒達9,470人，被通報的孩子每週仍有2.4人死亡。2016年，全台灣兒童、青少年因遭受虐待而通報後的死亡

人數，創下歷年新高，達127人，也就是平均每週有2.4名兒少死亡，是台灣20歲以下死亡率的64倍。2017年第一季經通報後的兒少死亡人數達51人，已超過2016年的四成。

◆**政策爭議**

例如教育部於105年3月啟動《家庭教育法》修法工作，為求周延及形成共識，辦理二十多場諮詢座談和四區公聽會。106年7月13日辦理全國性公聽會時，部分家長團體提出與原始版本不同的意見，爆發衝突。衝突點主要有三：

首先是「憑什麼把負責教育子女的父母排於法外！」修正後的《家庭教育法草案》第6條：「各主管機關選派專家、機構代表組成教育推展會。」委員會的推選排除家長代表團體，沒有規定家長代表應出席。但是，《教育基本法》第8條：「家長有教育子女的權利。」孩子所接受的家庭教育首先接觸的當然是家長，家長應該有權對委員會提供寶貴意見，推展委員會強勢主導家庭教育功能並不合適。與會人士建議家長應有三分之一的保障名額。

其次是第15條：「學生輔導工作，必要時請求『家庭教育機構』或團體協助。」被質疑是將輔導學生相關工作交由機關或輔導人員，沒有立即通知家長，反而想要聯合輔導團體隱瞞家長。在場家長團體批評，委員會可能為專家們背書，忽略和孩子切身相關的家長，學生行為偏差家長恐怕不知。學生重大違規時，第一時間由輔導員處理而不一定知會家長？如此做顯示教育部忽略了學生家長教育權。家長是兒童照顧者，怎能在學生行為偏差時，排除家長於法外？

第三可能造成「輔導員有權無責，家長有責無權。」家長認為輔導員責任不是帶頭隱瞞學生父母，有時父母和孩子的隔閡本源就是從拒絕溝通開始。

由此修法爭議可看出，家長、家長團體、學校輔導員、家庭教育

機構或團體、專家、機構代表、教育部等，對如何落實家庭教育，如何處理學生輔導的立場，顯然不同。社會工作者如果執行與家庭教育有關的工作時，應多注意不同任務團體（如家長、學校、政府）的差別立場。

◆閱讀新聞的評論

對於家庭悲劇，從四個角度的掌握都不可少：事實瞭解、原因分析、實際面對、未來預測（彭懷眞，2013）。媒體應負責報導事實，學者進行原因分析及未來預測，社會工作者及政府官員是實際面對的靈魂人物。學者基於專業立場的評論，是社會工作實務者應多加注意及參考的（彭懷眞，2017）。

(二)看影集

社會工作者要避免只從自己的人生經驗去判斷，因此要大量閱讀、廣泛學習、接受訓練及督導。有一種學習材料是當代社工輕易可以得到，又可配合自己的時間、心情、理解程度，自在學習，就是電影及影集。

連續劇裡常呈現各種家庭的面貌，但連續劇的劇情較慢，人物太少，對話又太多。若希望在知識上有所長進、在專業上有所增進，建議挑選當代的，與社工有些關聯的比較有幫助。專門以社工人為主角的系列影集，我孤陋寡聞，從未欣賞過。但可透過相關助人專業的職場經驗多所體會。社工大批在醫療體系工作，因此《實習醫師》、《麻醉風暴》、《急診室的春天》是線索。常常要面對犯罪事件，因此《犯罪心理學》、《疑犯追蹤》、《CSI犯罪現場》可供參考。要進法院，因此《法庭女王》是好的選擇。要面對社會新聞事件，因此《新聞急先鋒》值得欣賞。要知道政府體系裡的動態，因此《白宮風雲》和《紙牌屋》提供了線索。

處理保護性個案是高難度的考驗，社工需要如同刑警及各種犯罪偵防人員，用銳利的眼光檢視婚姻暴力、兒童虐待、性侵害。社工要如外科醫師，用手術刀切割某些病態的家人關係。社工也要如法官的眼睛耳朵，能在各種分歧的陳述之中裡判斷。社工還要有記者的好奇心，對各種蛛絲馬跡窮追不捨。

影集每一集五十分鐘，緊湊傳達動態又複雜的訊息，比起連續劇更吸引人。社工跟著主角進入自己所不熟悉的環境，輕鬆沒有代價就可以觀察各種家庭、職場等的面貌，就可以更瞭解各種專業人士如何處理關係，無論對方是病人、罪犯、受害者。

觀賞影集之後，再讀教材、讀論文、看論文，比較容易弄懂，因為腦海裡有實際的案例，有動態的劇情，劇情有如生活的教材。

(三)看電影

兩個小時的電影提供社工各種學習的材料，第54屆金馬獎入圍名單揭曉，在競爭激烈的影帝入圍者之中，有我近年最欣賞的莊凱勛。我首次注意到莊凱勛是他在《候鳥來的季節》盡情展現演技，這部戲被我挑選為《比人生更真實的是電影啊！》書中的第一部電影，導演蔡銀娟曾擔任社工，深刻瞭解台灣社會的豐富面貌。該片中莊凱勛演苦命的弟弟，始終是哥哥及家庭的配角。處處成全哥哥的鄉下老弟爆肝卻不敢開口要求手足捐肝，他有心愛的女人卻因學歷低只能奉母之命娶了早有愛人的越南女子。最後，他在醫院瀕死時，妻子在產房臨盆生下娃兒。父親死了，生母回越南，孩子給了四處求助渴望有骨肉的哥哥嫂嫂！

在《愛琳娜》裡，莊凱勛不再是配角，主演計程車司機，與美女小提琴老師無話不談，卻總是友情高於愛情。心愛的女人急著結婚，不斷相親，與富二代上了床又被拋棄。老實的運匠娶了愛琳娜，照顧別人的骨肉。

　　生父、養父，誰是主角，誰又是配角？有血緣關係的，未必是好父親。太多失職的爹，讓社會工作者疲於奔命；又有很多男人短暫享樂後，女人得承擔所有生育養育教育的壓力。相對的，有些沒血緣，領養了另一個男人精子所孕育的生命，盡心竭力，卻還擔心是否被充分接納！

　　過去描述女性經歷此類痛苦的電影比較多，莊凱勛則讓我們體會男人的心境。

　　本書最後一章介紹寄養、領養，社會工作者在處理「沒有血緣的親情」時該如何做？當「有血緣的親情」無法持續，必須出養，社會工作者又該如何陪同當事人走過這樣煎熬的過程？可以好好看一些真實又真誠的電影。

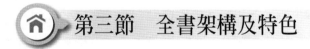

第三節　全書架構及特色

一、透過籃球比賽分析家庭社工

　　喜歡打籃球、看籃球賽的朋友眾多。籃球場是充滿挑戰又有趣味的地方，只要上場的人都希望獲勝。從事家庭社會工作，彷彿是打籃球，有時一對一單挑，社工面對案主，如同一對一。有時一對二，例如婚姻諮商。有時三對三打半場，社工與專業夥伴（如警察局分局的家庭暴力防治官、派出所的社區家庭暴力防治官、諮商師、精神科醫師、法官、家庭教育中心的工作者）面對案家，對方三個人，社工需依賴專業夥伴。有時五對五打全場，有些家庭問題極為複雜，例如家內亂倫性侵、老人虐待，又如寄養安置或出養領養，就要組成專業團隊，共同改善。

　　一支籃球隊通常十二人，所以這本書用三大篇十二章依序介紹豐富的家庭社會工作領域。第壹篇重點在「奠定家庭服務的能力」，第一章描繪社會工作最重要的領域的整體面貌，強調訓練家庭社工基本功夫。第二章依序簡介家庭圖、家庭環境圖、家庭理論。第三章主題為掌握家庭全貌，解釋家庭訪視、家庭空間、家庭評估。籃球要打得好，平日要苦練基本功，上場的經驗絕不可少。家庭社工要從擔任志工、實習、陪同家訪、負責家訪、參加專業團隊、個案研討會等情境中，多多累積經驗。第四章說明「法令及服務輸送」，家庭社工如同球員，要聽教練的指導，籃球比賽叫暫停時，教練常常拿著一個小白板，在上面畫著攻防的戰術，有時用術語的縮寫提醒場上的球員該如何如何。籃球有一些術語，例如APG（單場平均助攻次數）、AST（助攻次數）、BLK（籃板球數）、FG（投籃成功次數）、FT%（罰球命中率）、PF（犯規次數）、PPG（平均得分）等。家庭社工領域也有各種術語，例如家系圖、生態圖、113、高風險、特殊境遇、自立脫貧、身障信託等。

　　球員透過教學影片瞭解球場上的千變萬化，社工也可透過各種電影及影集強化自己的能力，累積對案主的同理心及處遇的臨場感。社工對家庭的介入方法，如同籃球，各種會談、諮詢、諮商、處遇、治療、調解，就像處理球。與球互動的技巧不少，主要是投球、搶球、持球、盤球、傳球、抄球等，高難度卻是基本功，偶而要運用假動作，社工攻破案主的防禦之心，使專業得以介入。打籃球上籃球場，需認識球場的規則，家庭社會工作者需要認識的法令，政府的相關法律、命令、計畫方案，是社工須依循的準則，在框架中展現專業。

　　籃球場上有各種角色，社工從事家庭服務也有各種角色。五對五的先發，通常分成三種主要角色——前鋒、中鋒與後衛，另外有些球員視需要上場替補。社工面對家庭，有些主要職責是前鋒，有些類似中鋒，有些則像後衛，另一些是替補。

　　前鋒方面，社會工作者有時得衝鋒陷陣，面對家庭暴力、婚姻暴力、兒童虐待、老人虐待、兒童性侵害甚至亂倫等難題，代表公權力，設法保護被害者，又改變加害者。加害者相對於這些非自願性案主，是不容易會談及處遇的對象，如同球場上難纏的對手。在第五章、第六章和第七章詳細介紹。有時社會工作者如同中鋒，要搶籃板，再傳給同隊的隊友，如家庭教育、諮商、治療等領域的夥伴。至於家庭維繫服務、家庭重聚服務、家庭支持方案等，社工是主力，希望化解種種對家庭的考驗。

　　簡單歸納，第貳篇的主題是「透過113業務幫助家庭」，第五章重點是家庭與婚姻暴力，第六章是兒童虐待與高風險，第七章是性侵害、亂倫與老人虐待。第八章，則強調多方面的處遇，從社工、諮商治療、家庭教育及社會等方面，都可以著力。

　　第參篇的主題是「透過經濟與司法幫助家庭」，經濟面有守有攻，第九章介紹各種幫助家庭的資源，目的在濟貧，如同防守，避免家庭進一步的不幸。第十章則強調脫貧，彷彿進攻，包括協助就業、理財脫貧、信託保障等。司法面也有守有攻，第十一章以《家事事件法》及家事調解為主，偏重防守。第十二章的寄養、安置、出養、收養，則是為孩子及家庭找尋更好的安排，社工的角色更積極主動。

　　詳細分析第參篇的內容，貧窮家庭困難特別多，社會工作者引進資源是他助，案家也得自助。第九章重點是濟貧，第十章介紹脫貧。如同籃球場上，控球後衛掌握球隊攻守的節奏，通常由個性較為保守穩健者負責。濟貧本質上是保守的，不宜躁進，須依法執行。脫貧則如同得分後衛，積極主動，志在得分，執行脫貧方案的社工，應該更主動，爭取好的表現。

　　社工不一定都是先發的，也可能是助手是替補。近年來家庭社工與司法愈來愈密切合作，尤其是在家事事件裡的配合。社會工作者有時當配角，適時支援而非自己衝鋒陷陣。例如在法院的家庭暴力事件

服務處、家事事件服務處之中，社工與法官配合，又得依法陪同孩子面對司法流程，面對一件又一件棘手的考驗，如第十一章介紹的《家事事件法》。有時社工處理四養——認養、寄養、出養、安養等，這是第十二章的重點。

　　全書十二章，每章三節，各章都先有一些我個人經驗的分享，然後有一萬多字的解說，必要時配合表格來說明。某些政府的表格，則告知如何查詢，在圖表目錄裡可以查到。關於註釋，讀者可以就近在該章參考書目處進一步瞭解，各章的書目分「直接引述」及「參考文獻」，前者是內文直接參考的，後者是與該章相關但未直接引用的。

二、獨特、即時、高水準、實用

　　家庭社會工作者是最靠近家庭的專業人員，也是社會福利服務輸送的尖兵。身為第一線的社工固然應該彈性、靈活、同理，但也不能忘記自己需執行與家庭有關的法令，需知道自己受僱於政府的社政體系或某個承接政府方案的非營利組織。即使聘用自己的組織並非執行政府委辦的業務，社工也得熟悉法規。社工一方面是專業社會工作者（professional social worker），同時也是組織人（organizational person）。籃球場的球員展現球技時要按照籃球規則打球，社工也得熟悉專業規則及組織運作原則。

　　在各年齡人口群之中，兒童因為生活在家庭的時間長，所以許多家庭社會工作的書籍特別看重兒童，偏重兒童的發展及照顧。如此的安排，不夠周全。社會固然對兒童（尤其是弱勢家庭的兒童）排除，對婦女、老人也有各種排除，婦女和老人在家庭裡的時間也很長，也常受到社會排除或歧視。所以本書特別注意到婚姻暴力、老人虐待等議題。此外，家庭暴力與性侵害經常被分割成兩個領域，其實有相當大的重疊，例如對兒童的虐待包括性虐待，在家庭裡的亂倫問題的嚴

重性顯然被低估，應多加注意。

長久以來，過於保守、過於謹慎、過於切割、過分強調分工製造了不少問題，侷限了家庭社會工作。家庭社會工作者很少對於經濟、金融、法律、司法等大方接納，主動合作。其實應該多引進這些成熟且資源豐富的專業一起幫助家庭，這些年我帶領的團隊在這四方面都有所投入，也都累積寶貴的經驗，在本書一一介紹。社工朋友應充滿自信，我們固然需要其他專業的挹注，其他專業也需要社會工作者，畢竟任何助人專業服務都離不開家庭，社會工作者又是最瞭解家庭，與家庭互動最密切的。

編寫此書時，我把握4U：unique（獨特）、update（即時）、upgrade（高水準）及useful（實用），希望站在對讀者方便的立場寫一本真正結合理論與實務的教科書，適時引用新的法規、方案、資料、資訊、研究及知識。除了撰寫之外，認真編輯，希望全書層次分明、容易閱讀及掌握重點。更重要的，本書有如家庭領域的工作手冊，社工能按照書中所說明的，依序執行，也整理進一步閱讀的書籍、網站，提供社工持續學習。

本章書目

一、直接引述

《今周刊》（2017）。〈誰讓他們來不及長大〉專題報導。2017年7月。

吳緯疆譯（2017）。Russell Shorto原著。《阿姆斯特丹：一座自由主義之都》。台北：八旗。

周月清（2001）。《家庭社會工作——理論與方法》。台北：五南。

彭懷真（1999）。《社會福利基本法草案》。台北：內政部委託。

彭懷真（2009）。《婚姻與家庭》。台北：巨流。

彭懷真（2013）。《社會問題》。台北：洪葉。

彭懷真（2015）。《家庭與家人關係》。台北：洪葉。

彭懷真（2016）。《比人生更真實的是電影啊！》。台北：天下。

彭懷真（2017）。《社會工作概論》。台北：洪葉。

謝秀芬（2007）。《家庭與家庭服務：家庭整體為中心的福利服務之研究》。台北：五南。

謝秀芬（2011）。《家庭社會工作》。台北：雙葉。

魏希聖譯（2013）。Catheleen Jordan、Donald Collins、Heather Coleman原著。《家庭社會工作》。台北：洪葉。

Collins, D., C. Jordan, & H. Coleman (2013). *Family Social Work*. Brooks/Cole, Cengage Learning.

DuBois, B. L., & K. K. Miley (2005). *Social Work: An Empowering Profession*. Allyn & Bacon.

Featherstone, B. (2004). *Family Life and Family Support: A Feminist Analysis*. J. W. Arrowsmith.

Langer, C. L., & C. Lietz. (2015). *Applying Theory to Generalist Social Work* Practice. Wiley.

McCarthy, J. R., & R. Edwards (2011). *Key Concepts in Family Studies*. SAGE Publications.

二、參考文獻

中華民國社區發展研究訓練中心（1991）。《社會工作辭典》。

Gluckman, M. (2001). *Family and Social Network: Roles, Norms, and External Relationships in Ordinary Urban Families*. Routledge.

LIS, Cross-national Data Center in Luxemburg (2017). Inequality and Poverty Key Figures. Retrieved May 1, 2017, from http://www.lisdatacenter.org/lis-ikfwebapp/app/search-ikf-figures

Chapter 2

訪視家庭

- 無可取代的重要工作
- 掌握訪視的流程
- 觀察內外環境

第一節　無可取代的重要工作

一、幾個親身經驗

(一)老師的宿舍及研究室

　　從長期累積的親身經驗說起。我住在東海大學的教職員宿舍，既然是宿舍，格局應該相近，家庭裡的空間相似。其實，就像高中生穿制服，制服（uniform）從英文直接翻譯的意思是「單一的形式」，但外表的單一絕不表示內在的一致，高中生千百種樣貌。教職員宿舍裡也各式各樣，比停在家門口前的車子，還要多元複雜，令人好奇。

　　每一學期初，宿舍的使用幅度變動，有些老師搬走了，宿舍交還學校，學校重新公告。符合申請資格者有半個月的時間可以去看，決定是否要新申請或換宿舍。我利用這時間，去看了一些宿舍。另外，老師們之間彼此往來，我也去了好些同事的家中。結論是：外頭的長相，絕對無法顯示裡面的模樣。實際進入，才知道裡頭的差別這麼大。空宿舍與單身老師或闔府同住的，差別更大。空宿舍，如同house，只是房子。老師全家住的，則如home，才有family的感覺。

　　我要等宿舍開放申請或其他老師邀請，才可以進到其他人的居住空間。但是社會工作者，可以透過家庭訪問，進到好多人的家裡。這是多麼特別多麼有趣！

　　現代社會，人們愈來愈不喜歡把家門敞開，讓外人進來。大多數人選擇在餐廳、咖啡館乃至便利商店說話，如此是難以觀察居住空間對一個人的影響力。我抗拒這些商業化的機制，樂於接待朋友、學

生、教會信徒等來家裡。與妻子每年至少有七、八回在家裡請人吃飯，從幾個人到二十幾個食客，幾乎都能賓主盡歡，無須考慮大聲喧譁干擾其他人，無須擔心服務人員的臉色。在家裡的空間，理性的訊息及感性的分享使大量且有效的溝通順利運作。我大大方方接待來賓，每一間房門都是開的，對方觀察自己所居住的空間，也就能更深入認識我。

你可以先練習觀察學校裡的辦公室，在大學中有許多的系，每個辦公室的擺設都不相同。有的美觀，對空間做整體造型，用的是昂貴的設備；有的節省，破舊的辦公桌還在用或許表示務實。有的重視公共空間，以較大的區域提供老師學生活動；另一些以主任和助教辦公為優先考慮，老師學生進來，連坐的地方都欠缺。有的系主任也在系辦公室辦公，和助教擠在一塊；有的有獨立的辦公室，有的則只能在小研究室裡辦公。深入去看，還有好多線索。助教間的關係是否和諧，他們與系主任的配合度如何，成為系辦公室氣氛好壞的關鍵。從天天充滿歡樂到如同北極冰庫的，林林總總，有些樂意學生進入系辦公室，有些則讓人抗拒。

老師的研究室也是練習觀察的空間，研究室有一部分像是家庭的空間，展現出使用者的個性、習慣、作風。你可以到不同老師研究室請教，順便觀察裡面的擺設，再想想老師的待人處事、教學風格，一定挺有趣。

(二)我是透過家庭訪視認識社工專業的

我在大學及研究所時，到過幾百個家庭進行貧民身分的複查。絕大多數貧困者的住所擁擠，各種用途擠在狹小的空間裡，好些都不能算是人們想像中的家戶，有些是正式建築物與圍牆間的走道，有些是沒有窗戶的地下室，有些是親友的車庫改裝……台北市政府曾經為貧窮家戶興建安康國宅，每戶十到十四坪，我去家訪，目睹擁擠窘迫。

在馬偕醫院實習時，那時還未實施全民健保，經濟協助是社工的重要職責。但如何確認某位申請者確有需要，社工的家庭訪問為不可少的依據。有位中年女性每週需兩次洗腎，所費不貲，我被指派去家中訪視。出發前看資料，案主的先生畢業於黃埔軍校，兒女皆為台大學生，家住在大直。以這些線索判斷，家境應該不會太差。

經過不容易尋找的過程，發現全家住在違章建築，家長早已退伍，女兒念夜間部以方便打工，兒子則兼了兩個家教以貼補家用。全家所得，還不夠女主人每月洗腎的開銷。

「人比人，氣死人」，愈是弱勢，比較時愈容易生氣。社工的待遇普遍不高，在高度壓力之下，難以心平氣和。在三軍總醫院實習時被指派去家訪，恰巧訪視的案家在六張犁比較昂貴的社區，我則住在相距不到一公里一間十四坪開窗就見到公墓的破國宅裡。我這位年輕學生，穿著舊衣服去高級住宅，心中忐忑。開門的是案主的姐姐，盛裝打扮，她開口就說：「以往社工來過，都沒回覆我們的問題。」態度並不友善，我立刻覺得自己矮了一截。調整心情後，在房間裡與案主談了許久，再與家人互動，溝通效果就好多了。那天離開案家，走回破舊住家，慶幸自己的家雖老舊，無需面對盛氣凌人、氣氛詭異的居住空間。

近年來，幸福家庭促進協會推動自立家庭方案，服務低收入戶。我也去拜訪一些家戶，例如十坪大小的兩樓違建，一樓單親媽媽賣早餐，二樓她與五個子女住，最小的16歲，真是辛苦。

(三)我是透過家庭訪視聘用社工新人的

十年前，協會開始與台中市政府推動「弱勢家庭個案管理計畫」，聘用的社工從四位陸續增加到二十四位，另有多項人力服務方案，聘用許多社工，如ICF方案使協會聘用的社工進到上千個家庭訪視。

　　社會工作的特色就是對案主的家庭更廣、更深入、更全面認識。協會每一次決定錄取某位社工，必然包含面試。面試早已被人力資源管理者證明是各種甄選人才方法中最有效的，其次才是在校成績、筆試成績，至於推薦信通常是最沒用的。

　　爲何短短十幾分鐘或二十幾分鐘的面試比大學四年的成績還重要？因爲各用人單位要的不是一位會讀書的好學生，而是能做事、能處理人際關係、能應變的社工。這些能力唯有透過面試才可以判斷。

　　爲何筆試的鑑別度高卻不如面試的效果？政府的國家考試依照筆試成績挑選人才，早已出現各種問題，不斷有學者及高官呼籲要增加面試。社工師或公職社工師執行多年，用人單位持續建議一定要增加面試。

　　我每年主持至少主持十幾回聘用社工的面試，一同挑選人才的必然有協會的人力組長，還邀請用人單位的主管和督導。沒有例外，最重要的主題是「家庭訪問」，從經驗、能力、意願、感受到挫折，反覆詢問。可以說，一位求職者不會家訪，幾乎難以被聘用。

　　在台灣經濟還未快速發展的年代，家與家之間的界限不明顯，人們很容易就進到其他人的家裡。例如眷村、公教宿舍，有些整排連在一起，各家戶甚至沒有廁所，要離開小小的住所到外頭去上廁所，家與家之間彼此聯繫方便又頻繁。傳統的三合院或農宅，進出十分方便，孩子跑來跑去。在這種大環境裡成長，要進入其他人的家，挺自然挺方便。

　　然後，公寓、大廈乃至豪宅愈來愈普遍，家家戶戶裝上鐵門，大樓或集合住宅紛紛設置管理人員，進入其他人的家裡變成少有的經驗。因此年輕的一代，不習慣去其他人的家，新手社工對於去案主的家裡訪視，多半緊張甚至抗拒。按規定應家訪的對象，社工設法以電話訪問取代；必須見面則約在外頭，找個便利商店或麥當勞談話。這樣做，並不合宜，畢竟「百聞不如一見」，從事家庭方面的工作，當

然得進入家庭的空間，好好觀察一番（Ruspini, 2013）。

二、社工專業緣起於家庭訪問

　　社會工作絕不是靠書面文件就可以進行的，此專業必須透過大量的溝通進行，而書面並非好的溝通方式。電話或Line比書面文件有效，但最好的還是面對面。就像醫師不能只靠書面資料來診斷病人，必須當面看診。社會工作者有如家庭的醫師，必須親自家庭訪視。

　　家庭訪問與社會工作的歷史一樣悠久，在慈善組織會社（Charity Organization Society, COS）的友好訪問員（friendly visitors）已開始做家坊。慈善組織會社出現於1877年，美國的水牛城率先成立，不少城市都學習之。當時，該協會邀請志願服務者和付少數費用的員工提供服務，幫助的對象，包含貧民、病患、孤兒甚至是罪犯（莊秀美，2004）。

　　慈善組織會社請友好訪問員專門訪問案主，經過一連串的調查手續之後，對個案情形分別處理。強調以「個人及家庭」作為深入調查的處遇方式是社會個案工作的先驅，有助於個案工作的推動，發展出系統化和可教導的特殊技術。自此以後，專業化的個案工作正式展開。

　　社工走向專業化最關鍵的著作是芮奇孟（Mary Richmond）所寫《社會診斷學》（*Social Diagnosis*），強調社工必須先診斷才可能進行各種專業的處遇。1889年起，芮奇孟靠著自身堅信的信條，透過慈善團體照顧無數的窮人，她有一本小小的隨身筆記，上面記載與窮人做訪談的情形，包括健康情形的問候、小孩的近況、教堂和金錢方面的問題，透過訪談、協調，進而幫助他們改善現況。基於這些寶貴經驗，她撰寫《對貧窮者的親善訪視》（*Friendly Visiting Among the Poor*），對於社會工作者在司法體系中應如何為案主謀求福祉，也深

入討論（莊秀美，2004）。

　　她採借自醫學的分析模式，使用了「診斷」的名稱，本質上是一套「評估」（assessment）的架構。診斷的過程需蒐集案主情境資料，以便對案情有明確的圖像，此種做法擺脫以往只憑憐憫之心的慈善救濟工作，而進到所謂的「科學的慈善」（李增祿等，2012）。醫師不可能靠電話或網路就進行診斷，他必須看到病人，透過各種儀器診斷病人的情況。社工要對一個家庭推動服務的計畫，診斷的主要工具就是「家庭訪視」。社工的五官如同精密的儀器，用眼睛觀察、用鼻子聞味道、用雙手觸摸、用耳朵聆聽……。如此廣泛蒐集資料，以便展開有效的專業服務。

　　美國的家庭維繫方案（family preservation services）、家庭重建方式（homebuilders）、家庭優先（Family First）計畫、荷蘭的家庭訓練（Hometraining）計畫等，都強調家庭訪問，都大量運用了家庭訪視外展（reaching-out）服務（Hennon & Wilson, 2008）。家庭關懷訪視方案（home-based parent and family support programs）是服務到家，以居家為基礎。

　　在我國，民間的台灣兒童暨家庭扶助基金會1964年成立，在各地設立「家庭扶助中心」，社工進入千萬個家庭，直接服務弱勢兒童。世界展望會也在1964年成立，以耶穌基督的愛與精神來幫助生活在山地、沿海、離島、都市的兒童、家庭及其他所需要幫助的人，滿足他們物質與精神上的需要。政府體系在1974年配合小康計畫，選擇台中縣大里鄉試辦，聘請受過專業訓練的社會工作員負責推廣各項福利措施，這是政府體系首度聘用社會工作員，重要任務就是家庭訪視（江亮演，1991）。

三、扮演個案管理者的角色

　　近年家庭訪視日益重要，是「個案管理」（case management）的核心。個案管理興起於1970年代，美國使用個案管理來提供社會服務，服務對象涵蓋貧、病或老人等弱勢人口群，至1983年被普遍地運用在醫療照顧系統。服務內涵主要是運用各種方法來統整服務的完整性，並藉由資源的發展與強化，協助個案順利取得資源網路。相較於社會工作的個案工作、團體工作、社區工作三大方法，個案管理整合個案與團體工作的計畫及社區工作的協調功能的工作方法，爲個案及其家庭提供較完整、有系統及多元的服務（Ballew & Mink, 1996）。

　　政府多項法令都規範社會工作者要以個案管理的方式進行，如1997年立法院三讀通過《身心障礙者保護法》（2015年更名爲《身心障礙者權益保障法》），法條中明文規定針對身心障礙者個別化專業服務必須建立個案管理制度，個案管理有了法源依據。

　　依據高風險家庭關懷輔導處遇方案，明定社會工作者的角色爲「個案管理者」及「直接服務的提供者」。*Dictionary of Social Work*如此解釋（Barker, 1995）：「個案管理是一種過程，這個過程包括來自不同機構與專業工作者，代表案主擬訂計畫、尋找和督導服務，這些工作一般由一個機構負責，並指派一個個案管理員，由他整合服務，爲案主倡導、控制資源及尋找服務，使服務提供過程中有不同的機構及專業工作者共同協調，經由專業團隊已發展案主所需之服務。」

　　個案管理的過程包括：發掘案例、通盤性多層面評估（assessment）及定期性再評估（reassessment）。透過個案管理者的協調，促使多重問題需求的服務者能夠獲致適宜的服務，並使整體效益擴大，避免重複與浪費。個案管理者扮演整合服務、控制資源、控制採購服務的介面角色，扮演組織、協調、統合、維持一完整周延的服

務網絡，透過設計，來增強具多重問題解決的可行方法，並充分發揮案主的能力，藉由過程導向（process approach）或系統導向（system approach）的管理模式提供社會服務（DuBois & Miley, 2005）。

　　執行個案管理，先要確認怎麼算個案，個案總量（caseload）和工作量（workload）不同，例如媽媽在監獄、父親施暴，有三名受虐子女，一名被打成植物人後安置在護理之家，另外兩名受虐兒安置在機構，其中一名過動、一名自閉。如此表面上看是一個個案，卻有超過四個的工作量，需有一個案管理者全盤瞭解。

(一)個案管理中的三方互動

　　個案管理必然包含個案管理者、案主需求、福利服務體系，涵蓋了三方的互動（黃明玉，2016）：

1. 個案管理者與案主需求：首先個案管理者應對案主需求及所處情境以評量後，提出服務計畫，對無法直接提供的服務則轉介相關機構。
2. 個案管理者與福利服務體系：個案管理者透過服務方案的規劃，聯繫案主所需資源，為案主整合出周延的服務網絡。
3. 福利服務體系與案主需求：各福利服務機構往往有不同的規定、服務程序及資格要求，案主可能不知道如何因應。再者，當許多機構介入，責任難以劃分。個案管理的實施能夠整合個案服務效益，服務之完善與否由接受性（acceptability）、可及性（availability）、可近性（accessibility）及責信度（accountability）等指標加以評量。

(二)個案管理工作者的角色與功能

1. 諮商者（counselor）：提供案主與服務相關的諮詢服務。

2.整合者（coordinator）：負責安排案主經歷管理過程從頭到尾的服務。評定案主的問題須從其他助人者得到不同的協助，擬定服務計畫，協助案主與這些助人者做有效接觸，如有必要也與這些助人者溝通，以減少彼此的衝突，增加資源網絡的效率。

3.倡導者（advocator）：爲無法使用資源條件者，倡導其需求，以維護權益。有時所需的資源不存在或拒絕提供給某一特定案主，個案管理者需努力使案主獲得所需的協助，有時社會對案主的要求會使案主無法應付。此時，個案管理者應扮演倡導者的角色，減輕因無法滿足這些要求所造成的後果。

家庭服務暨個案管理業務需透過資源協調模式，運用5W（what、when、why、who、how）的資源整合策略：資源整合的涵義（what）、資源整合的時機（when）、爲何進行資源的整合（why）、資源整合的對象（who）、如何進行資源整合（how）五個面向，依此執行。

個案管理與方案管理並不相同，前者針對個人及家庭執行資源管理，以系統化、組織化的行動計畫，確保個案可以獲得服務、照顧與機會，目的在協調及達成持續性的服務，提升服務效能。所以，當個案有多元的需求時，個案管理是有效的服務策略（張宏哲等譯，1999）。方案管理者無須家庭訪視，只要掌控方案即可，方案設計者運用分析、設計、執行與評估等一連串的過程：(1)分析：方案設計者運用方法來界定案主的問題並瞭解其需求；(2)設計：發展可行的方案；(3)執行：確保方案達成其目標的過程；(4)評估：用於判斷是否滿足案主的需求，達成設定的目的與目標等（黃源協，1999）。

 第二節　掌握訪視的流程

一、準備階段

　　由於弱勢家庭的社經地位、訊息取得和資源取得的能力都明顯不足，可能因爲缺乏交通工具、沒有托育資源、缺乏改變動機等因素而被遺忘在服務體系之外。因此，服務到家的「以居家爲基礎」（home-based）的父母和家庭支持方案，類似家庭關懷訪視（如家庭外展服務）行動是主要的方式（林勝義，2013）。

　　家庭訪視是社工與其他助人專業最大不同之處，也是辨識社工能力的主要方法，更是擴展改變媒介的具體做法。拜訪絕不是件簡單的事情，「冷靜的腦、溫暖的心、積極的腳、挺直的腰」都不可少。直接接觸，以一雙敏銳的眼，一張願意多請教的嘴，一顆溫柔的心，配合積極的行動力，能爲案主案家、爲自己、爲所服務的組織、爲所投身的專業創造更好的未來。

　　社工先想想爲何要家訪，特別需安排家庭訪視的情形包括：(1)求助者並非個案本人，如案主有疾患或案主的年齡尚幼；(2)有必要證實案主陳述的可靠性；(3)研判案主的問題係肇因於家庭；(4)亟需案主家人一起協助案主；(5)案主家庭可作爲社會資源；(6)確保案主問題的改進；(7)久未與案主聯繫或案主失聯等（葉肅科，2010；鄭玉英、趙家玉譯，2006）。家庭訪視還可以即時提供弱勢家庭所需的資源與支持，也可以趁機協助聯繫社區網絡、建立社會支持、提早預防問題的發生等。

　　多準備是成功的第一步，社工需先詳細閱讀對方的資料，有基本

的認識。包括瞭解受訪家庭及案主的年齡、職業、社經地位、生活水平、種族文化背景，藉此認識對方的特質、個性、認知、想法、行為習慣，尤其是遇到的問題（Grotevant & Carlson, 2005）。在預備之時，研擬應對方法，增加臨場應對能力，隨時記住且確定訪談的目標與內容。若是對非自願性個案，更要有心理準備，多加以引導與支持，減低受訪者的防衛。對於轉介來的各種資訊，也需先有所認識。以兒童及少年高風險家庭關懷輔導處遇為例，先看通報的評估表，如**表2-1**。

表2-1　高風險家庭評估表的部分內容

一、被評估者基本資料	主要照顧者姓名：		聯絡電話：
	身分證字號：		出生年月日：
	聯絡地址：　　縣（市）　　鄉（鎮、市、區）　　村（里）　　鄰 　　　　　　路　　段　　巷　　弄　　號　　之　　樓		
	家中未滿6歲兒童____人，姓名： 6～12歲兒童____人，姓名： 12～18歲少年____人姓名： 與主要照顧者關係：	就讀幼托園所： 就讀學校： 就讀學校：	
二、高風險家庭評估內容	□有□無	1.家庭成員關係紊亂或家庭衝突：如家中成人時常劇烈爭吵、無婚姻關係帶年幼子女與人同居、頻換同居人，或同居人有從事特種行業、藥酒癮、精神疾病、犯罪前科等。	
	□有□無	2.家中兒童少年父母或主要照顧者從事特種行業或罹患精神疾病、酒癮藥癮並未就醫或未持續就醫。	
	□有□無	3.家中成員曾有自殺傾向或自殺紀錄者，使兒童少年未獲適當照顧。	
	□有□無	4.因貧困、單親、隔代教養、父母未婚或未成年生子等其他不利因素，使兒童少年未獲適當照顧。	
	□有□無	5.非自願性失業或重複失業者：負擔家計者遭裁員、資遣、強迫退休、負債（積欠卡債）等，使兒童少年未獲適當照顧。	
	□有□無	6.負擔家計者死亡、出走、重病、入獄服刑等，使兒童少年未獲適當照顧。	
		7.其他_____	

資料來源：https://www.google.com.tw/search?rlz=1C2VFKB_enTW655TW655&dcr=0&source=hp&q

二、觀察的重點

　　百聞不如一見，親手體驗最可貴。再多的旅遊資訊也比不上真正到現場去玩，看美食書籍的感覺必然比不上把東西吃進嘴裡。感官就是感覺文化，任何家庭的空間就是某種文化空間，裡面有各種線索，仔細觀察各種文化現象。諸如擺設、照片、人際互動、家中氣氛等。與更多成員交談是必要的，但要聽其言，更要觀其行。人們所說與所做必定有距離，而一個人感受到的常與他所說的有些不同。

　　家庭訪視是社工至案主家庭提供社會工作專業服務，社工拜訪受訪者及其家人，藉由會談的過程與受訪家庭建立關係，蒐集並瞭解受訪者和家庭有關的資料，進而提供協助。社工辛苦拜訪的目的包括：(1)瞭解案主過去生活史，取得個案家庭及居住環境資訊；(2)瞭解家庭生活狀況，觀察案主與家人家庭的互動方式；(3)認識個案家庭的價值觀及信仰；(4)找出能夠支持個案家庭的社會資源，進行資源連結評估；(5)溝通雙方的期待與目標；(6)推動以個案家庭為中心的服務。對有問題的家庭，希望能即時提供所需的資源與支持，也可以建立社區網絡，提早預防各種社會心理問題或家庭暴力事件的發生等（基督徒救世會譯，2012）。

　　社工應重視關懷訪視，抱持著主動接觸的態度，以外展的服務進入案主的生活世界。有時針對特定方案進行家訪，例如服務到家的父母和家庭支持方案，類似家庭關懷訪視。多重焦點的家庭關懷訪視行動則是指訪視過程中，工作者深入到父母與子女日常生活的情境中，強化對問題和需求的掌握。重點包括（Ribbens, Doolittle & Sclater, 2008; 葉郁菁，2010）：

　　1.實地觀察居家環境、家人互動。
　　2.觀察任何只能在案家才能觀察到的事情。

3.有目的介入家庭互動進而處遇工作。

4.因案主無法出門或在案主熟悉的環境中處遇能產生好的效果。

5.為動員鄰里與社區力量協助案主而進行家庭訪視。

三、實際執行

(一)家訪前注意事項

家訪前須徵得案主同意,並注意下列原則:

1.確認訪視對案主的影響。

2.認清訪視的目的與內容。

3.做好訪視前的準備。

4.發揮不同階段家庭處遇的各種功能。

5.訪視結果的評價與紀錄應完整。

先思考:為什麼要進行家訪?想達成什麼目的?然後準備相關資料,閱讀個案資料,瞭解個案本人和家庭情況。

接著安排家訪行程,與家人約定時間。避免即興式的前往。不宜耽誤案家吃飯時間或休息時間。

社工穿著合宜自在,家訪之前確認留下家訪資料給機構同事,必要時請求陪同訪視。在實際進行方面,準備地圖、研究路線、挑選合適交通工具。到了案家附近,先上廁所,並對所處的環境要有所警覺。當然要準時抵達。

進門後,介紹自己,傾聽並關注,態度友善、誠懇、關懷,對於案家所提供的食物與飲料表示感謝,如準備禮物則予以婉轉拒絕,必要時帶些小禮物給家裡的孩子(例如幸福家庭協會為執行6歲以下主動關懷方案,預備了幫孩子量身高的尺)。談話時按照預定目標進行,

也須隨機應變。

(二)家訪時須避免的行為

1.不要強迫家庭接受自己的價值觀。

2.不要幫助家庭做他們本身就能勝任的事。

3.不要對家庭存在刻板化印象，每一個家庭均有其優勢與弱勢，都獨一無二。

4.不要扮演問題解決者的角色。

5.不可違反保密原則。

6.保持專業協助者的角色，避免以私人身分提供協助。

(三)訪視的內容

訪視內容不可少的包括：

1.家庭結構。

2.家庭發展及適應。

3.家庭功能。

4.家庭內資源，如：(1)家庭經濟來源；(2)家庭的主要發言人是誰；(3)主要照顧者；(4)成員間互動關懷；(5)醫療資源及資訊來源；(6)家中成員的教育程度；(7)居家環境。

5.家庭外資源，如：(1)社會資源；(2)文化資源；(3)宗教或信仰資源；(4)經濟資源；(5)教育資源；(6)醫療資源；(7)就業資源。

6.家庭環境，如：(1)戶外環境、室內環境；(2)人際關係；(3)安全性；(4)疾病與照顧需求。

請受訪者談談家庭的傳統是好辦法，可以討論與大文化有所連結，如端午、中秋、農曆新年等的家庭傳統，也可聊聊特定事件，如家庭生命週期儀式（婚禮、喪禮、生日、結婚紀念日等）。儀式的主

要特質：重複性、演出、特定行為或風俗、次序、有召喚力的呈現方式、集體面向（魏希聖譯，2013）。

四、各種類型的會談

(一)初步會談

　　社工應多提出開放式的問題，避免一問一答。傾聽最能表現出對案主的接納，持續給予肯定與支持，增強其繼續表達的信心。不時對案主的話作整理及摘要，使過程順利進行。會談中應隨手做一些筆記，以便整理自己的觀察。社工應設法跟任何人都能談話，透過有效溝通建立專業關係（鄭煥昇譯，2013）。首次會談的任務是：暖身階段，招呼家人並使對方感到舒適；一個問題階段，談話能針對目前的問題打轉；一個互動階段，鼓勵家庭成員相互對話；一個目標設定階段，社工與家人一起具體訂出可以改變的目標（楊淑智、魯宓譯，2003）。

(二)訪視性會談

　　訪視常與評估結合，個案評估的重點包括：

1.社工角色的說明，解釋保密協定。
2.避免制式化訪談，營造輕鬆自在的氣氛。
3.留意及評估周遭環境。
4.必要時分別訪談個案及家屬。
5.聯合會談時宜先徵詢個案意見。
6.避免家屬當面批評責難個案。
7.不必急於一時，視個案之狀況而定。
8.評估應有助於激發個案及家屬的動機。

美國十大經典家庭傳統

《紐約時報》曾經評選出美國十大經典家庭傳統（陳雅馨譯，2006），社會工作者也可以先舉一兩個例子，鼓勵對方講下去。

1. 秘密的拉手方式：與家人手拉手，漫步街頭、公園、海灘，都是幸福的事，可以有意或無意地創造專屬家人的秘密拉手方式。
2. 生日帽：準備一頂特殊的生日帽，無論家裡誰過生日，都戴這頂生日帽。一起吹蠟燭、一起吃蛋糕，拍下全家福。
3. 每天在固定的時間吃同樣的食物或點心。
4. 每年在某個時間點問同樣的問題，記錄孩子的回答：如記錄爸爸媽媽和孩子之間的對話，記錄他成長的軌跡。問些什麼呢？可以是「今年最滿意爸爸媽媽的一件事」或「最不滿意的一件事」。
5. 開學第一天／最後一天的留影：孩子成長快，特別是開始上學之後。
6. 家庭的時間膠囊：在很多電影都看過相似的橋段，給孩子寫一封信，鼓勵孩子畫一幅給爸爸媽媽的畫，放在玻璃或金屬盒子裡，找個地方埋起來。十年或二十年後再一起打開，會是獨一無二情景。
7. 開心罐：開心的事情有時候很容易忘記，而傷心的事情往往難以度過。就創造一個家庭開心罐吧！遇到開心事的時候，把它寫下來，存儲在開心罐之中。等到傷心的時候，取出存儲的開心回憶，幫助家人療癒心靈。
8. 固定的家庭活動：找個固定的時間，一家人一起開心。如果這個家庭傳統活動能夠一直延續下去，就更好了。
9. 和爸爸／媽媽的單獨約會：一起出去看電影、吃飯逛街、逛書店。
10. 特別節日的全家福：每到結婚紀念日的時候，都拉著全家人照相，拍全家福，然後沖洗出來放入特殊的相框。

(三)談判式會談

　　有時，社工面對一個家庭，彷彿一場艱困的協商或談判，尤其是面對113保護性的業務之時。協商是「雙方，試圖約定出一種結果，以達成共識」。談判是解決衝突、維持關係或建立合作架構的一種方式。談判策略的模式至少包含五種要素：動機、原則與標準、信任、偶發狀況的假設及談判目標（彭懷眞，2012）。

　　社工的權力有限，不像法官或醫師如此有權威，基本上不宜強勢。但社工也有一些籌碼，例如能透過專業知識判斷家庭需求，熟悉各種社會資源，又如政府公權力的授權等。社工的經驗愈多，愈知道如何善用自己的優勢，在艱困的處遇過程中，透過良好的溝通技巧，產生改變的效果。

　　談判有些忌諱，與家庭互動的社工要多瞭解。找出家庭的弱點，弱點往往就是需求點。找出家人關係裡的罩門，就是主要的介入點。找出家庭狀況裡反差、矛盾、衝突之處，這些常是問題的由來，是可以進行專業處遇的關鍵點。談判前當然要深入研究對手，因此仔細研讀案家的各種資料，找出弱點、罩門、反差，適時提出問題。

 # 第三節　觀察內外環境

一、家庭環境的觀察重點

(一)家庭本身

1. 平面圖。
2. 住屋的型態為公寓、大廈或是透天厝等。
3. 住家的結構為鋼筋水泥、磚瓦或其他。
4. 住屋是自有、租貸、宿舍或借住等。
5. 屋內房間數、裝潢與家具陳設情形、建築與裝潢陳設。
6. 環境衛生：乾淨清潔程度、垃圾及廚餘處理方法、採光、通風、舒適狀況。
7. 家庭個別成員的分配如何？生活空間足夠或擁擠？隱蔽性如何？
8. 意外危機因子：走廊有無壁燈？藥物存放是否安全？地毯是否平整？浴室是否有防滑設施？樓梯有無扶手？陽台圍欄是否堅固？防火安全逃生設備情形等。
9. 家人對此住屋的滿意程度如何？是否打算長期居住？對鄰居滿意嗎？

(二)家庭與社區關係

1. 社區簡要平面圖。

2.近鄰的社會階層、附近的住宅情形、人口擁擠程度？

3.近鄰的社區種類為何？是農業區？商業區？住宅區？風化區？

4.醫療保健、娛樂、運動、教育、交通、郵局、市場、宗教等公共設施如何，案家使用情形又如何？

5.犯罪率、消防逃生設備、公共汙染、垃圾及汙水處理等安全衛生如何？

6.近鄰的信仰、生活習慣、價值觀等風俗文化的狀況？

7.家庭對社區的利用情形：家人是否參與社區的活動？所居住的社區有哪些活動空間？

8.家庭的活動領域有多大？與外界交流的情形？

9.當家中遭遇問題時，會在社區找誰幫忙？與社區做怎樣的聯繫？有無運用社區資源？

10.對社區提供的服務信賴程度如何？家庭對社區的大致看法？

二、家庭環境的記錄重點

觀察的英文是OBSERVES，就以這些英文字首為指標來歸納（參考吳就君，1991；趙善如，2006）：

O—戶外環境（Outside）：如房舍型態？交通便利？生活機能？住宅區或商業區？

B—家中成員們的行為（Behavior）：如彼此的關係及互動（語言及非語言狀況，關係密切或疏離？）

S—安全性（Safety）：需求的無障礙空間情形？雜物是否影響走動？危險物品放置地點？

E—用餐習慣與方式（Eating Area）：如用餐地點、廚房衛生、垃圾處理、食物儲存處理、飲食習慣等。

R—在社區裡的人際關係與支持群體（Relationship）：與鄰居、親戚、朋友的互動，主要緊急事件聯絡人，支持團體或親友。

V—變動（Variations）：是否期望家中有所改變？是否家裡內外給人感覺不一致，或與個案原本描述明顯不同之處？

E—室內環境（Environment within the home setting）：擁擠或寬敞、物品擺設、是否養寵物、衛浴空間等。

S—生病（Sickness）：如藥物的使用；居家照顧的情形；因疾病需要的設備或設施，對疾病的認知，對醫療等專業人員配合程度。

另外有家庭環境量表（Family Environment Scale），主要用來測量家庭氣氛對行為的影響，共有十個分量表，分別為凝聚力（cohesion）、表達（expressiveness）、衝突（conflict）、獨立（independence）、成就導向（achievement）、知識—文化導向（intellectual-culture orientation）、創造性導向（active recreation orientation）、道德—宗教（moral-religious）、組織（organization）及控制（control）。

三、談談對空間的看法

上述所寫，都是客觀存在的現象，但同樣的空間，必然有不同解釋。居住在其中的人如何看待，更為關鍵（夏林清，2012）。

社工訪問之初，可先請教對空間的想法。畢恆達（2004）提及女人對於家有很多夢想：有的希望有間大大的廚房可以邊煮飯邊陪小孩玩；有的希望客廳不是以電視為主角，而是親子心靈交流或可以喝茶聊天之處；有的希望臥房除了是夫妻彼此親密共處之處也能有個人獨立私密的空間；有的希望家中有一個屬於自己的地方可以做自己想

做的事；也有的希望家是一個能提供每位成員可以不被干擾的空間等等。

　　Lucy Danziger和Catherine Birndorf在《幸福的九個房間》（顧淑馨譯，2010）對女人一生的描述進行整理，透過空間探索有助於發現情緒想法。結論是：「女人的一生有如一棟房間眾多的豪宅。客廳是正式接待訪客之用的，在最裡面的私密房間，靈魂孤單的守候永不會出現的腳步聲。」在人生豪宅裡面，各空間都對應著女人某一部分的心理想法，呈現出女性人生抉擇的脈絡與原由。女人一生可能相關的家庭空間及特色如下：

1. 地下室：地下室裡的所有情緒，都有可能成為緊箍咒，使人失去行動力。
2. 起居室：在此與最愛妳的人相處，這些人有話直說，很少顧及妳的感覺，這也是為什麼起居室就像呵癢一樣令人既快樂又痛苦。
3. 客廳：朋友就像妳所「選擇」的家人，待在客廳，有時比待在起居室裡自在多了！
4. 工作室：妳永遠不可能樣樣兼顧——家庭與事業、留給自己和他人的時間，總是要犧牲自己。
5. 浴室：在浴室裡，最應該好好思考的絕對不是磅秤和鏡子，不要太在乎那兩、三公斤的體重，為妳的精神和情緒硬碟騰出空間來吧！
6. 臥室：妳是希望「被呵護」？還是希望被「占有」？想清楚再明確告訴對方！男人不是讀心專家，性別關係成功的關鍵在溝通。
7. 廚房：廚房是妳情緒之屋的核心，冰箱上的照片令妳想起所愛的人、堆放的帳單提醒妳還有緊迫的事要處理……。

8.子女房：對母親來說，自我懷疑及挫折感是家常便飯，因為小孩房常常是情緒之屋裡最雜亂的房間。

9.閣樓：家族期待是沉重的壓力來源，妳不想讓所愛的人失望，於是將他們的魂魄從閣樓帶到每個房間裡……。

　　吳家慧（2017）訪談多位台灣六十歲左右女性的狀況，她發現：待在客廳的時間多，顯示重視「與朋友相聚給予支持並接受回饋」，因此「朋友」這個角色在居住方式的選擇中扮演著重要的角色，彼此成為選擇的家人。有的在意自己的形象是否守分寸，就像是一個不斷流連浴室之中確認自己狀態是否得當的女性。某些女性勇敢追夢，不期待「用感情來彌補自己的不足」，透過用「靠自己就能圓滿自己」的信念去擁有自己想要的私密臥室空間。另有人致力「掌握家裡的一切和每一個人的狀態」，希望給予家人最多的照顧和幫忙，專注把家裡整理得一塵不染，因此廚房比客廳要大，在家裡的活動也繞著廚房轉，在意自己是否能於子女返家時抓準時機點端上熱騰騰的飯菜，廚房裡的大小事都成了人生的重點。有些人的居住型態總是與工作內容相關，對金錢和人生的焦慮都要在工作室裡解決。另一些人停留在充滿可怕回憶的地下室。

　　房間不僅是房間，而是充滿個人意義的場域，進一步分析，包含下列深刻層次的意義：

1.空間：為何重視自己的居所？因為需要有自己的空間！進一步檢視為何需要有自己的空間？

2.型態：空間裡創造自己習慣的型態（大廚房、小客廳、在客廳擺躺椅、在臥室擺書桌，隨自己任性，隨自己所愛）！人們習慣生活在自己熟悉的型態裡。

3.主權：掌控空間才感覺到自己的生活是有主權的！

4.角色：空間配合角色扮演，因為角色（如母親、祖母、照顧

者、情感對象），決定角色的主權範圍。

5.規範：受從小習得和被灌輸的社會家庭規範所影響。

6.人際關係：如何展現？人際關係選擇和運作會透過空間安排呈現。

7.自我意識：空間安排想要的生活方式！

　　吳家慧在訪談後發現：女性在家中習慣退讓，總是想把最好的空間留給家人甚至是客人，自己卻在角落忙得團團轉，此種退讓的外顯行為和內心堅持在獨居媽媽的居住方式中不斷出現。

本章書目

一、直接引述

江亮演（1991）。《社會工作概要》。台北：五南。

吳家慧（2017）。〈我居故我在～獨居老年母親居住方式的轉換歷程〉。台中：東海大學社會工作學系博士論文。

吳就君（1991）。《人在家庭》。台北：張老師。

李增祿等（2012）。《社會工作概論》。台北：巨流。

林勝義（2013）。《社會工作概論》。台北：五南。

夏林清（2012）。《斗室星空：家的社會田野》。台北：導航。

基督徒救世會譯（2012）。Monica McGoldrick、Randy Gerson、Sueli Petry原著。《家庭評估與會談技巧》。台北：啓示。

張宏哲等譯（1999）。Dean H. Hepworth、Ronald H. Rooney、Jo Ann Larsen原著。《社會工作直接服務》。台北：洪葉。

莊秀美（2004）。《社會工作名人與名著》。台北：松慧。

陳雅馨譯（2006）。Meg Cox原著。《幫孩子種一棵樹：為孩子打造獨一無二的家庭傳統》。台北：麥田。

彭懷真（2012）。《工作與組織行為》。台北：巨流。

黃明玉（2016）。〈社工員執行脫貧個案管理之探究〉。台中：東海大學社會工作學系博士論文。

楊淑智、魯宓譯（2003）。Susan H. McDaniel原著。《愛的功課：治療師、病人與家屬的故事》。台北：心靈工坊。

葉郁菁（2010）。《家庭社會學：婚姻移民人權的推動與實踐》。台北：巨流。

葉肅科（2010）。《一樣的婚姻，多樣的家庭》。台北：學富。

趙善如（2006）。〈家庭資源對單親家庭生活品質影響之探究：以高雄市為例〉。《台大社會工作學刊》，13，109-172。

鄭玉英、趙家玉譯（2006）。《家庭會傷人——自我重生的新契機》。John Bradshaw原著。台北：張老師。

鄭煥昇譯（2013）。Leil Lowndes原著。《跟任何人都可以聊得來》。台北：李茲。

魏希聖譯（2013）。Catheleen Jordan、Donald Collins、Heather Coleman原著。《家庭社會工作》。台北：洪葉。

顧淑馨譯（2010）。《幸福的九個房間》。Lucy Danziger、Catherine Birndorf原著。台北：時報。

Ballew, J. R., & Mink, G. (1996). *Case Management in Social Work.* Thomas Publishers.

Barker, Robert L. (1995). *Dictionary of Social Work*. NASW Press.

DuBois, B., & Miley K. K. (2005). *Social Work: An Empowering Profession.* Allyn & Bacon.

Grotevant, Harold D., & Carlson, Cindy I. (2005). *Family Assessment: A Guide to Methods and Measures*. Hogrefe & Huber.

Hennon, Charles B., & Wilson, Stephan M. (2008). *Families in a Global Context*. Routledge.

Ribbens McCarthy, Jane; Megan Doolittle & Shelley Day Sclater. (2008). *Understanding Family Meanings: A Reflective Text*.

Ruspini, Elisabetta (2013). *Diversity in Family Life: Gender, Relationships and Social Change*. Policy Press.

二、參考文獻

黃協源（1999）。《社會工作管理》。台北：雙葉。

Hall, David (2010). *Family and Personal Relationships*. McGraw-Hill Education Asia.

3

分析家庭

- 繪製各種圖
- 評估家庭
- 解釋的理論

104學年度第一學期我對大二同學講授「家庭動力」這門課時，中華民國第十四任總統、副總統選舉熱鬧登場。共有三組候選人，依號次排序分別為：中國國民黨推薦的朱立倫與王如玄（簡稱「朱玄配」）、民主進步黨推薦的蔡英文與陳建仁（簡稱「英仁配」）、親民黨推薦的宋楚瑜與徐欣瑩（簡稱「宋瑩配」）。三黨均推薦不具該黨黨籍的副總統候選人，王如玄、陳建仁皆為無黨籍，徐欣瑩則屬民國黨。三黨主席同台角逐，也是總統開放民選以來，首度出現正副搭檔皆屬不同黨籍、性別。

我則提醒學生注意候選人的家世背景，透過家庭圖來說明六位參選者的家庭狀況。多數已婚，除了原生家庭還有己生家庭。家庭背景影響這些人，這些人透過對政治的參與，影響國家人民。

放眼世界，重要政治領袖、企業老闆扮演重要角色。我也將美國、俄羅斯、中國大陸、日本、新加坡、南韓等元首，分別向學生說明各自的家庭圖。對於企業家，2016年底市值最高的公司依序是蘋果（Apple）、Alphabet（Google的母公司）、微軟（Microsoft）、波克夏海瑟威（Berkshire Hathaway）、艾克森美孚（Exxon Mobil）、Facebook、嬌生（Johnson & Johnson）、奇異（General Electric）、亞馬遜（Amazon）等負責人或創辦人的家世。對某些負責人，可以透過家庭圖更多認識。

例如全球首富比爾蓋茲，與他的夫人捐資成立了比爾及梅琳達‧蓋茲基金會（Bill & Melinda Gates Foundation），是全球最大的慈善基金會。正式員工超過一千人，以美國華盛頓州西雅圖市為基地，蓋茲的父親為基金會會長。資金超過四百億美元，為了維持作為一個慈善基金會的地位，蓋茲每年必須捐贈其全部財產的5%，即20億美元以上。

2010年《時代》雜誌選祖克柏為年度風雲人物，因為他創辦的臉書改變世界。2015年12月1日他的女兒來到人間，一報到，就有

四百五十億美金的捐款因她而產生，千千萬萬人因這筆善款受惠。名為Max的小寶貝在母親的肚子時就改變了剛滿30歲的祖克柏。還未成為老爹的他在孩子尚未初生就宣布要請兩個月的「父職假」，市值超過三千億美元的臉書王國兵符由他人暫代。2017年8月，這對富裕又有愛心的父母又添了女兒，名為August，不只有八月的意思，也包含神聖的、尊崇的等涵義，音譯奧古斯都比較合適（不過怎麼能比得上「小八月」可愛？）。祖克柏在自己的Facebook頁面上分享這個消息的同時，附上一家四口首度同框的照片：祖克柏抱著大女兒Max，深情地望著懷抱小八月的太太普莉希拉。他如此分享——迎接二女兒誕生：為了讓妳做快樂的寶貝，爸比願意改變世界。

2015年祖克柏升格為父親時宣布：員工有四個月的育嬰假推展到全球，而且延長為一年。可以預料的，將有更多員工因此更樂於做爹做娘，而每一個因此來到人間的小生命，會帶來多麼可貴的希望、溫馨、愛……。臉書創造無數傳奇，畢竟「科技始終來自人性」，必須由人性主導科技、引領科技、創新科技，否則只會帶來悲劇。最善良、純真、美好的人性，就在每一張嬰兒善良、純真、美麗的臉龐上。任何研發、任何科技、任何產品的製造者，應該多多想想自己所作所為與小嬰兒之間的關係。假如創新傷害小孩、科技殘害人性，所有的努力都不值得。歷史上無數美好又影響深遠的決定，都是為了使小生命有美好的未來。世人想感謝每一位小嬰兒，每一張「臉」都像是一本傳達生命意義的「書」。

我的博士論文《台灣企業主的關係及其轉變》（彭懷眞，1989）主題探究台灣企業領導人的關係網絡，整理了一千大企業、九十幾個企業集團權力核心的資料，也訪問了四十四位重要的企業家。深入探究各自的家世，設法理解這些重要人物的家庭情形，也可藉此掌握家族企業的基本運作原理。

如果用心蒐集，許多知名人物的家庭圖都可以在網站探索。若

找不到家庭圖，可先找尋家庭情況，然後按照家庭圖的繪製方法，自己整理繪畫。例如中國章回小說都是線索，《水滸傳》、《三國演義》、《金瓶梅》、《西遊記》，被稱為四大奇書，所謂「奇」者，不僅內容或藝術的新奇，還包含著對創造性成就的肯定。三國演義、金瓶梅的主角們之關係，如果用家庭圖呈現，會更有趣。明朝有四大奇書的說法，因此更具有家庭色彩，甚至是最精彩、最豐富的家庭描述——《紅樓夢》因為是清朝曹雪芹的作品，當然沒有列入。《紅樓夢》出世後，震驚文壇，後人將《紅樓夢》與「四大奇書」合稱為「五大名著」。

　　人人對知名人物的家庭好奇，更應對自己的家庭好奇。我在母親與父親過世後，對自己的家庭更為好奇，因此寫了《家庭與家人關係》，受益最大的是自己。我們學習家庭社會工作乃至實際投入，帶著好奇心，會有一次又一次的收穫。

　　讀台大社會系時，分成理論組及工作組，我志在社工，對理論的興趣不大，主要想的都是如何累積實務經驗。抽空看看佛洛伊德、榮格、佛洛姆等心理學大師的書，也涉獵一些社會科學經典名著。直到研究所時在三總精神科實習，有機會在專業精神科醫師的督導下進行一個為期二十次的精神分析個案，發現書中提到佛洛伊德的概念幾乎都出現在會談之中，轉移、反轉移、抗拒等心理防衛機制、潛意識、自我、本我、超我、伊底帕斯情結、利比多（Libido）等，都很真實。

　　有時在會談中，有時在會談後與督導討論，有時回家路上，有時在打報告時，某些佛洛伊德或榮格的概念就會跳出來，自己一再感到震驚，佩服大師的睿智。我因此對理論也很著迷，決定考社會學研究所博士班。六年歲月以讀理論為主，剛教書時也偏重理論。

　　家庭領域的理論，精神分析及心理學貢獻最大，諮商、社會學及社會工作等也都提出重要概念或架構。在此章扼要介紹，希望有志從事家庭社工的朋友能在腦海裡留下一些概念、觀點，日後在會談準備

前、會談後的討論與打報告時，多加反思，也許因此想要念博士呢！

　　這一章介紹家庭社會工作者必須練的基本功，繪製家系圖及各種相關的圖，接著說明如何評估家庭，還有各種解釋家庭及家庭社會工作的理論。

 # 第一節　繪製各種圖

一、家系圖的功能及材料

　　家譜、生活故事、家族歷史都有助於發現一個人在家庭脈絡中的身分，相片、日記、雜誌、剪貼簿、網路資料等都是線索。也可以到戶政事務所等政府單位，透過財產紀錄、地方法院紀錄、報紙檔案、圖書館網等。還可以請教親屬，藉此發現家庭成員有明顯的共通性，也可認識人、事件、關係。然而家系圖（genogram）又稱家族樹（family tree）則是最有效、最清楚的方法，廣為專業人士所採用（Bengtson, 2005）。

　　標準化家族圖形式，有助於呈現整個家庭的面貌，更可以說明父母子女、兄弟姊妹等的關係。家系圖以符號及圖形的形式對家庭結構、成員之間的關係，扼要說明家庭成員基本相關資料。透過不同的線條及圖形說明家庭成員與成員之間的互動關係，使閱讀者迅速瞭解家庭成員健康狀況和家庭生活週期等資料（Turner, 2000）。

(一)家系圖對社工的功能

　　1.更容易記住家庭脈絡的複雜性。
　　2.藉此提出一些解釋。

3.提供系統化對話的工具，有助於對個案系統化探究。

4.實務工作者能審視家庭脈絡背景的廣度，將家庭放於更大系統（大家庭、朋友、社區和文化）之間，進行有效連結。

5.透過家庭會談者的參與，和家庭一起工作，進行處遇。可說是系統性、完整、詳盡的評估及解釋工具，也是高效率的摘要圖示，更是參與家族的重要方法（基督徒救世會譯，2012）。

(二)家庭腳本的目的

繪製家庭圖，說明家庭腳本的目的主要有（郭靜晃、徐蓮蔭譯，1997）：

1.瞭解家族，認識家庭準則，探詢與家庭有關的線索。如有需要可因此改變既定的路線，中斷不快樂或自我破壞的路。

2.傳遞家族歷史給孩子。知道家庭的優勢、學習信任、勇氣忠誠及愛的傳統。

3.剖析問題與病痛、指出家族問題、證實自我在家族歷史中的脈絡。家族檢驗有助自我瞭解及確認。

4.分析家族是正常或失能的。問題如酒精濫用、生理疾病、暴力，有助於解釋家人的行為。更可以理解家族為了維護家族完整而隱藏的問題，家庭組織的失能有時是為了維持家族的運作。家人藉由中斷或運作或是陷入問題做反應，嘗試去維持跟家人不太親也不太遠的距離。

家族圖的主體是有血緣關係的成員，從祖父母那一代到自己，乃至兒女，有關年齡、職業及其他必要的描述。重點包括姓名、年齡、出生日期、出生地點、死亡日期和原因、職業、宗教，若在外國出生則註明到達國家的日期，結婚、分居、離婚的日期、孩子的出生日期等。

　　接著呈現一個人與家人的關係，包括情感的連結、關係緊密的程度。焦點在於最有趣的或是最重要的，接著按照要去學習的是什麼來加碼：如父女關係、手足關係、為何常寂寞等。透過家族圖也能夠追蹤許多事情，包括日期、事件、名字，還有感覺、態度、信念、社交型態、價值觀、行為等。

　　家族圖有各種「腳本」，例如女人、男人、孩子的腳本；生涯腳本；宗教腳本；金錢的腳本；自我控制的腳本；親密關係與信任的腳本；受教育情況的腳本（楊淑智、魯宓譯，2003）。有時呈現家族的秘密，古老的故事照樣有生命力，能夠成為大新聞。腳本使我們認識家人關係的形式及行為並非巧合，而是學習的結果。如同每個人有人格的腳本，能夠編輯、修正、改進。

　　家庭圖的重點在於描述家庭系統中個人的關係，包括地理距離與情感的距離，顯示家人如何聯絡或為何不聯絡。也包括一些細節或瑣事，如醫療狀況、不尋常的環境、特別的生活事件。又如家庭話題、角色、傳統、信念和情感（吳就君，1994）。

二、繪製家系圖

　　家系圖的繪製要求，一般包含三代人。長輩在上，晚輩在下；同輩中，長者在左，幼者在右，依長幼次序排列；夫妻中，男在左，女在右。如果結婚不只一次，第一伴侶最靠近，依序二、三……。

　　通常從個案開始繪製（主角的顏色鮮明），向上下延伸，在代表每個人的符號旁邊，可再標上家中所有成員的姓名及出生年月日或年齡、重大生活事件發生的時間（如結婚或離婚）、成員死亡（年代及死因）、成員的重要疾病或問題等。**圖3-1**呈現家庭圖的繪製方法及重點，以下分別說明之。

家系圖基本結構		
父母	□——○	
子女	● □	
常用家系圖符號		
男性	□	
女性	○	
自己	■	●
死亡	⊠	⊗
懷孕	△	
填歲數	3X	3X
填歲數	3X	3X
家系圖連結關係		
（進一步利用線條顯示雙方的互動關係，包括親密度、衝突或不正常關係）		
連結	——	
同居	--------	⌐----⌐
雙胞胎	∧	
離婚	✕	⫫
分居	╱	⊣
收養	╱╱	
範例圖（你可以說出這個三代家族有哪些成員及其各自的關係嗎？）		

圖3-1　家庭圖的繪製方法及重點

　　社工應先仔細繪製自己的家族圖，描述家族遺傳及一些可能不讓自己喜歡的家族因素。也可以從圖形中標示出心理狀態、感覺及事實。繪圖是一種獨特的情緒經驗，像是走入森林中去找尋大樹。家族像是樹，有不同的狀態，根可能是穩固的或不穩的、枝可能是強壯的或脆弱的、葉可能是明亮或晦暗的。許多不同的樹，也就有許多的家族。若家族是強壯的，強烈的影響培養了堅固的傳統、容易用既有價值的觀點看家人、學習尊重自己的傳統。若家族是脆弱的，有很多秘密、可恥的行為、嚴重的問題，則根是無力的（彭懷真，2015）。

三、各種延伸的圖

(一)家庭圈（family circle）

　　繪製家庭圖是另一種經驗，大圓圈代表家庭，大圓圈內的小圓圈代表家中成員。小圓圈以大小來表示該成員的重要性或權力大小，以其間的距離遠近代表關係是疏遠或親近。

　　運用心理投射的原理，讓家庭的成員以主觀認知代表每一成員的小圓圈在代表其家庭的大圓圈內。愈大的圓圈代表權力愈大，圓圈互相靠近者代表關係親密，反之則為疏遠。圓圈所顯示的不僅是家人，甚至寵物、學校、工作機構等均可納入。優點是簡單易繪，可用來比較不同成員所繪，也可作為進一步切入問題的線索；缺點是不易標準化。

(二)生態圖

　　以核心家庭的「家系圖」作為核心圖，接著在外圍畫上外界的其他人、團體及機構（可以包括朋友、擴大家庭、工作、學校、宗教、

娛樂等），將核心圓與外圍圓圈劃線相連接（以不同的線條表達不同的關聯性質，如強弱、壓力大小等），以描述彼此間的相互影響。

(三)文化家系圖

合併種族、民族、宗教和遷移，也可以分析社會經濟地位、社區裡的位置。

第二節　評估家庭

一、評估方式

(一)醫療取向

先舉一個醫療取向的例子。家庭評估的時間點主要分成幾種：(1)接案時；(2)接案一個月；(3)三個月；(4)家庭結構及動力改變時。如果有下列情況也應評估：頻頻求診、過度利用、有明顯情緒及行為方面的問題、家庭裡有代罪羔羊或三角關係、罹患與生活方式及環境因素有關的疾病、家庭發展階段因預期問題而產生的焦慮等。評估的範圍針對案主家庭之家庭結構（基本資料、成員結構、環境特性）、家庭發展、家庭內在結構（角色結構、權力結構、家庭溝通、價值觀）、家庭功能、家庭壓力以及家庭內在外在資源有整體性的認識。評估後依據個案家庭之個別性給予診斷分析（Grotevant & Carlson, 2005）。

理想的家庭評估工具應該是短時間內就可以完成、能適用於不同的社會經濟或文化團體的人、能提供家庭功能之各重要成分完整

的資料（周月清等譯，1994）。如果對病人，完整性的評估架構如
A+B+C+D=X（Fisher, Fagot & Leve, 1998）

A：生物醫學的狀況（biochemical）。
B：生活壓力事件（stressful life event）。
C：病人的資源（resource）。
D：病人處理事情的策略（coping strategy）。
X：病人的危機或問題，尋求就醫動機（crisis）或預後評估
　　（outcome）。

至於病人對症狀的解釋模式LET's HEAR（讓我們聽到），用八個
英文單字的字首整理說明：

Label：認為是得了何種疾病？
Etiology：生病的主要原因為何？
Timing：症狀已困擾多久？多久會好？
Severity：病情有多嚴重？
History：不處理會有何後果？
Effect：生活上會帶來什麼不便？
Affect：情緒上最害怕什麼？
Resolve：應接受何種治療並預估效果為何？

例如住院癌症病患的需求主要分為三大項：人際內（intrapersonal）、
人際間（interpersonal）及人際外（extra-personal）。人際內的需求為
降低對治療的不確定感，在面對因疾病而造成身體活動功能的限制與
障礙時，減少產生低落的情緒反應。人際間的需求為社會與家屬的支
持；而人際外的需求主要為交通及經濟方面。若分成生理、心理及社
會層面來探討，生理層面最常見的是癌症疼痛對日常生活及睡眠的干
擾，進而導致焦慮、憂鬱、易怒等情緒困擾；心理層面，情緒困擾有

因對治療效果的不確定感、失能感、恐懼死亡的歷程、身體心像的改變造成的衝擊、自我價值感喪失等（鄭凱芸，2010）。

病人照顧者需求分類為三點：(1)個人需求：工作時間、生活作息等；(2)家務需求：做家務事和照顧小孩等；(3)管理需求：經濟及法律的需求等。評估家庭功能是社工的重點，家庭的功能主要是情感、生育、社會化、照顧等，需分析這些五項功能達成的狀況（Bengtson, 2005; 彭懷真，2009）。

(二)家庭APGAR問卷

家庭APGAR問卷是評估家庭功能的工具，幫助專業人員在初次與家庭接觸時，能對該家庭整體狀況有所瞭解，用五個英文單字的字首整理說明（馬永年、梁婉華譯，2009）：

A：Adaptation（適應度）：家庭面臨危機或壓力時，內在與外在資源的使用是否能解決問題。

P：Partnership（夥伴度或合作度）：家庭成員對決定權與責任的承擔程度。

G：Growth（成長度）：家庭成員經由相互支持指引而達到生理、心理上的成熟。

A：Affection（情感度）：存在成員間互相關愛的關係。

R：Resolve（親密度）：代表家人彼此享受共同的時間、空間和經濟資源的承諾。

該問卷的評估量表有五個題目，每一題評估對象或評估者都可以進一步說明。例如針對適應度補充說明：案主沒有什麼困難，而且覺得自己可以解決，不想麻煩到任何人。針對合作度補充說明：案主很少與家人談論，遇到事情都自己處理，不想讓子女擔心。又如親密度，補充說明：案主表示喜歡現在這樣的生活，偶爾與家人聚會。評

量的重點及計分方式如下：

1.當我有麻煩和煩惱時，我可以從家庭得到滿意的幫助。

2.我滿意家人和我討論事情及分擔問題的方式。

3.當我想要做一件新的事情時，家人都會給我支持。

4.我滿意家人對我的情緒表示關心和愛護的方式。

5.我和家人可以共度愉快的時光。

記分方式：「經常」為2分，「有時」為1分，「幾乎很少」為0分。五題總分在7～10分之間其家庭功能無障礙，4～6分為中度功能不全者，0～3分則為重度功能不全的家庭。

(三)家庭類型論（family typology）

從六個向度評估家庭，分別為空間（space）、時間（time）、能量（energy）、情感（affect）、權力（power）及意義（meaning），將家庭分成三種類型：封閉式、開放式及隨機式（Ackerman, 1984；馬永年、梁婉華譯，2009）。

(四)McMaster模式

從六個向度來評估家庭功能，分別為問題解決（problem solving）、溝通（communication）、角色（role）、情感反應（affective responsiveness）、情感投入（affective involvement）和行為控制（behavior control）。

(五)畢氏系統模式（The Beavers System Model）

經由五個向度來觀察影響家庭互動：家庭結構（structure of the family）、家庭迷思（mythology）、目標導向式的協商（goal-directed

negotiation）、自主性（autonomy）、家庭感情（family affect）等。

(六)家庭典範（family paradigm）

按照家庭互動模式分為四類型，將家庭區分為：環境敏感取向（environment-sensitive）、人際疏離取向（interpersonal distance-sensitive）、一致取向家庭（consensus-sensitive）及成就取向（achievement-sensitive）（楊蓓，2014）。

(七)環繞模式（circumplex model）

評估家庭功能有兩個向度，分別為凝聚性（cohesion）與應變彈性（flexibility/adapatabily），在此二向度中取得平衡者為最理想的家庭互動模式。將環繞模式的主要內容進一步說明如下（Brid, 2004）：

◆家庭凝聚性

指家庭成員對彼此之間情感聯繫的程度。凝聚性的程度由高至低可區分四個層級，依序為黏絆（enmeshed）、連結（connected）、分離（separated）、疏離（disengaged）。凝聚性太高使家人過於黏絆與糾纏，家庭會要求個人的忠誠度與一致性，阻礙成員個別發展的空間。反之凝聚性太低的家庭，個體自主性過大，造成家庭成員彼此的疏離與孤立。位於凝聚性的平衡區域即連結和分離系統，成員取得彼此之間的平衡點，成員不但具有獨立性，卻又不至於失去與家庭間的連結。

◆家庭應變彈性

指家庭系統面對權力結構、角色關係及家庭規則改變的因應能力。應變彈性的程度由高至低可區分為四個層級，依序為：渾沌（chaotic）、彈性（flexible）、結構（structured）、僵化（rigid）。應變彈性的主要概念含括：家庭權力（family power）（包括獨

斷、控制、紀律）、協商型態（negotiation style）、角色關係（role relationship）及規則關係（rules relationship）。

應變彈性過高的家庭，由於規則的不明確與領導方式的不一致，整個家庭系統處於渾沌與散亂的狀態；而應變彈性過低的家庭，因採取高度的控制並抗拒改變，顯得僵化和沉滯。位於應變彈性的平衡區域能適當因應改變，有民主的領導方式、良好的協商型態，角色之間能彼此分享，家中明確性的規則多於隱藏性的規則。

二、評估家庭壓力

家庭社會工作者所遇到的家庭，多數是壓力特別大的，也因此更需評估其壓力的狀況。ABC-X是很好的架構，經常被採用，例如高風險家庭方案。此架構包含四個要素（張憶純、古允文，1999；余齊君，2007）：

1. 事件或情境（event or situation）—A：所發生的事件造成家庭生活步調的改變，使家庭產生壓力。
2. 資源（resources）—B：可提供處理事件的人力、物質等資源。
3. 認知（perceptions）—C：家庭對壓力事件的看法與認知，對於家庭事件的解讀。
4. 壓力程度或危機（degree of stress or risis）—X：代表A、B、C三者交互作用之後所產生的結果，可能是很平常的壓力，也可能造成家庭危機。

(一)事件或情境—A

家庭是否會因為「事件」的發生而導致「危機」，取決於三個變項。

1.該事件或情境的困難度。

2.家庭的資源、彈性和先前處理危機的經驗。

3.家庭如何定義此事件。

壓力事件「A」是潛在可能引發個人或家庭系統改變或破壞家庭現狀，這些事件可能是家庭內在或外在、可預期的或突然的。

(二)資源—B

資源「B」為面對壓力時，家庭內在和外在資源運用的情形。壓力事件產生時，若家庭成員有足夠、適當的資源面對壓力，則壓力事件較不會困擾家庭系統；反之則會失去平衡，陷入混亂中。家庭資源可分為（余齊君，2007）：

1.個人資源：經由教育、訓練、經驗得來的知識和技巧。

2.家庭系統資源：指家庭系統在應付壓力源的內在特質，系統越健康越有抗壓性。

3.社會支持：家庭外提供家庭或家庭成員溝通、情感上的支持。社會支持網絡越綿密越有能力協助家庭對抗壓力，家庭也越有機會從壓力或危機中復原。

(三)認知—C

家庭對壓力事件的認知「C」，決定壓力事件的嚴重性。事件本身在家庭成員給予詮釋與認定之前，既不是正向積極也不是負向消極。不同壓力事件對家庭的影響程度要看家庭對壓力事件的認知，對於壓力事件造成的影響程度亦會有所增減。家庭成員以相異的眼光去看相同的事件屬正常現象，相同的家庭可能隨著時間的不同而對相同的事件有不同的認知。對壓力事件認知的不同，當然會影響處理的方式。

(四)壓力程度或危機—X

壓力事件對家庭所造成的結果「X」。任何突然的改變使得家庭原有方式無法有效運作時，會造成家庭壓力或家庭危機。家庭處於危機狀態，可能導致家庭在一段時間內失去功能，原有的界限無法維持，使得家庭成員無法處在最佳狀態。高風險家庭面臨壓力事件時，若家庭內在、外在資源不足，加上消極的感受認知，會嚴重影響家庭功能的運作，造成家庭以及個人的危機，甚至產生兒童虐等或家庭暴力。

單以B來分析，可以評估資源（resources）的狀態，如果偏重家庭內資源（intra-familial resources），可以用FAMLIES七個英文字母的字首來說明（Moore & Asay, 2013）：

F：Financial Support——家庭經濟來源？是否有困難？需要尋求資源協助嗎？

A：Advocacy——處理主要事物的成員是誰？與個案之關係如何？

M：Medical Management——誰可以提供個案照顧？與個案之關係如何？採一人專責或輪流照顧？

L：Love & Emotional Support——家庭成員間如何互動？和諧親密或衝突對立？

I：Information——誰提供相關醫療資源及資訊？如：上網、醫療人員、親朋好友？

E：Education——個案家中成員的教育程度為何？可提供什麼資源協助？

S：Structural Support——如果需要做居家環境？能做哪些改變？個案家中是否有成員可以協助？

若偏重家庭外資源（extra-familial resources）或社區資源，用SCREEEM的字母字首呈現（Moore & Asay, 2013）：

S：Social Resources（社會資源）：家庭成員的社會地位，如村里長……；是否參與社區團體活動，如農會、婦女會、老人會……？

C：Cultural Resources（文化資源）：中西文化、傳統觀念、現代潮流對家庭各成員的影響如何？

R：Religions Resources（宗教資源）：各種宗教、信仰、信念對家庭各成員的影響如何？社區中有哪些宗教團體、活動可運用？

E：Economic Resources（經濟資源）：主要經濟資源有哪些？是否需要經濟補助？如何獲得？

E：Educational Resources（教育資源）：社區中有哪些教育資源可運用？如：社教館、村里活動中心。

E：Environmental Resources（環境資源）：家庭居住附近環境如何？有何特色？有哪些可運用的資源？

M：Medical Resources（醫療資源）：利用哪些醫療資源？如：醫療院所、中西藥房、傳統民俗、醫療資訊的取得。

總之，社工若偏向分類的思考導致對家庭的敏感度低，偏向整體的思考不僅可以增強對家庭的敏感度，更可以強化對家庭的支持，進而發展以家庭為中心的政策。

表3-1是對家庭的不同取向思考——分類取向（categorical approach）與關係取向（relational approach）的比較。

表3-1　對家庭的不同取向思考

	分類取向	關係取向
目標	維持易受傷害家庭的狀態	支持、增強權能並使家庭更自由
家庭的角色	是社工的案主	是社工的夥伴
決定的架構	由專業人士定義需求及問題，強化專業	家庭及專業人士共同決定，強調民主
服務輸送的設計	專業人士標籤對象，施以援救，某些家庭被鎖定	專業人士及家庭協同合作，同時重視預防及發展
評估指標	成本與效益分析，量化為主	量化與質化並重，重視參與、發展性及長時間評估
主要誘因	基於法律的要求	基於道德的考慮
服務組織的架構	垂直式的	水平式的
政治取向	不平等的	參與的、民主的
改變的理論	直線、自由放任	綜合、整合、家庭為中心
可能發生的狀況	家庭與專業機構的隔閡加大，家庭的問題難以解決	家庭的問題比較容易確認，因而能有效處理

資料來源：Lawson, H. A., Lawson K. B., Hennon, C. B., & Jones, A. R. (2000).

第三節　解釋的理論

一、心理動力取向的

　　從社會工作、心理輔導、精神醫學等專業領域的角度來看，某些特定的案主往往只是被全家人有意無意認定的病人（Identified Patient, IP），社工稱之為案主或當事人，往往只是一個生病的家庭系統中突顯問題的人，是他帶著全家的問題在生活，有各式各樣的症狀和複雜的困擾。

不論是逃學偷竊的兒子、精神異常的女兒、肥胖懶惰的母親、酗酒藥癮的父親……，可能是整個家庭系統的代罪羔羊（scapegoat）。這些代罪羔羊存在的意義包括：(1)呈現出家庭的不平衡和反功能（dysfunction）；(2)承擔了家庭的壓力，使家庭得以維持下去；(3)是全家病症的背負者（bearer）；(4)吸引全家的注意，使大家暫時忽略和逃避更重要的問題；(5)症狀可被視為減輕緩和家庭壓力工具，使家庭能經由這些症狀重回穩定；(6)大家推卸責任的最佳藉口（吳就君，1994）。

在許多兒童虐待（child abuse）的案例中，案主是父母抒解個人壓力的洩憤現象。在亂倫案例中，案主則可能是父母性生活問題的替代者或是替代目標。在一些單親家庭中，兒子因為和父親比較像，無緣無故地被母親格外敵視仇恨。在某些單親爸爸家庭中，女兒不自主地晉升到母親的位置。許多過胖的人所多吃的東西，可能是為了維持家庭系統穩定才吃的。許多孩子的精神疾病與母親婚姻衝突息息相關，一旦父母激烈衝突，子女就發病，以生病作為維持家庭穩定的滅火劑（李瑞玲譯，1992）。有時夫妻一方的外遇可能是家庭中成員所共同刺激的，藉著怪罪一個犯錯的人，周圍的人都詭異地成為無罪又無辜的人（游琬娟譯，1994）。在外遇的案例中出現夫妻共同導演「外遇事件」的情況，藉一方的出軌使婚姻關係重回穩定狀態（彭懷真，1996）。

專業協助的重點是解開這種連鎖的病態。案主過去未解決的衝突，不斷影響當事人現在的生活情境與行為反應。早期個人在家庭中的衝突經驗，引發目前的家庭人際衝突。主要名詞及論點如下（吳就君編譯，1986；楊蓓，2014）：

1.家庭規則（family rule）：家庭成員在日常生活中，會藉著某些規則重複進行互動。家庭循著一定的模式，此一模式有助於調

整和穩定家庭功能。

2.病態連鎖（interlocking pathology）：家庭成員間功能不良的表達、維持與控制，彼此交互影響。

3.內射（introjects）：案主過去與家人未解決的互動問題持續衝擊，成為內心的烙印或記憶，影響現在的身心發展與家庭互動。

4.家庭倫理（family ethics）：家庭長久以來保有的公平性、規則化的人際互動模式，可以確保每位家庭成員的基本權益會受到其他成員的考量與尊重，也成為個人角色行為之依據。

二、經驗／人本治療取向的

認為人有權自我決定，在追求自我實現的歷程中，經由克服僵局來獲得成長與成熟，治療時重視當事人現在的經驗。支持有助於當下的自我覺察，能有自尊且能清楚地與家人溝通。鼓勵家庭成員有自發性、表達情緒之自由及個人成長之機會。人際互動的經驗才是成長的主要動力，而非僅依賴治療技巧。特別注重案主個人性，選擇的自由和個人的成長（Brid, 2004）。主要論點如下：

1.個人性（individuality）：每位成員能在關係中保有個人性時，才可能與他人有真正的親密關係。在健全的家庭當中，成員間維持親密關係，但同時為獨立的個人。

2.選擇的自由（freedom of choice）：每個家庭成員都有自由選擇成為真正「自我」的權利，專業處遇目的在協助家庭成員，促成自我實現、增進個人成長。

3.個人的成長（personal growth）：不注重症狀之去除，目標在於建立家庭成員的歸屬感，同時提供成員獨立自主的發展空間。

4.自我察覺（self-awareness）：個人內在衝突造成人際不良的問題。採取尊重、「此時此地」的治療技巧與清楚的溝通模式，重視當事人的「自我覺察」。

5.自我表達（self-expression）：鼓勵家庭成員公開自我表達，以協助個人成長，促進家庭功能。

三、Bowen的

Bowen是家庭系統理論的代表人物，以自然系統觀點為基礎，提出八個相關的概念（李茂興譯，1999）：

1.自我分化（differentiation of self）：以家庭系統檢視個體情感，成員與家庭維持結合或獨立，個體在家庭系統中調整彼此距離的方式。分化程度越大，個體越能區分情緒及思考的不同，承受巨大壓力時也不易產生焦慮感或症狀，不易受到家庭不良功能的影響。

2.三角關係（triangles）：指「三人的互動系統」。外在環境平穩時，雙人關係的運作可以保持穩定，但面臨壓力時為了舒緩，低自我分化者可能將第三者拉進形成三角關係，暫時轉移雙人關係的緊繃情緒。倘若此三人關係仍不能維持，為避免增加焦慮，可能會拉第四人涉入形成連鎖的三角關係，陸續扯入一堆人。

3.核心家庭情緒系統（nuclear family emotional system）：人們往往會選擇與自己分化程度相同的人作為親密伴侶，兩個分化程度相似的人結合成「共同我」（common self），形成核心家庭情緒系統。若兩個分化程度低的人結合時，生育子女後形成不穩定之「未分化之家庭自我團」（undifferentiated family ego

mass）。容易出現下列幾種狀況：

(1)婚姻衝突（marital conflict）：當夫妻中的一方不再彼此接納，不願讓步時，產生婚姻衝突，而製造大量的問題。

(2)失功能的配偶（dysfunction in a spouse）：當壓力事件發生時，失功能的配偶出現失功能症狀，又難以復原。

(3)對子女的投射（projection to one or more children）：夫妻間某些不成熟之未分化，在核心家庭情緒系統投射給子女，提高了子女發病的機會。

4.父母對子女的家庭投射過程（family projection process）：投射常出現在對父母情感最強、分化程度最低的孩子身上，而未受家庭投射歷程影響的子女較能發展出自我分化。

5.情緒截斷（emotional cut off）：在高度焦慮和情緒依賴的家庭，分化程度低的孩子會嘗試隔離或自我欺騙的方式，切斷與家庭的接觸，逃離原生家庭，切斷未解決的情緒束縛。

6.多世代傳遞過程（multi-generational transmission process）：受家庭投射歷程影響的子女成為與父母分化程度低的人，再由家庭投射歷程影響，因而有了更低自我分化的下一代。如此代代相傳，必然會出現嚴重情緒失調，出現精神分裂的成員。

7.手足位置（sibling position）：原生家庭的手足位置與人格特質和婚姻中伴侶的互動型態有關，出生順序可以預測一個人在家庭情緒系統中所扮演的角色與功能。一個人對未來之期望與行為是依照他在家庭系統中的「功能位置」所塑造，而不一定是他的功能次序。

8.社會退化（social regression）：社會就像家庭一樣，包含了未分化與個體化的相對力量，若長期處在焦慮與壓力之下，降低社會的分化功能，出現「社會退化」。應在理性與情緒間做較好之分化，做更理性的決定，而非根據情感來行動。

四、結構取向的

強調家庭單元的主動性、家庭組織的整體性，家庭經由溝通模式形成的方式，以家庭成員間的聯盟、界限與權力關係來描述家庭系統，認為許多心理疾病與行為是家庭結構或權力運作不良的結果。專業工作者著重於當前溝通，優先考慮行動，藉著參與家庭，瞭解家庭成員處理問題和彼此對待的方式，最終能夠協助他們改變功能不良行為，並重新安排或調整家庭結構。主要概念如下（吳就君、鄭玉英，1993）：

1.家庭結構（family structure）：結構影響家庭成員的互動方式，可以描述可預測的行為順序。

2.副系統（subsystems）：指在一整體的系統中，具有執行特殊的功能或過程的部分。最主要有五方面：生活價值、關係組合、權力運作、生活規則及家庭氣氛。家庭中有很多共存的副系統，由世代、性別、利益、功能等因素構成，如夫妻、父子、母女、孩子的組合。每個家庭成員同時屬於數個副系統，彼此間具有互補性的關係。家庭中最持久的副系統是「夫妻」、「父母」和「手足」。

3.領域（boundary）：也稱為「界限」，將系統、副系統或個人與外界環境分離，有一道隱而不見的界限，其功能有如守門員，限制並保護系統的完整性。按照「滲透性」（permeable）區分為開放系統（open system）及封閉系統（closed system），前者高度容許訊息自由進出，與外界界限不清楚。後者與外在環境沒有交換關係，不准訊息進出。愈是開放的家庭系統，愈能適應和願意改變：不僅容易存活且昌盛，也願開放面對新經驗

和改變，放棄沒用的互動模式。完全封閉的系統則要冒許多危險，並面對適應不良、喪失功能等問題。

4.糾結（enmeshment）：家庭成員間的界限模糊，經常地侵入不同的次系統，造成過度涉入彼此的生活，限制個人自主性的發展。

5.疏離（disengagement）：當界限過於僵化、缺乏彈性時，家庭成員較孤立，彼此漠不關心或甚少接觸，產生過度嚴謹的家庭內界限。

6.權力關係（power）：指家庭成員之間權力結構與動力過程，家庭系統中的權力是個人或次系統執行功能的相對能力。是否有權力需視其他成員或次系統如何反應，分成兩種狀況：

(1)連線（alignment）：當幾個家庭成員聚在一起、站在同一陣線上或共同抵制另一方。

(2)聯盟（coalititions）：某種連線關係目的是要聯合起來反抗家中其他成員。又分為：

　・穩固聯盟（stable coalititions）：即家中部分成員集結起來，形成一股固定、無彈性且在家中居於主控的勢力。

　・迂迴聯盟（detouring coalititions）：當家中的兩人彼此間有衝突，卻藉著把焦點集中在第三人身上，來逃避原來衝突所帶來的壓力與緊張。

　・三角化關係（triangulation）：當父母之間有衝突時，為了掌握權力贏過對方，雙方都拉攏孩子，使孩子陷入兩難。

7.家庭地圖（family mapping）：以一些線條與符號來表示家庭內部的動力，以澄清家庭互動關係的性質。

五、溝通／策略取向的

　　認為問題原因是家人的互動，持續的原因在於互動間特定的行為次序，而非個人的心理有疾病。因此應設法發展改善的計畫與策略，以解決當前問題。焦點放在過程而非內容，是問題解決導向。強調在治療過程中家庭中的權力、控制與階層等主題。主要概念包括（吳就君、鄭玉英，1993）：

1. 使用指令（use of directive）：介入措施經常採用「指令」的形式，問題的形成與治療的目標越清楚，則指令越容易下達與執行。

2. 矛盾介入（paradoxical intervention）：為了切合問題狀況或因應當事人的需要，運用反向策略及迂迴等技術，使當事人處於進退兩難，進而切斷當事人之抗拒，最後違背「反向指令」而發生改變。以提供「症狀處方」的方法，去影響個人或家庭，使他們放棄功能不良的行為。

3. 重新框視（reframing）：重新詮釋「問題行為」，賦予新的意義，協助家庭成員從不同角度看待，使僵化的行為得以改善。

4. 假裝技術（pretend technique）：透過改變背景脈絡，要求當事人自願去控制行為，以假裝的方式去解決原來真實症狀的狀況。

5. 家庭隱喻（family metaphors）：讓成員在不受威脅的情況下，透過某種自然界圖像或象徵物引導當事人內心的想法，協助產生新的觀點與覺察，對事務有更深入的認識與體會。

六、系統取向的

　　系統理論早已是社會工作界重要的理論。單就生態系統理論（Ecological System Theory）來看，由Bronfenbrenner提出，核心論點是一個人的成長發展受生物因素及環境因素交互影響。環境可分為四種有層次的系統：

1. 微視系統（microsystem）：也稱直接環境，指與一個人有切身關係的生活環境，包括家庭、學校、朋友。
2. 中介系統（mesosystem）：由直接環境各種力量聯繫構成，是家庭、學校、朋友及社區之間的相互關係，例如一個孩子的家和學校所處的社區就是中介系統。
3. 外在系統（exosystem）：指未直接參與，但影響成長的因素，如工作環境、學校的教育及社區的資源等。
4. 宏觀系統（macrosystem）：指文化、政治、法律、社會階層及世界各地所發生的事，國際環境的變化多少會影響各國的政治、經濟。

　　放在微視系統裡的最小之處——家庭內部來觀察。家庭之中存在著各種家庭規則，界定並維持關係，並不是個別成員所決定的。為了維持家庭恆定，每個家庭成員的行為皆與案主發病之症狀行為有關。失功能的家庭，往往源自「破壞的心理遊戲」，這些遊戲與真實生活並不相容。專業工作者的目標是賦予家庭生活模式新的意義，以打破此原本的「心理遊戲」，同時強調家庭獲得新意義、新價值重於對療效的洞察與行動。治療理論與技術包括：

1. 假設形成（hypothesizing）：治療團隊須在與家庭會談之前積

極討論，歸納導致家庭問題的可能成因，形成關於家庭問題的「地圖」，指引問題方向，以蒐集答案去證實、修正並推翻假設。

2.家庭儀式（rituals）：例如成年禮、結婚、畢業、喪禮等，用來標示並促進家庭的過渡期與改變；儀式有時可以釐清家庭關係中出現的混亂。

3.正向解讀（positive connotation）：重新框視家庭行為，透過此方式，症狀行為被當成正向、善意的，因為它保持了家庭系統的平衡，並促進家庭的凝聚與幸福感。

4.循環詢問（circular questioning）：透過設計好的議題，使家人能發掘不同成員對於某些事件或關係在觀點上的差異。著重在家人的關聯性，而非個人的症狀。

5.中立（neutrality）：專業人士與不同家庭成員維持聯盟，避免陷入家庭的聯合與同盟之間；不會去建議家庭應該怎麼做，而是激發家庭的能力來產生自己的解決能量。

七、行為／認知取向的

認知行為治療（cognitive behavior therapy）藉由影響個人思考模式來改變思想與行為，主要以「學習理論」為基礎，強調家庭中特定的行為問題，發展出「定期監督、以資料為基礎」的介入程序等，將科學方法帶入治療過程，特別強調環境、情境和社會的行為因素。治療理論與技術包括（吳就君、鄭玉英，1993）：

1.行為分析（behavioral analysis）：記錄家庭成員間具體行動的交流，分析刺激他人的行為，以及問題行為的互動結果。目的是增加家人之互動、改變妨礙互動的環境條件，訓練家庭成員維

持改善後的正向行爲。

2.制約（conditioning）：指原來未經過制約刺激所引起的反應，藉由選擇性酬賞或增強，使該行爲比其他未得到酬賞的行爲更頻繁發生。

3.增強（reinforcement）：利用行爲之後立即的獎賞，以增加該行爲發生之頻率，而增加行爲發生頻率的事物稱爲「增強物」。

4.行爲模塑（shaping）：對逐漸接近目標的行爲予以增強，藉著逐漸增強的步驟而非只增強最後的反應，來達到想要的結果。

5.後效契約（contingency contracting）：增強相互交換令人喜愛行爲的過程。契約並非強制性工具，透過指明因果關聯，家庭成員能對互動規則達成協議，並決定遵從這些規則。

6.認知重建（cognitive reconstructure）：修正當事人對於事件的想法和知覺，以產生行爲改變的治療程序。

八、家庭整體強化支持理論

基礎包含以下四種（鄭雅莉，2011）：

1.社會支持理論（social support theory）：強調家庭社會網絡所得到的，如果家庭得到的支持較強，家庭的幸福感會因而強化。

2.家庭系統理論（family system theory）：重視家庭成員經驗，獨特的正面經驗會增加家庭的幸福感。

3.互動理論（transactional theory）：以夫妻及親子互動爲基礎。

4.協助獲得能力理論（help-giving theory）：聚焦於幫助個體提升能力。

九、生態系統理論

生態系統理論（ecological system theory）強調人與社會環境的互動關係，以人與環境介面間之互動關係的特質為概念架構。個人終其一生都受到環境的影響，個人的發展來自與社會環境的互動，互動模式不只介於同一層環境中，而是多層環境系統中的交互作用。每個系統直接或間接與其他系統互動，因此探究個人行為時，需要由個人、家庭、同儕、學校與社區等各系統來瞭解。

Greene（1999）從個體的生命循環（life cycle）來探討，歸納生態系統理論的核心概念約有以下幾項：

1. 生命週期（life course）：重大社會的生活事件（life events），在生命歷程上某個時間點發生持續影響個人。透過運用時間線的方法可以收集許多在個人生命週期所發生的大大小小各類事件。

2. 人際關聯（relatedness）：指與人群建立關係或產生連結的能力，主要發生在熟悉的團體，尤其是家庭。這樣的能力開始於父母親的照顧關係，產生與他人的互惠性照顧行為。

3. 勝任能力（competence）：指一個人有能力且有效因應，甚至掌握環境。

4. 角色（role）：個人與他人關係的過程受到文化與其他環境因素所影響，角色的扮演呈現了社會面向發展的內涵。角色表現是一種社會角色的互惠性期待，也是個人內在歷程與社會參與的橋樑，受到個人感受、情感與信念所影響。

5. 利基與棲息地（niche and habitat）：棲息地指個人在文化脈絡中的生理及社會情境（social setting）。利基涉及個人在社區中當

前的環境或地位，是個人所在環境區域的特色，特別有利或不利於個人的發展任務。運用此概念並非在為個人做社會分類，有助於發現形成個人目前處境的發展歷程。

6.適應力（adaptive ness）：在個人與環境的交流過程當中，個人與環境間彼此會相互影響和反應，以達成最佳的調和。生態觀點認為個人適應良好與否非關個人病態或偏差，而是與個人需求和環境提供資源之間配合的結果。

家庭社會工作

本章書目

直接引述

余齊君（2007）。《青少年家庭壓力事件、家庭功能與共依附特質之相關研究》。嘉義：嘉義大學家庭教育研究所碩士論文。

李茂興譯（1999）。G. Corey原著。《諮商與心理治療的理論與實務》。台北：揚智。

吳就君（1994）。V. M. Satir原著。《家庭如何塑造人》。台北：時報。

吳就君、鄭玉英（1993）。《家庭與婚姻諮商》。台北：空中大學。

吳就君編譯（1986）。《家族治療——理論與實務》。台北：大洋。

周月清等譯（1994）。Pauline Boss原著。《家庭壓力管理》。台北：桂冠。

基督徒救世會譯（2012）。Monica McGoldrick、Randy Gerson、Sueli Petry原著。《家庭評估與會談技巧》。台北：啓示。

馬永年、梁婉華譯（2009）。James M. White、David M. Klein原著。《家庭理論》。台北：五南。

張憶純、古允文（1999）。〈家庭壓力、家庭資源與家庭危機形成之研究——以台灣省立台中育幼院院童家庭為例〉。《社會政策與社會工作學刊》，2（2），95-140。

郭靜晃、徐蓮蔭譯（1997）。Brent C. Miller原著。《家庭研究方法》。台北：揚智文化。

彭懷真（1989）。《台灣企業主的關係及其轉變》。台中：東海大學社會學系博士論文。

彭懷真（1996）。《社會科學概論》。台北：洞察。

彭懷真（2009）。《婚姻與家庭》。台北：巨流。

游琬娟譯（1994）。《完全道德》。台北：張老師。

楊淑智、魯宓譯（2003）。Susan H. McDaniel原著。《愛的功課：治療師、病人與家屬的故事》。台北：心靈工坊。

楊蓓（2014）。《烽火家人：從原生家庭看自我成長》。台北：法鼓。

鄭凱芸（2010）。《當父母罹癌時——青少女承擔親職之經驗》。台中：東海大學社會工作學系博士論文。

鄭雅莉（2011）。〈特殊嬰幼兒家庭支持與需求之調查研究〉。《高雄師大學報》，31，1-250。

鄭麗珍（2002）。〈如何健全家庭功能提升生活品質〉。發表於「全國社會福利會議」。

Bengtson, Vern L. (2005). *Sourcebook of Family Theory and Research*. Thousand Oaks, Calif Press.

Brid, Featherstone (2004). *Family Life and Family Support: A Feminist Analysis*. J. W. Arrowsmith.

Fisher P. A., Fagot, B. I., & Leve, C. S. (1998). Assessment of family stress across low, medium, and high-risk samples using the family events checklist. *Family Relations, 47*, 215-219.

Lawson, H. A., Lawson, K. B., Hennon, C. B. & Jones, A. R. (2000). Key Sensitizing Concepts, a Family Policy Continuum, and Examples from the IYF: International Implications. In *Family-Centered Policies and Practices*. Columbia University Press.

Greene, S. (1999). Understanding Party Identification: A Social Identity Approach. *Political Psychology, 20*(2), 393-403.

Moore, Tami James & Asay, Sylvia M. (2013). *Family Resource Management*. SAGE Publications.

Turner, F. J. (2000). *Social Work Treatment: Interlocking Theoretical Approaches*. The Free Press.

法令與服務輸送

- 相關的法律
- 依法行政的政府體系
- 執行缺失的改善之道

2014年，多位監察委員針對為何行政院沒有家庭法、未設立家庭署、社會福利行政體系對家庭服務的缺失舉行專案諮詢會議，邀請我進行研討。2017年6月，監察委員江綺雯帶了兩位監察官到中華民國幸福家庭促進協會拜訪，針對家庭教育中心、家庭福利服務中心等的運作，有所請教。我準備了一份簡報，全面檢視家庭福利及家庭教育的議題。接著在《社區發展季刊》159期「友善家庭社會福利」專刊，我以〈家庭服務體系的全盤改進——兩度向監察委員的建言〉發表專論（彭懷眞，2017c）。強調友善家庭是社會福利的基石，也是社會福利服務的目標，必須以家庭而非個人為核心深入探討，才可改進目前福利服務輸送的諸多缺失。

兩次監察委員對家庭服務議題所提出的主要問題有四：(1)家庭教育體系何以績效不彰？(2)家庭福利服務的運作，有何問題？(3)政府與家庭有關的法令及行政組織，出現什麼問題？(4)為了改善上述問題，有何建議？

我認為首要問題是：過度分工，欠缺整體的服務。家中的老人、兒童、婦女、身障者等各有主管機關，各自按照法律、行政命令、辦法準則來推動，一個案家可能面對好幾種背景的社工。每個社工都畫家庭圖，都做個案處遇的計畫，都進行處遇。在家庭服務領域，分工愈來愈細，有關的單位愈來愈多。

「穀倉效應」（The Silo Effect）正足以說明此現象。此名詞近年在企業界、政府機構和各式組織團體間受到重視。「穀倉效應」是一種普遍的組織現象，成因是現代社會團體與組織具備特定的分工慣例，由於內部長期缺少溝通與交流，部門之間各自為政，就像一個個穀倉各自獨立、缺乏互動，因而導致問題重重、釀禍成災。

政府、企業、團隊、個人，都像一座座穀倉。雖然穀倉讓世界看似井然有序，但當大家活在自己的小圈圈，就會造成不知變通，看不見危機，因而犯下嚴重錯誤（林力敏譯，2016）。社會團體與組織

具備特定的分工慣例，有些分工界定具體清楚，例如政府、各社工組織都有正式的組織架構，各個部門的內部組織與合作模式經過明確規定，採取階層制度。以「家庭暴力防治方案」為例，各承辦人在自己被授權的工作場域之中，沒有時間也欠缺意願去瞭解其他單位在做什麼。雖然有各種聯席會報，但都是各方案各自召開，有分工卻難有合作。

應該從服務輸送體系的角度來改進，因世界已經無比複雜專業，過度仰賴專業分工建立秩序，當分工分類定型，已經落入系統僵化導致難以面對快速變化與高連結大環境的處境（林力敏譯，2016）。十年來我擔任政府許多部會的委員，一再目睹政府因分工過細導致問題惡化卻又無法處理。

我應聘擔任行政院性平會委員，對「性別主流化」深入理解，使我對家庭議題的思考透過突破穀倉現象，有豁然開朗的領悟。各種公共政策幾乎都與性別有關，都應注意到對性別的影響，所以「性別影響評估」是不可少的。同樣的道理，各種社會福利立法與政策，幾乎都與家庭有關，即使原本是針對某一種年齡或身心障礙或族群所立的法律，都將影響該人口群所屬、所生活的家庭。家庭如同性別，無所不在，公共政策的研擬必須注意到家庭的狀況，公共政策的執行必須考慮對家庭的衝擊。日後政府應該仿效性別影響評估的機制，檢視社會福利領域裡的各項法令。

社會工作者是代表政府服務家庭的尖兵，卻未能獲得足夠的支持。現今對於家庭內部分成員或對象的服務，正處於一種多元分立的狀況，與各種福利服務中心成立的時間、主管機關、目的、功能的不同有關，造成整合家庭服務方面的困難。

如今，政府固然應該由上而下來改變，家庭社會工作者也應由下而上有所努力。家庭社會工作者要「懂得法理」、「掌握服務輸送體系」，對於法律的位階、法令的性質、法律的制定，有基本的認識。

有關的法令很多，最根本的，須對《民法・親屬編》、《家事事件法》、《社會工作師法》等有所認識。

　　配合工作性質，社工如果偏重113業務，政府針對家庭暴力、性侵害、性騷擾、人口販運等應當禁止的行為，有各種法令，社會工作者在這些法令的執行中扮演關鍵角色，則《家庭暴力防治法》、《性侵害犯罪防治法》、《兒童及少年福利與權益保障法》、《老人福利法》、《身心障礙者權益保障法》等，要加以瞭解。如果偏重對家庭的經濟協助，則對《社會救助法》、《特殊境遇家庭扶助條例》須有基本概念。從事寄養安置的，也需認識《兒童及少年性剝削防制條例》。從事法院工作的，還要認識《民法・繼承編》。偏重家庭教育，當然要知道《家庭教育法》的基本規定。

　　以下針對上述法律簡要介紹，每一項法律，說明最新修法年、章數與條文數，以及各章名稱。各法律的重點及社工角色，配合第五章至第十二章各主題會陸續詳細說明。

🏠 第一節　相關的法律

　　從法制面來看，與家庭有關的法律甚多，除了淵源流長的《民法》，還有：

60年：《兒童福利法》。

69年：《老人福利法》、《社會救助法》、《殘障福利法》。

76年：《少年福利法》。

82年：《兒童福利法》修正。

84年：《兒童及少年性交易防制條例》（104年更名《兒童及少年性剝削防制條例》）。

86年：《社會工作師法》；制訂《性侵害犯罪防治法》；修訂

《老人福利法》；修訂《社會救助法》；《身心障礙者保
護法》（原名稱爲《殘障福利法》）。

87年：制訂《家庭暴力防治法》。

89年：制訂《特殊境遇婦女家庭扶助條例》；研擬《社會福利基
本法草案》。

91年：《兩性工作平等》法公布；增修《性侵害犯罪防治法》。

92年：《兒童福利法》及《青少年福利法》合併爲《兒童及少年
福利法》；《家庭教育法》。

96年：《身心障礙者權益保障法》。

100年：《兒童及少年福利與權益保障法》。

一、《民法・親屬編》

《民法》分成五編，親屬編是第四編，最新一次修正是104年公
告。分成七章，各章的名稱及條文開始的數目呈現如下：

第一章　通則　§967

第二章　婚姻　§972

　　　　第一節　婚約　§972

　　　　第二節　結婚　§980

　　　　第三節　婚姻之普通效力　§1000

　　　　第四節　夫妻財產制　§1004

　　　　第五節　離婚　§1049

第三章　父母子女　§1059

第四章　監護　§1091

　　　　第一節　未成年人之監護　§1091

　　　　第二節　成年人之監護及輔助　§1110

第五章　扶養　§1114

第六章　家　§1122
第七章　親屬會議　§1129

二、《家事事件法》

共六編，最新一次修正是104年。共二百條，將家事事件區分爲家事訴訟事件（即甲、乙、丙類）與家事非訟事件（即丁、戊類）。

三、《社會工作師法》

86年公布施行，於98年再次修正。分成七章，五十一條，包括第一章「總則」、第二章「資格取得」、第三章「執業」、第四章「社會工作師事務所」、第五章「公會」、第六章「罰則」、第七章「附則」。

四、113相關業務

(一)《家庭暴力防治法》

87年公布施行，之後多次修正，於104年再次修正公布。分成七章，六十六條，包括第一章「通則」、第二章「民事保護令」、第三章「刑事程序」、第四章「父母子女」、第五章「預防及處理」、第六章「罰則」、第七章「附則」。

(二)《性侵害犯罪防治法》

86年制定，104年修正。共二十五條，沒有分章。

(三)《兒童及少年福利與權益保障法》

分成七章，一百一十八條，包括第一章「總則」、第二章「身分權益」、第三章「福利措施」、第四章「保護措施」、第五章「福利機構」、第六章「罰則」、第七章「附則」。

(四)《老人福利法》

69年公布施行，之後多次修正，於104年再次修正公布。分成七章，五十五條，包括第一章「總則」、第二章「經濟安全」、第三章「服務措施」、第四章「福利機構」、第五章「保護措施」、第六章「罰則」、第七章「附則」。

(五)《身心障礙者權益保障法》

69年制定《殘障福利法》，86年修正更名為《身心障礙者保護法》，於96年再度修正更名為《身心障礙者權益保障法》，之後陸續修正部分條文，最新一次修正是104年。分成九章，一百零九條，包括第一章「總則」、第二章「保健醫療權益」、第三章「教育權益」、第四章「就業權益」、第五章「支持服務」、第六章「經濟安全」、第七章「保護服務」、第八章「罰則」、第九章「附則」。

五、經濟類

(一)《社會救助法》

69年公布施行，之後多次修正，於104年再次修正公布。分成九章，四十六條，包括第一章「總則」、第二章「生活扶助」、第三章

「醫療補助」、第四章「急難救助」、第五章「災害救助」、第六章「社會救助機構」、第七章「救助經費」、第八章「罰則」、第九章「附則」。

(二)《特殊境遇家庭扶助條例》

89年公布施行，之後多次修正，於103年再次修正公布。不分章，共十六條。立法目的：為扶助特殊境遇家庭解決生活困難，給予緊急照顧，協助其自立自強及改善生活環境。

六、其他

(一)《兒童及少年性剝削防制條例》

共五章，五十五條。分成第一章「總則」、第二章「救援及保護」、第三章「安置及服務」、第四章「罰則」及第五章「附則」。

(二)《民法・繼承編》

繼承編是第五編，分成三章，各章節的名稱及條文開始的數呈現如下：

第五編　繼承　§1138
　　　　第一章　遺產繼承人　§1138
　　　　第二章　遺產之繼承　§1147
　　　　　　　　第一節　效力　§1147
　　　　　　　　第二節（刪除）　§1154
　　　　　　　　第三節　遺產之分割　§1164
　　　　　　　　第四節　繼承之拋棄　§1174

(三)《家庭教育法》

最新一次修正是103年。共二十條。

分析各法令的屬性，宣示性的通常效果有限，懲罰性的比較有約束力。推廣正面價值的理想性高但重要性則低，規定處罰犯錯者的較為實際，政府也容易有配套。例如民國87年通過的《家庭暴力防治法》，基於此法從中央到地方，建置了組織、編列了預算、安排了人事、執行各種計畫方案。單單一個直轄市的家庭暴力防治社工人力就可能超過全國的家庭教育中心專任人力。

(四)多項公約

近年來，政府重視與國際接軌，多項聯合國的公約，紛紛成為國內的基本法。例如《公民與政治權利國際公約》、《經濟社會文化權利國際公約》及《消除對婦女一切形式歧視公約》（簡稱CEDAW）。

第二節　依法行政的政府體系

一、命令

　　根據上述法律，行政機關再制定命令。依《中央法規標準法》第3條規定：各機關發布之命令，得依其性質，有以下不同類型。例如配合法律而有的施行細則，屬於命令。命令的七大類型是：

1. 規程：屬於規定機關組織、處務準據者。
2. 規則：屬於規定應行遵守或應行照辦之事項者。
3. 細則：屬於規定法律施行之細節性、技術性、程序性事項或就法律另作補充解釋者。
4. 辦法：屬於規定辦理事務之方法、權限或權責者。
5. 綱要：屬於規定一定原則或要項者。
6. 標準：屬於規定一定程度、規格或條件者。
7. 準則：屬於規定作為之準據、範式或程序者。

　　命令包含授權命令及職權命令，授權命令又分為法規命令與非法規命令。《行政程序法》第150條規定：「本法所稱法規命令，係指行政機關基於法律授權，對多數不特定人民就一般事項所作抽象之對外發生法律效果之規定。」

　　法律是對多數不特定人民就一般事項所作對外發生法律效果之規定。法令包含法律、命令、行政規則及函釋（參考《行政程序法》第150條）。《行政程序法》第159條規定：「本法所稱行政規則，係指上級機關對下級機關，或長官對屬官，依其權限或職權為規範機關

內部秩序及運作，所為非直接對外發生法規範效力之一般、抽象之規定。」行政規則主要分為兩大類：(1)機關內部之組織、事務之分配、業務處理方式、人事管理等一般性規定；(2)為協助下級機關或屬官統一解釋法令、認定事實及行使裁量權，而訂頒之解釋性規定及裁量基準。

二、行政體系

(一)中央

衛生福利部102年成立，「社會及家庭署」是社會福利方面唯一的署，設有：(1)婦女福利及企劃組；(2)兒少福利組；(3)身心障礙福利組；(4)老人福利組；(5)家庭支持組，這五組都分三科辦事。其中，負責家庭福利規劃與服務的家庭支持組掌理事項包括：(1)家庭政策與方案之規劃、推動、執行及相關法規之研擬；(2)家庭照顧能力服務方案之規劃、推動及執行；(3)家庭親職、家庭關係、適應與維繫服務方案之規劃、推動及執行；(4)單親、外籍配偶、高風險與其他特殊需求家庭扶助方案之規劃、推動及執行；(5)家庭支持服務資源之整合、協調及運用；(6)家庭支持服務之教育宣導及研究發展。

(二)地方

各縣（市）政府的社會局，都未設立專門的家庭福利科。地方政府所設家庭福利服務中心是改善服務片斷化缺失的方法，為政府家庭政策中家庭支持服務系統的一環。緣起是前內政部兒童局自民國98年起，運用公彩補助開始推動「建構家庭福利服務系統計畫三年實驗計畫」，期待「依各地區特色與需求之不同，建立以『家庭』為中心、適合在地環境的服務模式，提供近便性、連續性、多元化及整合性的

福利服務」，重點是建置家庭福利服務的單一窗口（古允文、張玉芳、蔡涵宇、許展耀，2008）。

　　當時規劃輔導十五縣市政府設置二十一個區域性家庭福利服務中心，並充實六十九名社會工作專業人員與督導，負責服務區域內家庭之諮詢輔導及個案服務工作。希望藉此統籌連結、開發社區資源，提供區域內相關輔導及各項福利服務。

　　區域性家庭福利服務中心設立目的主要著眼於家庭服務偏重個別人口群，並因應各類弱勢家庭型態日趨增加，滿足多樣化福利需求、偏遠地區福利據點不足、資源輸送太過分散與片段等問題。依據家庭政策以及相關社會福利會議之決議，希望能利用社政部門既有服務據點及可供運用的空間，以家庭為主軸且單一窗口之多元服務理念，結合社政、勞政、民政、教育、原住民、衛生等資源推廣辦理，以協助多元家庭成員順利的適應與發展。

　　服務特質包括：以整體家庭為服務的焦點；增強家庭的功能以預防家庭破碎；協助需要被關注的兒童能進入照顧系統。服務對象是一般家庭與弱勢家庭及其子女。服務項目包含：個別家庭服務（諮詢、會談、諮商、輔導等）、社會福利諮詢與轉介、親職成長活動（親子教養、喘息等）、支持性與成長團體、教育訓練、講座、工作坊、一般性家庭支持服務、親子空間、圖書室等設施服務、臨托服務（部分中心）、社區宣導等服務等（呂朝賢，2010）。

　　民國98～100年的三年實驗計畫結束後，於101年擇定宜蘭縣、桃園縣、台南市、屏東縣、澎湖縣、金門縣、基隆市、雲林縣、嘉義市等九縣市，設置共十四處兒童及少年家庭支持服務中心，規劃輔導地方政府設置社區型兒少及其家庭支持服務中心（系統），就近提供家庭相關支持性、補充性及預防性之服務措施。接著於102年委託完成「家庭支持系統服務模式建構與行動研究」，作為各縣市推動的參考依據（陳菀青，2016）。

　　然而，監察院調查報告指出：「兒童及少年家庭服務中心競爭型計畫，落實初級預防工作，確有其必要，應予肯定。惟服務據點未能普及、人力配置亦有不足、服務時段係一般民眾之上班時間，且服務對象及功能定位不明，致服務成效有限，仍難以發揮預防之功能，衛生福利部允應檢討改進，俾使該中心發揮應有功能。」

　　考量現行各地方政府設置之家庭支持中心配置的區域分布、服務據點密度、服務人口比、組織架構、專業人力需求、經費規劃及社區特性等，均未盡相同。又依各地方政府規劃所屬中心之服務取向各有重點，服務模式與工作目標或辦理綜合性福利服務、高風險及保護性服務；又或提供兒少預防性服務、支持性服務等不同服務取向。家庭支持中心之營運方式多元，採地方政府自行辦理、委託民間團體辦理及公私協營辦理等不同模式營運。推展之家庭支持系統服務模式呈現多種不同樣貌（彭淑華、趙善如，2013）。

　　兒童及少年家庭支持服務中心競爭型計畫（101～103年）結束後，103年社會及家庭署另訂定「家庭支持服務系統建置規劃方案──優先結合單親家庭服務中心」，鼓勵單親家庭中心轉型，逐步整合資源體系。期間委託辦理「結合單親家庭服務中心推展家庭支持服務系統建置──團隊輔導計畫」，以專案輔導方式協助單親中心轉型。104年目標補助八處原有中心、十二處新設中心（含六處單親中心轉型），規劃每年補助四至五處新設置中心，逐年擴充中心設置數和普及度，最終達到全國普及之目標。

　　全國已經有一百一十二處家庭（社會）福利服務中心（社家署官網106年1月更新公告），其中六個直轄市共設置六十九處家庭（社會）福利服務中心。在公告後，台中市又新設了五處中心，高雄市也新設了五處。

　　長久以來，政府對於家庭內部分成員或對象的服務，處於一種多元分立的狀況，與各種福利服務中心成立的時間、主管機關、目的、

功能的不同有關，造成整合家庭服務方面的困難（古允文、張玉芳、蔡涵宇、許展耀，2008）。

以監察院102年的報告來看，單一功能性之服務中心，包括二十九個兒童及少年福利服務中心、四十一個婦女福利服務中心、三十二個原住民家庭服務中心、四十個老人福利服務中心、二十一個身心障礙者福利服務中心、二十六個社會福利服務中心、二十個新移民家庭服務中心、三十八個單親家庭服務中心、三十五個家庭福利（支持）服務中心及十七個其他類型中心，約三百個。近年來，各類型中心快速增加，單單是台北市、台中市、高雄市三都就已經超過三百個。地方政府所設的社會福利中心林林總總，主要按照福利對象來區分。名稱不一，辦理方式不一，以台中市來看，整理如**表4-1**。

表4-1　台中市各類福利服務中心的服務對象、數量及辦理方式

	福利對象別	中心名稱	數量	辦理方式
1	身心障礙者	身心障礙綜合福利服務中心	1	公設公營
2		生涯轉銜通報中心	1	公設公營
3		輔具資源中心	2	委託辦理
4		社區資源中心	6	委託辦理
5		各區居家服務支援中心	14	委託辦理
6	嬰兒	托嬰中心	1	委託辦理
7		托育資源中心	5	委託辦理
8	兒童	兒童發展通報中心	1	委託辦理
9		兒童發展社區資源中心	6	委託辦理
10		兒童發展啓蒙資源中心	1	委託辦理
11		兒童福利服務中心	1	公設公營
12		兒童青少年福利服務中心	1	公設公營
13	青少年	青少年福利服務中心	1	委託辦理
14	老人	老人福利服務中心	1	委託辦理
15		長青學苑	25	委託辦理
16		失能老人居家服務支援中心	14	委託辦理
17	失能者	長期照顧管理中心	1	衛生局公設公營

（續）表4-1　台中市各類福利服務中心的服務對象、數量及辦理方式

	福利對象別	中心名稱	數量	辦理方式
18	婦女	婦女福利服務中心	5	委託辦理
19		大甲婦女福利服務中心	1	公辦公營
20	新移民	新移民家庭服務中心（15個據點）	4	委託辦理
21	單親	家庭福利服務中心（向晴／葫蘆墩）	2	公設民營
22	家庭福利服務中心		14	公設公營
23	志願服務推廣中心		1	委託辦理
24	家庭教育中心		1	教育局公設公營
	小計		111	

資料來源：作者整理自台中市政府社會局、教育局網站。

 第三節　執行缺失的改善之道

一、缺失

(一)整體環境的考驗

　　大環境顯示各種制度都在摧毀家庭卻又依賴家庭。沒有人會說家庭教育不重要，沒有人會呼籲要瓦解家庭，但實際上，家庭卻在個人主義當道的情勢下，無法維持強大能量，又在各種制度的傷害後難以發揮原有的功能。家庭被迫邊緣化，家庭教育只是點綴。

　　家庭制度只是許多制度的一環，政治制度的投票是以個人為單位，教育制度的教學是對個別學生，經濟制度的商業活動愈來愈偏向個人為消費者而非家戶為單位，醫療制度的治療針對病人的病痛而不在乎家庭狀態……。

　　政治制度倒向頻繁的選舉，除了少數政客得利，民眾獲得的保障有限。教育制度不斷改革，從升學方式到課程大綱都在持續修正，學生及家長卻愈來愈疲憊。經濟制度過於偏向資本主義，除了少數資本家得利，大多數勞工都疲累。醫療制度只重視對付疾病卻忽略了病人，人們的壽命延長但生活品質下降，家人跟著痛苦。

　　大多數民眾都深受其害，被民主選舉、教育改革、資本主義、過度醫療等折磨，賺了些許的錢但不足以養老，可以投票卻找不到有效解決家人及自己問題的政府，疾病能被診斷可以開刀又有藥吃，存活率上升，卻可能因為錢不夠用，晚景淒涼。

　　發生這麼多問題，人人都寄望家庭，希望家人能幫忙，期盼家庭制度能支撐自己度過危機。然而，家又小又弱又窮，遇到小問題或許還可以短時間應付，絕對無法長期擔負重責大任。一百多年來，各路人馬都在摧毀家庭，各種主張都在打擊家庭，各種意識型態及政府政策都不在乎家庭，如今卻要求家庭承受責任，促使家人為各種制度收拾善後，合理嗎？

　　例如教育制度要家長多參與各項教育活動，分擔使孩子有效學習的責任。經濟制度要家庭隨時多準備一雙筷子接納在職場上挫敗的人。政治制度要子女孝順，要扛起照顧長輩生活的責任。醫療制度要子女分攤醫療支出及從事部分照顧工作，從住院到安葬到追思都賣力……。小小的家戶、脆弱的家庭，凝聚力原本就不足的家人關係，能夠因應嗎？當然不能！所以各種悲劇事件，不斷出現，媒體大篇幅報導，社會福利行政體系經常被指責未能防範於未然，社會工作者被批評冷血疏忽。

　　以家庭教育為例，民國92年，期盼已久的《家庭教育法》立法通過，但因為沒有罰則，雖然四次修正，至今仍然不能算是重要的法令，相關的經費及人力都有限。家庭教育只是教育部終身教育司下轄家庭及高齡教育科的部分工作內容，終身教育司在教育部也不是核心

單位，只有五、六位同仁承辦多元又複雜的業務。

(二)社工的處境艱難

社會工作者是代表政府服務家庭的尖兵，卻未能獲得足夠的支持。社工壓力與案量過大，整體而言，社工高缺額、高流動率。社工界有各種的多：立法多、政策多；新思潮、新概念、新方法多；會議多，研討會更多；評鑑多，對地方政府及民間機構的評鑑更多。唯一不夠多的，是「人力不夠多」，人力的增加遠不及外界的需求，從大學到政府到民間，專業人力的供給處處吃緊。有意願有能力又符合專業要求的人才有限，能專心從事家庭相關服務的人才，更是不足。

美國，兒少保社工個案比約是1：20，台灣兒童暨家庭扶助基金會、兒福聯盟基金會等大型民間機構，有一社工負責二十五案的上限，但公部門兒少保社工個案量沒有限制，平均在三十五案上下，有時高達五十案。

兒少保社工普遍缺額，由篩案、調查到處遇（intervention，指介入輔導以維繫家庭功能）三階段人力配置，含高風險家庭社工，公部門持續缺額率。由於工作性質壓力大，挫折感重，警政、司法等公權力介入又不夠落實，社工可能無法第一時間就調查清楚兒虐事實，及時把小孩帶離。依照現行制度，通報後經篩案社工分級分類，屬於家戶內的兒少虐待或疏忽，由第一線社工出面調查，確定有虐待事實，判斷危急程度後，才依序進入到開案和家庭重建等後續處理。

然而，調查還沒開始，家長就可能阻撓，社工連小孩都無法見到面。當社工按門鈴，跟家長說「接到通知小孩最近哭得比較大聲，不知道有沒有什麼事情需要幫忙？」，馬上被轟：「我們家庭和樂，你社工是什麼東西？憑什麼來騷擾我們、汙名化我們。」有些還威脅要提告社工誹謗、侵入民宅。許多設有門禁的公寓大廈，社工連大門都進不去，得埋伏等家長或小孩出門。按照規定，緊急個案應於四日

內提出調查報告，其他至遲三十日內提出，如果孩子行蹤不明或沒看到，可能草率結案。

社工上門，家長覺得很丟臉，飆罵三字經或人身攻擊，甚至出現更激烈的行為。美國的家長普遍有清楚的公民意識和守法概念，社工來執行公權力，不配合，馬上可以請警察介入。台灣警察常常是考慮再三，施虐的父母頑強抵抗、法治觀念落伍，普遍認為親權大過孩子的人權。

醫院已經用科學證據說明到底有沒有虐待兒童，可是社工怎麼樣把孩子帶去醫院？台灣社工不像美國有公權力，美國保護性社工叫開門就得開門，有權力馬上把孩子抱上警車去醫院驗傷。在台灣，某個案案主揚言殺子自殺，親屬通報案，上社工門斡旋一段時間後，媽媽還是不肯把孩子抱給社工看，後來警察、消防員、里長、救護車全到了，前後包夾，準備破門救人時，文件誰簽？大家面面相覷，只好社工簽。手無寸鐵的社工進門後趕快帶小孩狂奔，就怕媽媽追上來，彷彿做了一件偷偷摸摸的事。

(三)過度分工

各項社會福利偏向於以人口群為主，針對老人、兒童、身障者等都有單獨的立法。以家戶為主體的政策，最主要是社會救助方面的，經由計算家戶所得來界定是否即該如何予以協助。其餘各項法令，很少以家庭為單位。

家庭已經是人數極少的單位，還要拆解成不同的法律、命令。如此一來，過度分工，欠缺整體的服務。家中的老人、兒童、身障者等各有主管機關，各自按照法律、行政命令、辦法準則來推動，一個案家可能面對好幾種背景的社工。每個社工都畫家庭圖，都做個案處遇的計畫，都進行處遇。

針對此現象，衛生福利部早已經遭監察院糾正（102內正43）事

項;重點是——各地方政府雖設立各類功能型之服務中心,惟各類中心係針對單一人口群提供特定服務,以致無法就具有多重需求之家庭及其成員提供整體與連續之服務,亦有標籤化之負面問題,並造成資源分散及服務重疊等問題。然行政院卻遲未督促所屬依據家庭政策整合並建立以社區為範圍之家庭支持(服務)中心,俾資源有效運用,促進家庭功能,顯有未當。

　　另一份監察院的報告指出福利服務輸送的根本問題,標題如下:「現有社會福利服務之提供模式,以現金給付形式為主,服務又以補救為主,欠缺預防措施,並以各類人口群為服務對象,未能以家庭為中心進行整體之規劃、思考並提供服務,導致各項措施片斷化、零碎化,資源及人力亦無法有效整合。」

　　監察院的報告裡舉了一個例子:「某市一位民眾之妻子係輕度智障,兩人生育智障之兒子,家中尚有年老長輩,家庭經濟狀況為列冊之低收入戶。惟在政府缺乏家庭整合服務之下,該市政府社政單位各承辦科(如社會救助科、老人福利科、身心障礙福利科)雖皆與該家庭進行聯繫,但卻都未能提供適切的服務,僅能以轉介方式處理此個案,使得該民眾求助無門,迄未獲得協助。此案例即充分凸顯各類單一功能型之服務中心僅能針對特定需求人口群提供有限的服務,缺乏以家庭為中心的規劃及考量,難以有效解決具有多重需求的家庭之問題。」

(四)服務者的人力及能力都不足

　　眾多的地方中心,大多數的專職工作人力都不到五位,社會工作背景者更少。家庭服務分工愈來愈細,有關的單位愈來愈多。

　　彭淑華、黃詩喬等(2013)分析,能否真正建構一個,以家庭為中心、社區為基礎的區域社會福利服務網,包含資源投入情形,如各縣市主管支持與否及經費是否挹注;以及人力情況,如流動性、專業

素質與服務能量等因素，都是關鍵。其中人力的流動、經驗與知識累積不足，使得個案處理深度不足、社區關係無法深耕、實務技巧難以累積。此外，服務區域過大，且家庭福利服務中心工作人員常成爲社會行政單位各科室的支援人力，工作雜而不精，使中心之原有功能與定位模糊，工作人員之專業知能無法累積，服務能量只能應付交辦工作而較難有開創性，社區經營與資源掌握不足。

整體來說，法令的問題是因爲法律零散分歧，法令細碎欠缺統整又按照各人口群而非家庭來考量。行政的問題是行政體系如公務員各守本位，服務輸送當然會有諸多漏洞。

二、改善之道

政府應重新以家庭爲各項施政的服務單位，在支離破碎的時代，家庭仍然是最重要的凝聚。期盼決策者在心態上，透過以家庭爲中心來凝聚個人。要改進上述的問題，不應從細節來看，要有一整體的系統。

家庭社會工作學者Ackerman（1984）早就強調系統思維在家庭服務的重要性。Briar-Lawson等學者（2011）分析，以家庭爲中心的政策是社會工作界及社會福利體系必須考慮的。借用生物學常見的分類層次來處理，不太複雜，既參照現實的狀況，又符合我國文化的特性，也考慮各環節之間的關聯性。服務輸送的方法，掌握一層又一層的系統，處理問題時確認所屬的層次，集中重點。目前各層次都已經存在，也都運作，只需針對現有環節微調，強化各層次彼此的連帶。

具體的建議，按照層次依序是（彭懷眞，2017b）：

從法→令→中央→地方→家庭福利服務中心→其他根據服務類別所設的中心→主責社工

1.界：家庭公約（仿效CEDAW）——法的中心點。

2.門：行政院性平及家庭處（性平處稍微調整）——令的中心點。

3.綱：衛生福利部社會及家庭署綜合規劃組——中央的平台。

4.目：地方政府社會局——地方的平台。

5.科：家庭福利服務中心——民眾獲得服務的平台。

6.屬：其他根據服務類別所設的中心。

7.種：主責社工——個案的管理者。

以下依序按照實際的經驗提出建言，說明如何實際運作。

(一)界：家庭公約（仿效CEDAW）——法的中心點

各種公共政策幾乎都與性別有關，都應注意到對性別的影響，所以「性別影響評估」是不可少的。同樣的道理，各種社會福利立法與政策，幾乎都與家庭有關，即使原本是針對某一種年齡或身心障礙或族群所立的法律，都將影響該人口群所屬、所生活的家庭。家庭議題如同性別，無所不在，公共政策的研擬必須注意到家庭的狀況，公共政策的執行必須考慮對家庭的衝擊。

(二)門：行政院性平及家庭處（性平處稍微調整）——令的中心點

在家庭領域，應盡量一致。負責的中心點應該在行政院層次，將性別平等處應調整為性別平等及家庭處，就像行政院院本部有內政衛福勞動處，為命令的中心點。性平處已經下設綜合規劃科、權益促進科、權利保障科和推廣發展科，統合督導各部會和地方政府，落實各項性別平等政策及措施，並推動「消除對婦女一切形式歧視公約」、「中央到地方政府的性別主流化工作」，以及「落實性別平等政策綱領」等重點工作，只要將「性別」改成「性別及家庭」即可。

(三)綱：衛生福利部社會及家庭署綜合規劃組——中央的平台

衛生福利部改組新設時，原內政部的單位納入，卻只有「社會及家庭署」，令社會福利界大感失望。被犧牲掉的三級單位，應該包括獨立的「家庭署」。如果能在組織層面稍加調整，可以考慮有專門法令的兒少福利、身心障礙福利、老人福利繼續維持，另兩個沒有專門法令，但與眾人都有關的性別、家庭，各自設組。當然，最好能努力使「社會及家庭署」分成兩個署。如果家庭署得以設立，對家庭福利服務必然產生助力。

(四)目：地方政府社會局——地方的平台

各縣（市）政府的社會局，都未設立專門的家庭福利科。可以考慮比照衛生福利部的形式，稍加調整，將綜合規劃科、婦女福利及性別平等科，重新調整為兩個科。家庭最好和綜合規劃放在一起，使各項地方社會福利都以家庭為單位思考，都能充分考慮到家庭的議題。

(五)科：家庭福利服務中心——民眾獲得服務的平台

在企業界，有各種專門作平台的組織，例如百貨公司、量販店、超商；各種電子商務，將無數的供給者與需求者進行連結，使雙方都便利。如果沒有這些平台，商業活動幾乎無法運作。日據時代，統治體系靠著戶政事務所、衛生所、派出所來作平台，管理人民。此種做法，值得從事家庭服務服務者學習。

要如何調整呢？林萬億（2005）曾提出應建立以區域為單位的社會福利服務中心或家庭服務中心，如同歐洲國家的家庭醫師一般，負責固定範圍的家庭，以解決離婚、單親、隔代教養、家暴、性侵害、性剝削、自殺、未成年子女中輟、偏差或犯罪、老人照顧、災難救援

等層出不窮的問題。這些家庭服務中心不一定公共化，可以委託民間辦理，但有一部分仍非靠政府公營不可；因部分地區根本就缺乏民間組織，或是某些業務涉及公權力的行使等。

(六)屬：其他根據服務類別所設的中心

長久以來，警察體系的運作，值得社會福利行政體系學習。警政落實在地化，一直重視家庭家戶。在組織層面，警政署也是行政院的三級單位，卻有龐大的組織及眾多的人力。在直轄市、縣市政府有警察局，之下有分局，分局之下有派出所。如果家庭福利服務中心能夠比照分局，將其他類別的中心放在家庭福利服務中心之下，如同派出所，必能有效提升服務。

在家庭福利服務中心此在地化福利服務輸送組織中，在服務人力方面，組成及來源不宜單一化，人力可以多元。在負責人方面，應該具備社會工作督導（薦任八至九職等）或高級社工師（薦任七至八職等）的資格，另以公職社工師（薦任六至七職等）及社會工作員（委任五職等）為主力，再配上約聘的僱約用人員、勞務委託人力、以工代賑人員、工讀生及志願工作者等。

(七)種：主責社工——個案的管理者

在以下各章分別說明。

總之，在這支離破碎的時代，今日的台灣，沒有一個家庭法、沒有一個家庭政策、沒有一個主管家庭業務的部會、沒有一個專門研究家庭的科系、沒有一個處理家庭困境的專業。這是一連串家庭悲劇的根源，更是社會福利服務輸送出問題的現實難題。但是，家庭仍然是最重要的凝聚（彭懷真，2017a）。對家庭的服務，千萬不要走上支離破碎的錯誤之路。

本章書目

直接引述

古允文、張玉芳、蔡涵宇、許展耀（2008）。《家庭服務中心組織及其運作之研究》。台北：內政部社會司委託研究。

呂朝賢（2010）。《建構家庭福利服務系統實驗計畫巡迴督導》。內政部兒童局委託研究報告。

林力敏譯（2016）。Gillian Tett原著。《穀倉效應：為什麼分工反而造成個人失去競爭力、企業崩壞、政府無能、經濟失控？》。台北：三采。

陳菀青（2016）。《以CORPS模式分析台中市及高雄市社會局第一線的福利服務組織與人力配置》。台中：東海大學社會工作學系碩士論文計畫書。

彭淑華、黃詩喬等（2013）。《家庭支持系統服務模式建構與行動研究》。台北：內政部兒童局委託研究。

彭淑華、趙善如（2013）。《家庭福利服務中心工作指引手冊》。台北：衛生福利部社會及家庭署。

彭懷真（2017a）。〈不僅兩代同垮，家庭也在垮〉。收錄於龐惠潔譯。NHK特別採訪小組原著。《老後兩代同垮：相支持的家人，為何變成了破產危機？》，序一。台北：天下。

彭懷真（2017b）。《社會工作概論》。台北：洪葉。

彭懷真（2017c）。〈家庭服務體系的全盤改進──兩度向監察委員的建言〉。《社區發展季刊》，159，19-33。

Ackerman, N. J. (1984). *A Theory of Family System*. Gardner Press.

Briar-Lawson, Katharine, Hal A. Lawson, Charles B. Hennon & Alan Jones (2011). *Family-Centered Policies and Practices: International Implications*. Columbia University Press.

第貳篇
透過113業務幫助家庭

家庭與婚姻暴力的防治

- 家庭暴力及政府介入
- 婚姻暴力
- 專業處遇

　　二十年來，「113」一詞廣為人知，113保護專線是一支二十四小時全年無休的服務專線，處理家庭暴力（簡稱家暴）、兒童虐待（簡稱兒虐）、性侵害或性騷擾、老人虐待等案件的通報，也處理疏忽或其他嚴重傷害其身心發展的行為，是家庭社會工作最重要的服務領域。

　　《性侵害犯罪防治法》通過，內政部依法成立性侵害防治委員會，我擔任為期三年的委員，並負責「性侵害加害人輔導教育教材」，也帶領兩位研究生探究過相關的問題。在家庭暴力防治方面，主編過《家庭暴力一百問》，撰寫過《婚姻會傷人》等書，並帶領多位研究生探討此議題。課程開授方面，在《性侵害犯罪防治法》與《家庭暴力防治法》尚未通過時，就於民國88年在東海大學講授「性侵害與家庭暴力防治」。

　　協會持續與台中市政府合作，執行各項保護性業務的方案。直接服務的方案近年有：

1.監所裡的心理輔導工作。
2.未成年子女監督會面方案。
3.台中地方法院家庭暴力事件服務處。
4.吸毒者出獄後的就業。
5.街友訪查與輔導就業。
6.目睹家庭暴力兒童及少年創傷治療輔導計畫。
7.C型行為人。

　　在宣導及教育訓練方面，還包括自民國89年起每年都執行的「外島兒童及少年自我保護社區巡迴宣導」、兒少保護網絡人員等教育訓練、失智老人社區宣導服務方案、家暴及性侵害社區宣導方案、愛·零暴力——性侵害防治繪畫競賽活動等。

　　受害者及加害者的數量增加、問題多元與複雜對社工專業產生莫大的衝擊。性侵害、家庭暴力、兒童虐待等原本就是複雜、動態又難

以處理的，這項高難度的工作考驗個別的社工員，更挑戰整個社工專業。我撰文〈非自願性案主與社會工作教育〉，分析隨著保護性社會工作的增多，社會工作者也經歷著新的壓力與考驗，許多社工人都體會非自願性案主以及他們對專業工作者的挑戰。保護性社會工作者服務的對象通常有著嚴重的生活危機與問題，許多案主問題長期無法解決，生活處境也無法改善。社會工作者面對案主的無法信任和暴力威脅時，往往覺得自己的能力不足以承擔這樣的工作，甚至質疑自己的專業能力，也有些放棄離開工作職場。

在台灣，1980年代是對性侵害、家庭暴力、兒童虐待等議題倡導與呼籲的階段，問題不斷被揭露、被討論。1990年代是對這些議題研究與立法的階段，每一項法令通過後，還有行政命令與施行細則，有許多訓練、教育、研討，還有些出版品與書籍。林明傑等譯（2000）、中華民國幸福家庭促進協會編印（2001），都是這方面常被社會工作者使用的工具書。進入21世紀後，進一步落實，不但是已經從事社工的人員需要瞭解，也進一步考慮如何在學校培養能執行這些法令的社工人員。周清玉（2009）、鄭麗珍主編（2015）等都是可以參考的。

在本章檢視家庭社會工作者大量投入的家庭暴力防治業務，當通報者主動撥113，提供相關「人、事、時、地、物」資訊，線上社工員就必須處理，讓公權力及時提供保護及協助。政府已經制定《家庭暴力防治法》，也設立了防治的機制。這些是第一節的重點。

在第二節，針對介紹婚姻暴力的發生原因、問題狀況，社會工作者的介入方式，對加害者與被害者有不同專業處遇。第三節說明政府及所委託單位推動的各項方案，還有設在法院裡的家庭暴力事件服務處。

家庭社會工作

第一節 家庭暴力及政府介入

一、法津——《家庭暴力防治法》

　　家庭暴力與兒童虐待是家庭問題中最令人痛心的，對受虐者的傷害甚至會影響一輩子，是嚴重的社會問題，也是社會大眾所關注的。為了防治家庭暴力行為及保護家庭暴力被害人的權益，政府在民國87年制定公布了《家庭暴力防治法》，宣示對家庭暴力防治的決心。104年2月有新版的修法，依照該法的第2條所定義的重點有：

1. 家庭暴力：指家庭成員間實施身體、精神或經濟上之騷擾、控制、脅迫或其他不法侵害之行為。
2. 家庭暴力罪：指家庭成員間故意實施家庭暴力行為而成立其他法律所規定之犯罪。
3. 目睹家庭暴力：指看見或直接聽聞家庭暴力。
4. 騷擾：指任何打擾、警告、嘲弄或辱罵他人之言語、動作或製造使人心生畏怖情境之行為。
5. 跟蹤：指任何以人員、車輛、工具、設備、電子通訊或其他方法持續性監視、跟追或掌控他人行蹤及活動之行為。
6. 加害人處遇計畫：指對於加害人實施之認知教育輔導、親職教育輔導、心理輔導、精神治療、戒癮治療或其他輔導、治療。

　　《家庭暴力防治法》所指家庭成員，包括下列各員及其未成年子女：(1)配偶或前配偶；(2)現有或曾有同居關係、家長家屬或家屬間關係者；(3)現為或曾為直系血親或直系姻親；(4)現為或曾為四親等以內

之旁系血親或旁系姻親。

　　暴力行為係指身體或精神上不法侵害之行為，如推、蹿、踢、捶、拉、甩、扯、綁、撞擊、掌摑、咬、抓、揪頭髮、扭曲肢體、扼喉、使用器械攻擊、強迫性交、以言詞恐嚇、威脅、辱罵、諷刺、鄙視、侮辱、不實指控、冷漠等。

二、行政——主管機關

　　任何人如果受到家庭暴力的侵害，都可以依法向法院申請保護令。警察機關各分駐派出所都已設有「社區家庭暴力防治官」專責人員，提供民眾必要協助。如遇到家暴案件，包含身體暴力或言語暴力，都可以撥打113專線，請求提供相關協助與諮詢服務，「113」為全國婦幼保護專線，民眾撥打電話求助，專線就會轉接到當事人在地的家暴防治中心，由專人提供各種諮詢服務。

　　第8條規定設置家庭暴力防治中心辦理：

1. 提供二十四小時電話專線服務。
2. 提供被害人二十四小時緊急救援、協助診療、驗傷、採證及緊急安置。
3. 提供或轉介被害人經濟扶助、法律服務、就學服務、住宅輔導，並以階段性、支持性及多元性提供職業訓練與就業服務。
4. 提供被害人及其未成年子女短、中、長期庇護安置。
5. 提供或轉介被害人、經評估有需要之目睹家庭暴力兒童及少年或家庭成員身心治療、諮商、社會與心理評估及處置。
6. 轉介加害人處遇及追蹤輔導。
7. 追蹤及管理轉介服務案件。
8. 推廣家庭暴力防治教育、訓練及宣導。

9.辦理危險評估，並召開跨機構網絡會議。

10.其他家庭暴力防治有關之事項。

　　該法明定應配置社會工作、警察、衛生及其他相關專業人員，以社會工作者為主力。社工如此廣泛地參與保護性乃至懲罰性工作始自民國82年。民國60年通過的《兒童福利法》並沒有處罰家長的條文，但民國82年修正的《兒童福利法》，首次有懲罰約束個人的條文。

　　113相關法所稱主管機關，在中央為衛生福利部；在直轄市為直轄市政府；在縣（市）為縣（市）政府。主管機關及目的事業主管機關應就其權責範圍，針對家庭暴力防治之需要，尊重多元文化差異，主動規劃所需保護、預防及宣導措施，對涉及相關機關之防治業務，應全力配合之。主管機關負責家庭暴力防治政策之規劃、推動、監督、訂定跨機關（構）合作規範及定期公布家庭暴力相關統計等事宜。另有各機關分別有其權責。

　　衛生福利部設有「保護服務司」，掌理家庭暴力、性侵害、性騷擾防治與老人、身心障礙者、兒少保護及兒少性剝削防制政策規劃、法規研訂與被害人保護服務方案、教育宣導及研究發展之規劃、推動及督導事項。業務範圍涵蓋原內政部家庭暴力及性侵害防治委員會、社會司及兒童局之保護性業務。分五科（性別暴力防治、成人保護、性侵害及性騷擾防治、兒童及少年保護、兒童及少年性剝削防制等科），法定職掌如下：

1.性騷擾防治政策規劃、法規研訂、救濟及調解制度建立、教育宣導及研究發展事項。

2.家庭暴力防治政策規劃、法規研訂、被害人保護服務方案、教育宣導及研究發展事項。

3.性侵害防治政策規劃、法規研訂、被害人保護服務方案、教育宣導及研究發展事項。

4.兒童及少年保護政策規劃、法規研訂、被害人保護服務方案、教育宣導及研究發展事項。

5.兒童及少年性剝削防制、高關懷少年處遇輔導政策之規劃、推動及相關法規之研訂。

　　在地方政府的社會局，落實中央政府的規定，設立了對應的組織。以「台中市的性侵害及家庭暴力防治中心」為例，設有綜合規劃組、兒童少年保護組、成人保護組、性侵害保護扶助組、暴力防治組、醫療扶助組、教育輔導組等，聘用近百位的專業社工。除了家庭暴力防治之外，還依照各項法律承辦下列任務：

1.性侵害防治業務：凡遭受刑法相關條文之侵害者，包括：

　(1)不論男女遭受以強暴、脅迫、恐嚇、催眠術或其他違反其意願之方法而為性交或猥褻者。

　(2)不論男女遭受利用其精神、身體障礙、心智缺陷或其他相類之情形，不能或不知抗拒而為性交或猥褻者。

　(3)遭受因親屬、監護、教養、教育、訓練、救濟、醫療、公務、業務或其他相類關係受自己監督、扶助、照護之人，利用權勢或機會為性交或猥褻者。

　(4)遭受以詐術使男女誤信為自己配偶，而聽從其為性交者。

2.兒童及少年福利與權益保障法各項保護服務工作。

3.性騷擾防治業務。

　　衛生福利部頒訂「各直轄市、縣（市）政府家庭暴力暨（及）性侵害防治中心受理家庭暴力事件應行注意事項（草案）」，社會工作者要熟悉。該事項最後附有「各直轄市、縣（市）政府家庭暴力暨（及）性侵害防治中心受理家庭暴力事件服務流程圖」，按照流程圖所規定的事項，依序辦理。

第二節　婚姻暴力

一、婚姻裡充滿權力

　　權力（power）是指一種使用個人的特質和角色來影響別人的能力，是驅使別人按自己意志做事的力量。從法律的角度，結婚係一男一女以終生共同生活為目的而為之合法的結合關係。婚姻是一種制度，此種制度承認一對男女的關係，並且將他們約束於相互的義務與權利體系之中，使家庭生活得以運作。婚姻權力指在婚姻關係中驅使某一方按另一方意志行事的力量（葉肅科，2010、2011）。舉凡婚姻生活中之家務決策、家事分工、財務分配、子女教養、姻親關係等議題均與婚姻權力相關。但夫妻之間的權力分配常常是不均等，一旦某一方不願按另一方的意志行事時，衝突便由此而生，甚至出現婚姻暴力，必然影響婚姻生活。因此，權力分配是婚姻生活必須面對的問題。

　　婚姻關係穩定的夫妻較少出現衝突事件，如果婚姻關係不穩定則夫妻間即易發生爭執，嚴重者影響婚姻生活品質，導致婚姻不幸福甚至瓦解。個人擁有愈多資源，影響力就愈大，所以婚姻關係中權力愈大的一方，決策權就愈大。婚姻的權力結構就像其他人際關係一樣，有其政治化的一面，例如誰做決策、誰掌權、誰去執行等，但也有充滿感情的部分。

　　婚姻的權力隨著時代的變遷而異，在傳統社會中，丈夫擁有絕對的權力，近年來，受到許多規範兩性平權觀念的影響，諸多法令都對夫妻平等加以強調，現代婚姻應趨向平等的關係。但是，無數的丈夫

並不這麼想，並未從心底接納這樣的事實，還存在男性中心主義的心態。

　　夫妻間衝突的基本原因是權力分配的不平等，且多集中於「權力的控制」——即誰決定在何種情況下做某些事。從三種理論可以解釋夫妻間權力分配的問題（柯麗評、王珮玲、張錦麗，2005；潘叔滿，2007）：

(一)資源假設（Resource Hypothesis）

　　夫妻之間的相對權力是來自於個人的相對資源。這些資源包括教育、職業專長、收入以及經驗等，「教育」與「年齡」是增進婚姻權力的兩個主要來源，當丈夫的教育與職業越高時，他就有比妻子更強的權力。夫妻中誰是較多資源的提供者，誰就擁有較多的權力。在家庭做抉擇時，丈夫與妻子的相對資源扮演很重要的角色，即年齡較長和教育程度較高者常作較多的抉擇。夫妻權力分配有四種型態：

1. 妻子主宰（wife-dominant）：妻子的權力範圍較丈夫廣。
2. 綜融（synergetic）：夫妻間的權力幾乎平等，他們共同商議而作決定。
3. 自主（autonomic）：夫妻之間的權力幾乎平等，但是夫妻劃分其作決定的領域，各自在其領域內獨立行事。
4. 丈夫主宰（husband-dominant）：丈夫的權力範圍較妻子廣得多。

　　妻子在外工作仍然是權力來源的重要條件。傳統上，在「男主外、女主內」的環境下，丈夫是家中一切事務的決策者。但是，當妻子外出工作時，她的婚姻權力便因而增加。不過，妻子的工作並不一定就帶給她平等的權力，通常是提高其權力而已。

(二)相對的愛與需要理論（Relative Love and Need Theory）

愛得深的人和對這婚姻有強烈需求者，其權力會較低。比較對這個婚姻無所謂者會有較高的權力，因為這婚姻的好壞，對他沒什麼大不了的。愛得深的人和需要這婚姻者，因為怕配偶變心或跑掉，容易順從，自然而然就會失去權力。在婚姻關係裡，夫妻間興致較低的一方常剝削對方。較願意解除婚姻關係的，或動搖親密關係的，或拒絕主動尋求補救的一方都容易維持其在婚姻裡的控制力。

女人自小就被灌輸一種要結婚的觀念，女人需以家為主，婚姻是女人的歸宿，而男人的世界是在外面打拚，家只不過是附屬品，因此男人對家的需要興致較低。相較之下，妻子只好順從丈夫，以維持她所需要的家。受到兩性不同性別社會化的影響，女人在婚後的身分地位、錢財以及感情的保障主要依附在丈夫身上，因此離婚女人的損失較大。男人在社會的角色比較多元，即使離婚了，還可能從其他方面得到補償。

妻子的可能損失既然較大，對婚姻的需求自然也較大，因而讓需求少的丈夫控制甚至擺布。此外，社會對兩性角色的雙重標準，讓男人除了家裡的妻子以外，還偶爾在外面尋花問柳，因此，妻子不理他時，他容易找到暫時性的代替者。但相反地，妻子則不被允許從外面找機會，必須緊緊守著這婚姻。因此，需求程度高的妻子被迫聽從於需求程度低的丈夫。

(三)社會交換理論（Social Exchange Theory）

利用經濟學的觀點，將社會關係視為「市場」概念的延伸，認為個人的行動以擴張自我最大的利益為主。以婚姻關係為例，社會交換理論視吸引力、滿意度、互惠、公平、承諾、依賴等機制為婚姻關

係裡的中介因素。夫妻在婚姻互動關係中獲得報酬，但也相對付出成本，婚姻權力的均衡是一種成本與報酬的交換。婚姻中決策力的大小與夫妻權力的平衡與否，和他們能否在婚姻關係之外取得有價值資源的能力有關。當取得婚姻外資源的能力愈高時，在家中所擁有的權力就愈大。換言之，婚姻關係中擁有較多資源的一方，藉由較多交換及選擇的機會，使個人在婚姻中擁有比對方更多的權力來加以運用。

每個人都把自己與社會的資源帶入戀愛、婚姻與家庭關係裡。為了讓最小成本獲得最大利益，也利用與他人進行交涉或協定。人們的親密關係是建立在成本與利益分析的形式上，每個人都會付出時間、勞動、金錢與不愉快經驗等代價，以換取愛情、友誼、愉快與親密感等酬賞。在當代社會裡，人們帶入婚姻市場的社會資源主要包括教育水準、生理吸引力、才智與家庭地位等特徵。人們在婚姻與家庭關係中透過交涉與協定而做出最佳的買賣交易，一旦發現結果不如預期時，即可能發生爭執、衝突甚至是暴力。

夫妻權力的分配主要可分為均衡與不均衡兩大類，在均衡對稱的類型中，配偶雙方大致處於相同的「層次」，表達類似的行為。例如雙方都自我肯定、有力量、能表現權力；或雙方都相當缺乏自我肯定，並畏於執行權力。夫妻任何一方都未明顯地占上風或屈居下風。他們是同伴，或者說是處於「同一代」。相對的，在不均衡不對稱（asymmetrical patterns）的類型中，配偶間的不平等明顯可見。一方處於較主宰或「功能過度」的地位，另一方則處於較服從或「功能不足」的地位。婚姻中功能過度的一方通常背負家中較多的情緒壓力，而功能不足的一方則少（李瑞玲等譯，1999；周詩寧譯，2008）。

二、濫用權力導致暴力

李宜靜（2001）將「婚姻暴力」、「配偶虐待」、「毆妻」加

以區隔:「婚姻暴力」指在親密關係中,一方對他方出現身體攻擊的暴力行為,此種攻擊行為通常包含一種以上的暴力行為,如打、摑、推,且常是在一方主動攻擊的情況下發生的,另一方即使有反擊,也因為擔心、害怕,或出自於自衛的情況下被迫反擊。「配偶虐待」除了身體攻擊的暴力行為外,還包括妒忌、極端的口語傷害、具有貶低性的評論、威脅要懲罰對方、搶奪對方的所有物、丟東西等心理上的暴力和無外傷的性攻擊行為。「毆妻」的重點則在於強調女性被毆打的事實,而不論她在衝突中的角色為何。

家庭暴力往往源自於家人之間的衝突,導致嚴重的傷害,暴力是許多內、外在的潛在或直接要素交互作用的結果,家庭暴力行為並非偶發事件,而是有其背景條件及觸發關鍵(Audrey, 1996)。婚姻暴力的發生可能循序漸進,經過一定程度的衝突累積,藉由導火線的引發而不可收拾。婚姻暴力是日積月累的結果,衝突或暴力都是發生在一連串的連鎖反應與累積許多不滿的情緒之後。

在許多家庭中,夫妻都不斷試圖影響對方,有許多企圖是暗地裡進行,而且經常是不自覺的。外在型態也許是偽裝的,一個看似堅強、支配的夫(妻)經常只在掩飾自己缺乏安全感;而看似柔弱、畏懼的一方或許透過暗中、間接的方式,施展影響力(李瑞玲等譯,1999)。因此,探究婚姻暴力發生的原因並進行處遇,需深入瞭解夫妻權力分配與衝突事件的關鍵點。

(一)婚姻暴力的基本歷程

常包含三個階段:

1. 累積壓力階段:長期的衝突無法解決而形成的緊張階段。
2. 暴力爆發階段:當衝突繼續增加而爆發激烈的爭吵,而後出現毆打。

3.充滿愛意的悔罪階段：在毆打後，男性也許會悔悟而請求原諒，女性則又回到男性身邊，這時有段和諧甜蜜的日子，因此第三階段又稱爲蜜月期。隨著蜜月期時間的拉長，衝突緊張又開始升高，因此又回到第一期，就此展開婚姻暴力的循環（李宜靜，2001；吳敏欣，2010）。

陳高德（2003）的研究發現，婚姻暴力在台灣的社會中也符合Walker的循環論。根據盧昱嘉（2000）的研究發現，婚姻暴力的發生有其共通之歷程，即婚姻成型期、問題蟄伏期、婚姻調適期、暴力衝突期、暴力承受期及自我覺醒期等六個階段，前三個階段爲婚姻暴力發生的「因」，可能是既成的事實，在演化的過程中是不變的；後三個階段爲暴力發生的「果」，可能呈現重複循環的現象，在被害人與加害人之間不斷上演。

(二)施暴者類型

從諮商的角度，施暴者可以歸納爲三種類型（黃維仁，2002）：

1.普通型：偶爾會脾氣失控，拉扯、大吼，但不嚴重。
2.惡犬型：經常怪罪對方卻看不見自己的缺失，嫉妒心與控制慾都強，用高壓的方式遮掩心理上的軟弱。
3.眼鏡蛇型：施暴者會控制自己，善於冷靜觀望，仔細觀察狀況，採取最快速而有效的方式去打擊對方；崇尙暴力與權威；喜歡刺激與掌控。

惡犬型的施暴者有時因爲配偶的批評觸動了「心理按鈕」，激發出強烈的情緒反應。但是之後又充滿悔意，希望能被原諒。直到下一次又被激怒，又產生了暴力行爲。眼鏡蛇型者則極度自信，老謀深算，施虐殘忍而又重複，不但會傷害配偶，也可能傷害配偶身邊的人。

從心理面，一個人會對原本親密的人施加暴力，有複雜的心態，各種處置計畫應該針對心理狀態有所瞭解，進而進行處遇。對婚姻暴力加害人類型與心理特質研究歸納出毆妻犯的分類有三個主要向度：(1)施暴之嚴重程度；(2)施暴者只對其妻或亦對他人；(3)有無心理病理或人格異常。家庭社會工作者依此向度而提出婚暴犯之三個分類：(1)只打家人型：施暴行為只及家人；(2)煩躁／邊緣型：情緒易變且常煩躁，容易有自殺及殺妻之毀滅行為；(3)暴力／反社會型：家外暴力行為很多，多數有犯罪之前科紀錄（蔡毓瑄，2005）。

三、加害人的心理與相關處遇

(一)針對加害人心態的處遇

婚姻暴力是家庭暴力中最主要的類型，是親密關係中的傷害與暴力，施暴者對受暴者所施予的控制行為，包含身體的、心理和語言的、經濟、社交、性、靈性等各方面的虐待與控制。除了外顯的身體傷害外，其他如威脅、恐嚇、孤立、羞恥、貶抑等，對受害者所造成的心理傷害也包含在內（劉珠利，2012）。

婚姻暴力加害人是指配偶或前配偶與現有或曾有事實上之夫妻關係者間，實施暴力行為而遭法院判決觸犯《家庭暴力防治法》，且遭判決須接受處遇計畫者。相對人、施暴者、加害人、婚暴犯等名詞都可說明婚姻暴力加害人；而以受暴者、受虐者、被害人等名詞都可說明婚姻暴力受害人。

對家庭暴力犯之處遇治療技術上，可依家庭暴力產生原因的理論而歸納出三種模式（Audrey, 1996；沈慶鴻，2000）：

1.社會及文化原因論而衍生之女性主義模式（feminist model）：

認為家庭暴力的發生主要是社會及文化長期縱容男性對女性伴侶的暴力行為，建議給予施暴者教育課程等處遇。

2.家庭原因論而衍生之家族治療模式：家庭暴力係由家庭內之溝通、互動及結構不良所造成，因此認為促進家人間之溝通技巧就能避免暴力發生，主張家族治療。

3.個人原因論而衍生之心理治療模式：家庭暴力是因施暴者個人可能之人格異常、幼年經驗、依附模式或認知行為錯誤所造成，建議以心理治療方式加以改善。其執行輔導者多由專業人員（如心理師、諮商師、社會工作師）擔任。

(二)執行加害人處遇計畫

依據《家庭暴力防治法》第14條第十項之規定：法院於審理終結後，認有家庭暴力之事實且有必要者，應職權得命相對人完成加害人處遇計畫——戒癮治療、精神治療、心理輔導或其他治療、輔導（即認知輔導教育）。

◆加害人處遇計畫參酌標準

加害人處遇計畫之內容，得參酌下列標準決定之：

1.相對人有酗酒或濫用藥物之行為者。
2.相對人罹患精神疾病或疑似罹患精神疾病者。
3.相對人對被害人慣行施予暴力行為者。
4.相對人對被害人施予暴力行為情節嚴重者。

《家庭暴力加害人處遇計畫規範》第10條並規定：「鑑定人員應依相對人之身心狀況，視其有無精神異常、酗酒、濫用藥物、人格違常或行為偏差等及其與家庭暴力有無因果關係，鑑定相對人應否接受戒癮治療、精神治療、心理輔導或其他治療、輔導，並作成處遇計畫

建議書。」

鑑於家庭暴力加害人可能有心理病疾、認知扭曲或酒藥癮問題，各縣市實施家庭暴力相對人審前鑑定制度。此一制度是承法官之命，在其審理核發通常保護令時，由訓練合格之鑑定人員每月兩次在地方法院協調室或觀護人室採結構式團體方式進行鑑定，針對家庭暴力相對人的相關心理歷程、情緒管理、性別平權觀念、精神狀態及法律認知予以衡鑑，並據衡鑑之結果做成報告交予法官形成心證，當做通常保護令核發內容之參考依據。需耗時約三至四小時，包括婚姻暴力短片放映與討論，性別平等議題之活動與討論，以及書面評定。

◆ **處遇計畫內容**

在實務上，第四款中的「其他治療、輔導」多以「認知輔導教育」形式進行。處遇計畫執行機構執行四款處遇計畫內容如下：

1. 第一款為戒癮治療：針對藥物或酒精成癮的加害人給予住院或門診戒癮治療之判決，由精神科醫師及心理師負責醫療處遇。
2. 第二款為精神治療：針對罹患精神疾病的加害人給予住院或門診精神治療之判決，由精神科醫師與精神醫療團隊負責處遇。
3. 第三款為心理輔導：針對心理病理之加害人給予心理輔導的判決，由心理師或社工師負責輔導事宜，心理輔導內容包含戒酒教育、情緒管理、壓力抒解、親職教育等。
4. 第四款為其他治療、輔導，即認知輔導教育，針對認知偏差的加害人給予認知輔導教育，由社工師負責輔導教育事宜，內容包含認識《家庭暴力防治法》、瞭解暴力循環、促進自我覺察、探討與原生家庭的關係及影響等。

處遇計畫的論點不以懲罰施虐者為目的，主要在針對家庭系統的失功能來解決問題。

四、被害人的困境與對被害人的協助

家庭暴力防治的重點是法官核發保護令，依照該法第9條：「民事保護令（以下簡稱保護令）分為通常保護令、暫時保護令及緊急保護令。」

當家庭暴力防治中心介入，被傷害的人可以得到救援，短期內可協助診療、驗傷、採證及緊急安置。防治中心也提供或轉介被害人心理輔導、經濟扶助、法律服務、就學服務、職業訓練、就業服務、中長期安置、住宅輔導等服務，由主責社工負責。

家庭扶助內容包含社政部門之緊急生活扶助、傷病醫療補助、法律訴訟補助、子女生活津貼、兒童托育津貼、教育部門的子女教育補助及職訓部門的創業貸款補助利息。此外，為擴大照顧遭逢特殊境遇的弱勢婦女，修法放寬條件。

社工應辦理以下被害人保護扶助措施：

1. 提供免費法律諮詢服務（需事先預約）。
2. 家庭暴力及性侵害被害人及其家屬職業輔導轉介。
3. 法院裁定家庭暴力案件未成年子女會面交往服務。
4. 緊急庇護安置服務。
5. 家庭暴力及性侵害被害人通譯服務。
6. 目睹暴力兒童及少年輔導服務。
7. 兒童及少年保護個案家庭服務方案（包含家庭維繫、家庭重整、親職教育、追蹤輔導）。
8. 兒童及少年寄養安置服務。
9. 少年自立生活適應協助方案。

政府也提供被害人緊急生活扶助費用、非屬全民健康保險給付範圍之醫療費用及身心治療、諮商與輔導費用、訴訟費用及律師費用、

房屋租金費用、子女教育、生活費用、機票費用及其他經評估認有必要之費用。視需要提供兒童及少年保護費用補助（如醫療、心理諮商、親子鑑定、訴訟、律師費）。

第三節　專業處遇

一、服務方案

(一)合作方式

政府與民間推動社會福利之合作方式區分為三大類（黃源協，2008；彭懷真，2012）：

1. 政府將按照服務對象特殊需求而作特定委託的「個案委託」模式。
2. 政府將預定要從事的社會福利方案或活動委託民間機構執行的「方案委託」模式。
3. 政府部門規劃福利服務提供的方式、項目、對象，並提供大部分或全部的經費或設備交由民間福利機構執行的「公設民營」模式。

政府委託的方式包括兩大類，一是機關委託民間經營或管理，二是業務委託民間辦理，例如：內部事務與服務、行政檢查事務與輔助行政等。在福利服務領域中，經費來源由公部門提供，服務供給由私部門負責的模式是「契約外包」。113業務的性質多元，政府自行辦理者少，委託民間組織辦理者較多，多數是契約外包，承辦組織通常會聘用社工負責約定的服務。方案如**表5-1**整理說明。

表5-1　政府將家庭暴力防治及兒童少年保護方案委辦的狀況

委託方案	委託服務內容
兒童少年保護個案家庭維繫方案	1.經調查兒少保受虐情節輕微，但仍需引進福利資源持續監督一段時間者。 2.經結束保護安置且返家狀況穩定的兒少保護案件，持續追蹤返家受照顧情形。
兒童及少年性剝削個案安置輔導服務方案	1.警察查獲及救援遭受性剝削被害人，經評估提供緊急安置及保護服務。 2.經評估並由法院裁定安置後，繼續安置於中途學校、福利機構或寄養家庭等安置處所者，提供個案管理服務。
兒童及少年性剝削個案返家追蹤輔導服務方案	自中途學校、福利機構或寄養家庭等處所，結束安置返家者，依法提供追蹤輔導一年，避免再次遭受性剝削。
兒童及少年性剝削個案返家處遇輔導服務方案	經評估或裁定不付安置返家者，依法提供訪視輔導至少一年，避免再次遭受性剝削。
婚姻暴力案件通報單追蹤及後續追蹤輔導服務	1.聯繫婚姻暴力案件通報單被害人，提供線上簡短諮詢服務或評估開案輔導。 2.針對評估須開案輔導之婚暴案件提供個案管理服務，提供具體服務包括心理諮商、經濟協助、法律協助、婦女支持團體、婚暴子女的心理諮商或團體輔導等。
駐地方法院家庭暴力被害人服務處（簡稱「法服處」）	針對向地方法院聲請保護令、離婚案件的婚姻暴力被害人提供訴訟期間之法庭協助，如協助撰狀、簡易法律諮詢、出庭準備、陪同出庭等。
未成年子女會面交往中心	針對法院裁定由地方政府提供監督會面或交付子女的家暴事件當事人提供會面或交付服務。
白絲帶反暴力學習中心	針對家庭暴力事件相對人、面臨家庭關係緊張且對家人施有暴力行為之當事人，或有意願認識家庭暴力及學習反暴力教育導課程之市民，提供反暴力教育輔導課程、情緒疏導、生活適應及法律諮詢等服務，扶助當事人認識家庭暴力相關法令及暴力對個人與家庭的傷害與影響，學習以非暴力方式回應家庭暴力事件所延伸之相關司法訴訟或個人心理困境。
家庭暴力相對人關懷服務方案	提供相對人醫療、心理、經濟、法律、認知改變等相關支持性及教育性服務，以協助其心理及生活適應並釐清暴力衝突原因。目的在改善相對人使用暴力的習性及認知，從而能減少／減輕相對人使用暴力的行為。 預期效益：(1)藉由個案服務及團體工作，協助家庭暴力相對人理解自身在性別、權控與使用暴力的關係，以及所發生的困境；(2)藉由社區反暴力推廣教育紮根社區，提供預防性教育。改變使用暴力的觀念由在地行動開始。

（續）表5-1　政府將家庭暴力防治及兒童少年保護方案委辦的狀況

委託方案	委託服務內容
兒童及少年家庭支持性服務	兒童及少年結束安置後追蹤輔導服務、少年自立服務方案、寄養（親屬）家庭寄養照顧服務及兒童及少年被害人補助服務。
兒童及少年保護事件調查	受理兒童及少年遭受通報的調查及保護扶助。
兒童及少年保護安置服務	因兒童及少年遭受生命、身體或自由遭受違害或違害之虞者，非立即保護無法保護其安全或權益者，社工員依法得緊急安置，必要時亦得向法院聲請繼續安置或延長安置。
家庭處遇與個管服務	為提升兒童及少年父母、監護人或照顧人等的親職教養功能，依法提供家庭功能評估、兒童及少年安全與安置評估、親職教育、心理輔導、精神治療、戒癮治療或其他與維護兒童及少年或其他家庭正常功能有關的協助及福利服務。
親職教育輔導	針對父母、監護人及照顧者依據需求提供個別化及適性之教育輔導服務，協助認識兒童及少年身心發展、人際關係、溝通技巧、情緒與壓力調適等主題。針對父母或親子部分，可個別提供諮詢輔導及團體輔導服務。
棄嬰兒及迷失兒童及少年協尋	針對遭到照顧棄養及走失兒童及少年，協助兒童及少年生活照顧，依法建立指紋及通報警政機關協尋父母或親屬，同時對於兒童及少年之身分權、教育及醫療權益提供必須協助。
無國籍兒童及少年服務	因應境外移入人口於國內生下子女，無法順利取得國籍時，兒童及少年權益即可能受到影響，因此結合跨機關協助，讓兒童及少年得合法居留並釐清國籍問題及取得身分，確保兒童及少年身分權、教育及醫療權益保障。

資料來源：作者整理自台北市、新北市、台中市、高雄市等社會局網站。

(二)執行過的方案

其他曾經執行過的方案名稱如下：

1.外籍配偶家庭暴力防治服務方案計畫。

2.原鄉部落家庭暴力及性侵害被害人直接服務工作。

3.親密關係暴力相對人關懷輔導服務方案。

4.婦幼庇護安置及保護輔導服務方案計畫。

5.家庭暴力垂直整合暨性侵害個案後續追蹤輔導計畫。

6.目睹家庭暴力兒童及少年創傷治療輔導計畫。

7.家庭暴力被害人垂直整合服務方案。

8.兒童及少年保護個案家庭服務方案。

其中,第七案為補助案,其他是委託案。

以「家庭暴力相對人關懷服務方案」為例,進一步解釋。國內家庭暴力防治工作,大多著重在對被害人的保護工作,相對人的處遇工作少有前瞻性的介入措施。依據司法院2013年統計,僅少數的相對人有機會透過教育,認識相關法律規定及暴力行為對家庭造成之傷害(例如攜子女自殺或殺害被害人及家屬等),並學習不使用暴力。

《家庭暴力防治法》立法目的固然要防治家庭暴力行為及保護被害人權益,從實務上發現家庭暴力行為通常會一再發生,且多數家庭暴力受害人仍與相對人住在一起。為避免保護令審理期間相對人持續出現暴力行為,應積極透過「家庭暴力相對人關懷服務方案」,提供以性別為基礎的整合性學習方案,協助家庭暴力相對人終止所有形式的暴力,以保護被害人安全。該方案提供家庭暴力相對人有關家庭暴力相對人認知教育輔導及個案服務,透過輔導學習,讓相對人停止暴力動作及學習為自己負責,更藉由執行該方案所形成之外在監督,降低暴力傷害及減少再犯。此外,辦理社區反暴力推廣教育,紮根社區,提供預防性教育,從根本改變使用暴力的觀念,具有維護社會公共利益之效果。發展適合當地社區的「在地模式」計畫是必然的趨勢,預防性工作既是終止暴力的核心項目,無法由單一單位或部門完成,必須落實整合防治網絡的多元角色和功能,並考慮在地性(即社區性),建立縣市內的平台,供防治網絡對話和溝通。

服務目標是提供相對人醫療、心理、經濟、法律、認知改變等相關支持性及教育性服務,以協助其心理及生活適應並釐清暴力衝突原

因。最終目的在於改善相對人使用暴力的認知及習性，從而能避免使用暴力的行為。協助家庭暴力相對人理解自身在性別、權控與使用暴力的關係，以及所發生的困境。藉由社區反暴力推廣教育，紮根社區提供預防性教育，改變使用暴力的觀念，由在地行動開始。

服務規劃方面，在處遇工作模式以「性別議題」為主要服務核心，協助相對人自我覺察在家庭中的位置、權力的展現如何影響家庭，並配合提供相關社會資源，能維持基本生活品質，減少暴力行為。

社工負責個案處遇與諮詢工作，透過電話聯繫、面訪或家訪等方式，評估個案身心狀況及再次施暴危險程度，設計處遇計畫。與提供被害人之服務機構，保持聯繫與溝通，以作為相對人處遇的參考依據。依據對家庭暴力相對人之評估，除會談之外，並提供相關諮詢或資源連結服務。承辦組織也辦理「自願性認知教育輔導團體」，每週進行一次，每次兩小時，期間先進行開放性團體十六週，接著進行封閉性團體八週，由一位團體領導者及一至兩位協同領導者帶領團體。課程主題包括性別與家庭、家暴法、夫妻相處、親職技巧、教育性／支持性團體、情緒抒壓等等。

二、家庭暴力事件服務處

按照《家庭暴力防治法》，「直轄市、縣（市）主管機關應於所在地的地方法院自行或委託民間團體設置家庭暴力事件服務處所，法院應提供場所、必要之軟硬體設備及其他相關協助。」各地都是委託民間團體設置，承辦單位的社會工作者在社會局家庭暴力及性侵害防治中心的指導下，於法院提供服務的方案，讓家庭暴力當事者能夠在法院，就近獲得社工專業的各項服務。透過便利、完善而個別化的服務方案設計，協助當事人面對訴訟審理過程時，能得到的心理支持及各項福利資源的提供，以提高被害人訴訟期間生活穩定度。希望當事

人的情緒獲得處理，以提早從暴力創傷中恢復而重新出發。

(一)設立宗旨

　　地方法院受理保護令聲請案眾多，突顯家暴被害人對保護令需求的迫切性，以及家暴防治服務輸送工作在司法體系的必要性。設立宗旨為：

1.透過司法體系與社會工作專業的結合，降低家庭暴力被害人面對司法訴訟程序的障礙，確保家庭暴力被害人尋求司法途徑時的權益，進而提升家庭暴力防治網絡的效能。
2.促進司法體系對家庭暴力防治工作的參與行動，提升家庭暴力防治網絡的效能。

(二)服務內容

　　家暴事件服務處社工員得具備會談技巧，須不斷充實對於法律、社會福利專業知能的瞭解、自我覺察能力等，以提供求助者正確的專業評估、資源及服務。設有督導一名，角色與功能為機構協助社工員專業能力提升及安排訓練，為協助社工員解決在服務提供上的困境。提供以下的服務內容：

1.支持性會談：個案表達需求及抒發情緒。
2.協助聲請保護令：
　(1)司法、社福及其他單位轉介的個案。
　(2)個案自行求助，有聲請保護令的需求。
3.出庭陪同服務：
　(1)保護令或其他因家庭暴力相關衍生的訴訟，如傷害、恐嚇、離婚等訴訟。

(2)個案支援系統薄弱且期待社工陪同。

(3)出庭時的安全護送。

4.法律諮詢服務：保護令或其他因家庭暴力相關衍生之訴訟法律諮詢、離婚、監護權等。

5.安全計畫擬定：

(1)有人身安全之疑慮。

(2)個案無危機意識。

(3)個案仍與相對人同住。

(4)個案已與相對人分居，而相對人知悉個案住所、工作處或子女學校，且持續有家暴行為。

6.撰狀諮詢：

(1)司法體系、社會福利機構及其他單位轉介之個案。

(2)個案主動求助，有聲請保護令之需求。

(3)個案主動求助，有家庭暴力衍生之相關訴訟，如離婚、改定或酌定監護權、探視權等。

(4)其他。

7.社會福利諮詢／轉介服務：因家暴而衍生之問題需求，如經濟、就業、住所（緊急庇護／安置、租屋補助）、子女會面交往、弱勢家庭、目睹兒童、心理輔導資源、自殺防治、精神病患及相對人輔導等。

8.聯繫會議：服務處一年召開兩次聯繫會議，邀集法院代表、政府代表及各相關網絡單位人員參與，針對網絡合作間的相關問題提出討論並做出決議，建立及強化網絡單位工作人員關係。

9.宣導服務：在辦理宣導服務方面，服務處架設官方網站，推廣相關的知識、家庭暴力相關法律、訴訟相關資訊及暴力因應方式等資訊宣導，讓更多民眾獲得個人權利的認知、瞭解自己在法律途徑上能獲得之資源與協助、消弭被害人處於受暴環境中

的茫然無助感，另就家庭暴力及保護令議題相關法令宣導，提供民眾方便及快速的搜尋管道。

10.執行方式：增加一般民眾對保護令之認識，官方網站內容重點包括：

(1)關於我們：家暴事件服務處說明。

(2)最新消息：連結相關宣傳活動、活動訊息。

(3)保護令的相關說明，又分為：

‧說明保護令／家庭暴力防治法內容。

‧釐清對保護令的迷思：以Q&A方式呈現。

‧訴訟程序說明：開庭前、開庭中、開庭後。

‧家庭暴力安全計畫及權益保障說明。

承辦單位需製作服務簡介及宣導品，並發送給相關網絡單位及民眾，也辦理家庭暴力防治宣導及倡導活動。服務處為落實家庭暴力宣導工作，積極結合社區宣導，配合辦理活動園遊會，並至電台錄製家暴防治宣導，讓社會大眾更瞭解家暴防治觀念。

本章書目

直接引述

中華民國幸福家庭促進協會編印（2001）。《家庭暴力100問》。

吳敏欣（2010）。《受暴婦女充權歷程之研究》。台中：東海大學社會工作學系博士論文。

李宜靜（2001）。《家庭暴力加害人心理經驗之研究》。高雄：高雄師範大學輔導研究所碩士論文。

李瑞玲譯（1999）。Augustus Y. Napier & Carl A. Whitaker原著。《熱鍋上的家庭》。台北：張老師。

沈慶鴻（2000）。〈婚姻暴力受虐者習得的無助感之分析研究〉。《實踐學報》，31：53-92。

周清玉（2009）。《保護性業務社工人員養成教育之研究》。防暴聯盟。

周詩寧譯（2008）。Kevin Browne & Martin Herbert原著。《預防家庭暴力》。台北：五南。

林明傑等譯（2000）。《家庭暴力者輔導手冊》。台北：張老師。

柯麗評、王珮玲、張錦麗（2005）。《家庭暴力——理論政策與實務》。台北：巨流。

陳高德（2003）。《台灣婚姻暴力之男性加害人》。台北：台北醫學大學醫學研究所碩士論文。

彭懷真（2007）。〈非自願性案主與社會工作教育〉。《社區發展季刊》，120，191-207。

彭懷真（2012）。《社工管理學》。台北：洪葉。

黃源協（2008）。《社會工作管理》。台北：洪葉。

黃維仁（2002）。《窗外依然有藍天》。台北：愛家基金會。

葉肅科（2010）。《一樣的婚姻，多樣的家庭》。台北：學富。

葉肅科（2011）。〈台灣兒童及少年福利與權益保障法：回顧與展望〉。《社區發展季刊》，139，31-41。

劉珠利（2012）。《創傷女性與社會工作處遇模式》。台北：雙葉。

劉珠利（2006）。《女性性別角色與社會工作：以台灣年輕女性性別角色之研究為例》。台北：雙葉。

潘叔滿（2007）。《親密暴力》。台北：心理。

鄭麗珍主編（2015）。American Human Association原著。《兒童少年保護社會工作實務手冊》。台北：巨流。

蔡毓瑄（2005）。《接受家庭暴力防治法處遇計畫之婚姻暴力民事保護令相對人對夫妻權力的認知——以高雄縣個案為例》。台中：東海大學社會工作學系碩士論文。

盧昱嘉（2000）。《婚姻暴力被害人與加害人互動關係之研究》。桃園：中央警察大學犯罪防治碩士論文。

各直轄市、縣（市）政府家庭暴力暨（及）性侵害防治中心受理家庭暴力事件服務流程圖，http://www-ws.pthg.gov.tw/Upload/2015pthg/OldFile/RelFile/FDL/1329/634042465940345000.pdf

各直轄市、縣（市）政府家庭暴力暨（及）性侵害防治中心受理家庭暴力事件應行注意事項（草案），https://www.mohw.gov.tw/dl-23278-ea9be7d6-776d-48cf-86f4-76612397826d.html

Audrey, Mullender (1996). *Rethinking Domestic Violence: The Social Work and Probation Response*. Routledge.

Chapter 6

保護性業務與高風險處遇

- 保護性業務
- 高風險家庭
- 高風險家庭處遇計畫

民國83年《兒童福利法》修法，在第48條規定了的「強制性親職教育輔導工作」，之後我主持過四次「強制性親職教育輔導」教材的主編，主辦與主講過二十多次相關的講習，也帶領兩位研究生從不同角度探討家長接受此類教育輔導的心境。期望編寫出好的教材，社工認真推動，能使各家長對兒童疏忽虐待降至最低，減少高風險家庭的發生。

有位博士班研究生對高風險家庭的服務輸送進行探究，碩士班的研究生做高風險服務的督導多年，想瞭解社工與任務團體裡夥伴的溝通狀況，她們各自找我當指導教授。台中市政府社會局將高風險方案委託幾個知名基金會執行，但如何協調分工，找我主持聯繫會報。在這些與高風險有關的事務之中，我是配角。

直到2014年5月1日台北市發生一件重大悲劇：「一名8歲女童，疑因其母疏於照顧致餓死，死時體重僅有8公斤；該女童住在單親家庭，兩年前應入學而未入學，相關單位竟無發現。」身高僅90公分，體重僅8公斤，全身幾乎是皮包骨，看不到一塊肌肉，女童與單親貧母三年來幾乎足不出戶，窩在10坪大套房艱苦度日，女童成為沒人理的「幽靈人口」。我在報紙上撰寫專文〈那鐵門之後，有瘦弱的人質〉深入探討，引發廣泛回響。重要論點是：「8歲女童8公斤」，這兩個8放在一起，多麼諷刺。「88」是無數人羨慕的數字，代表「發發」。但在台灣，在首善之都，8歲女孩只有8公斤。這樣瘦弱的身軀連一息尚存都不可得，如何能發呢？

悲劇發生的根本原因是「阻隔」，她的母親將所有外在的資源阻隔，一個鐵門在裡面鎖上，就使各種能夠幫助女兒健康成長的協助進不到女孩的生命之中。醫療、教育、社會福利都跨不過鐵門。即使是女兒的父親、姑姑，也見不到女孩。日復一日、年復一年，孩子痛苦、虛弱、無助、絕望，緩慢走向生命的終點。外面是熱鬧的台北市中山區，外面有好多資源可以讓她活下去。

　　如果醫療體系規定每個孩子要定期接受體檢，如果教育體系對每一個孩子都列管追蹤，如果社會局有更多人力必須對可疑的家戶敲門拜訪，無數高風險家庭的孩子就不至於被阻隔在鐵門之後，更不至於來不及長大就死亡。如果父親有權向法院申請與自己的骨肉會面，如果親人有權請警察陪同探望孩子，如果里長與里幹事對《兒童及少年福利與權益保障法》所賦予的責任有更積極的態度，無數被家長隔離的孩子就能進入服務輸送的系統。

　　但是，每一個「如果」都牽涉到公務員的態度是否積極、街坊鄰居是否願意雞婆一些。若只有藉口，就無法突破母親所設下的障礙。「一婦當關」，萬人都無法突圍救人嗎？

　　各種公權力遇到母親的阻隔，常常退卻。為何如此呢？公權力執行者或街坊鄰居或大廈管理員總以為母親是愛孩子的。其實，這些母親正在傷害甚至是殺害孩子。她們有如手握凶器的殺人犯，必須被制止。她們狠心，只有強勢作為才可能避免命案。

　　政府對兒童保護總是欠缺「強勢作為」。女童未進入學校就讀，「強迫入學條例」毫無強制力。女童該打預防針而多年未打，衛生所也不在乎。女童生活在暗無天日的鐵門之內，也沒有警察或社工強勢詢問。小小生命，有如人質，長年孤立無援。因為沒有一位「強勢」的公務員，永遠無法獲救。

　　在輿論壓力下，行政院指示要積極因應，因此有了「六歲以下弱勢兒童主動關懷方案」），在台中市委託給民間團體承辦，我帶領協會投入，成為計畫推動單位的主要執行者之一。

　　「兒童虐待」傷害極大，許多兒童被疏忽受虐待，政府的公權力必須介入，幫助年幼的生命得以平安健康快樂，這是保護性業務的核心，也是家庭社會工作者的重要任務。為了防治及處遇兒童虐待，有三級預防的機制，社工在通報、調查與評估、擬定與執行處遇計畫都扮演要角，另外對違反法令的家長提供強制性親職教育。該如何做，

在第一節依序說明。

　　等到發生虐待疏忽才處理，過於消極。應積極預防，因此政府的「推動兒童及少年高風險家庭關懷輔導處遇實施計畫」，以社工為核心人物。首先應辨識哪些家庭可能發生對兒童不利的狀態，也就是高風險家庭，第二節說明高危險的因素及評估方法。第三節則按照步驟解釋社會工作者該如何執行此重要的計畫，也介紹近年進一步深入服務的「六歲以下弱勢兒童主動關懷方案」。

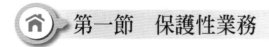

第一節　保護性業務

一、基本認識

　　保護性業務的對象包括：兒童及少年、婦女、老人等，服務對象多元，但服務內容都在避免服務對象遭受到任何形式及不同程度的傷害。不僅針對遭受傷害的服務對象提供服務，更積極強調預防傷害、虐待或疏忽的事件發生（鄭麗珍主編，2015）。

　　保護性業務可避免不同程度、不同形式的傷害，預防兒童以及婦女身體虐待、性虐待、精神虐待以及疏忽的狀況發生。兒童及少年保護指兒童以及少年有被虐待、疏忽或是剝削的狀況時，社工運用專業工作方法，整合相關單位和資源，提供兒童少年及其家庭服務（葉肅科，2011）。郭靜晃（2004、2008、2016）將兒童保護業務分為廣義及狹義，廣義包含兒童安全的倡導與保護，狹義則針對兒童虐待、惡意對待進行預防與處遇。社工的任務在狹義部分比較明顯，所提供服務依照不同年齡層及服務使用者的需求而有所差異，服務的內涵異質性相當高。只要有通報的家庭暴力或性侵害事件，保護性社工就必須

要進行處遇。

在發生家庭暴力或性侵害案件後,首先是保護被害人的人身安全,並協助進行就醫,其次則須針對被害人進行就學、就業及心理輔導,接著在服務過程中,針對被害人的需求,連結所需的資源或提供資訊。

保護性業務各項工作中,與不同的專業人員合作,如法官、警察、醫護人員、心理師等。依據《家庭暴力防治法》的規定,保護性社工則必須要扮演個案管理員的角色,聯合各種專業人員針對服務使用者擬定處遇計畫。

二、保護兒童

衛生福利部保護服務司統計,2016年疑似遭受不當對待的通報個案人數總計近55,000人,平均不到十分鐘就有一人被通報,其中由社工一對一調查,確定開案介入輔導的達9,470人(占17%),開案率較2015年同期微幅減少1.4%,但死亡人數卻暴增近1倍。2012~2016年,重大兒虐案件中,每三件就有一件是兒童保護或家庭暴力系統已知個案,也就是進入到保護網中的小孩,未必都能來得及長大。

無論是情緒勒索、被當成「情緒伴侶」、漠視孩子的情感與疏離、被投射期待、言語恫嚇或成為父母婚姻關係裡的代罪羔羊……對下一代的教養,都烙印下巨大的陰影(王順民、張瓊云,2004;馮燕、張紉、賴月蜜,2008)。

三、兒童虐待

(一)兒童虐待的類型

兒童虐待的類型，在家裡主要有四類（闕漢中譯，2003；林賢文、張必宜，2004）。

1. 身體虐待（physical abuse）：父母、養父母或主要照顧者傷害的行為，如槌、打、踢、搖、咬或燒，進而造成死亡、外型受損、身體器官功能損害、長期身體傷害。身體虐待和嚴苛管教差別在於前者是過度且不適當的、兒童無法承受的傷害性暴力行為，管教則是針對兒童行為給予明確的糾正、示範改進的目標與方式。

2. 精神虐待、心理虐待、情緒虐待（mental abuse）：父母、養父母或主要照顧者有意識、故意對兒童的情緒傷害，像是用拒絕、恐嚇、忽略、怪罪等態度，去孤立孩子、打擊孩子自尊心，導致其身體發育不良、情緒或行為障礙。因長期處於婚姻暴力下的目睹兒童，導致其心理遭受嚴重的創傷。

3. 性虐待：是最嚴重的虐待行為，父母、養父母或主要照顧者對兒童的性侵害，包括愛撫、性交、強暴，或讓孩子長期暴露於色情環境之下。被性虐待的兒童通常會因為施虐者的恐嚇或控制而保持沉默，其他成人仔細觀察或許能發覺到孩子受虐。

4. 疏忽：指兒童的父母、養父母或主要照顧者沒有提供兒童基本生活所需，導致兒童的發展遲緩，因此影響其生命健康與安全。疏忽的範圍很廣，從食衣住行到學習、醫療與正當行為之疏忽到遺棄兒童。

此外，不可忽略的是「機構式虐待」（institutional abuse），像是學校、醫療單位或司法單位等主要社會機構不適宜處理孩童案件。學校、日托中心、安養機構、矯治機構等的工作人員，採用體罰、不當使用精神病理藥物或性侵害等方式來虐待兒童。機構直接間接制度的設計致使虐待事件的發生，例如學校或機構默許教師及工作人員體罰學生（彭淑華，2006；彭淑華等，2008）。

更廣泛看，還有「社會式虐待」（societal abuse），是指因為社會的價值、結構及制度等造成或加重對兒童健全發展的妨礙。當社會的行動、信念及價值觀妨礙了其兒童的健全發展，就是社會式虐待。例如：不適當的教育方案、不平等的男女工作機會、童工、雛妓、遊童等均屬社會式兒童虐待的受害者（黃瑋瑩、辜惠媺譯，2006）。

(二)兒童期負面經驗對日後人生的影響

美國聯邦疾病管制局（CDC）分析兒童期不良經驗，包括遭遇被忽視、貧困、身心虐待、家庭變故等情況，日後帶給成年人的影響，從17,337名長期追蹤案例，發現兒童期負面經驗（adverse childhood experience）的關鍵作用力，18歲以前經歷身體或精神虐待、性侵、失親、家人入監、無人照料、與吸毒或酗酒者同居一室等，會對接下來的成年人生造成負面影響，實際的數據包括：

1. 成年後酗酒、性愛成癮、罹患憂鬱症或有自殺傾向的機率，比其他人口群高了4～12倍。
2. 自我形象低劣、染上性病的比例高了2～4倍。
3. 嚴重肥胖的比例高了1.4～1.6倍。
4. 長期流浪街頭的遊民，逾半數有四種以上兒童期的負面經驗。
5. 罹患肺栓塞、肝炎的比例高了2.5倍。
6. 經歷七種以上負面經驗的人，罹患癌症、狹心症機率高出一般

人3倍。平均壽命僅僅60.6歲,比總人口短少十九年以上。

受虐者普遍有逃避痛苦的不良習慣,嚴重的童年創傷讓人長期處於沮喪、焦慮狀態,不由自主想起可怕經歷,精神壓力讓身體分泌化學物質,造成持續性發炎反應,免疫系統功能不彰,導致微血管末端纖維化,對器官造成無法復原的傷害。

2012年美國疾管局以當年資料,計算出兒童虐待與照顧不當的經濟成本,估算每一位受虐倖存孩子的終身照護成本,包括醫療、社會救濟、司法或矯正機關的支出、勞動生產力的損失,累計金額達21萬美元(約新台幣678萬元),遠高於中風病患或第二型糖尿病的照護支出。

未能好好長大的孩子,美國估計會損失生產力每個人125萬美元(約新台幣4,066萬)。好好保護兒童,就是保護了國家的經濟命脈,即時阻止兒虐暴力,必然比成年後修補與治療效果更好(Camasso & Jagannathan, 2000)。

四、兒童保護輸送體系

兒童保護輸送體系的三個層級(施宜君,2008;Darlington, Feeney & Rixon, 2005):

(一)初級預防(primary prevention)

針對一般社會大眾提供社會教育,以加強兒童保護意識。初級預防重視社會宣導,透過媒體、學校等管道的推廣,藉以提高兒童的人權。

(二)次級預防（secondary prevention）

以高風危險家庭為服務對象，以防止兒虐事件的發生。透過親職教育、家庭管理、社區活動的提供，使得高風險家庭可以得到適當適時的社會資源，以降低家庭壓力。

(三)三級預防（tertiary prevention）

對已經發生兒虐事實的家庭提供協助，使所受到的傷害降到最低，並提供治療，使家庭功能恢復正常。狹義的兒童保護服務輸送的範圍，也就是三級預防的內容，包括通報、調查與評估（investigation and assessment）、處遇計畫（treatment）實施、轉案與結案，就前三項說明如下：

◆通報

首先是二十四小時危機處理專線與通報（hotline）系統，發現疑似兒童受虐時，不論任何人，均可透過二十四小時的全國保護專線113通報。依照法令的規定，通報責任的歸屬分述：

1. 一般通報：任何人在知悉疑似兒童受虐事件時，都應該撥打保護專線或是通知當地的主管機關。
2. 責任通報：醫事人員（如醫生、護士）、社會工作人員、教育人員（如學校老師）、保育人員、警察、司法人員及其他執行兒童及少年福利業務人員，在發現疑似兒童虐待的情況，應該在二十四小時之內通報當地的主管機關。

◆調查與評估

在接獲通報之後，兒童所在地的主管機關應該展開調查，依法兒童保護人員應該在二十四小時內見到兒童本人。按照情況的危險程度處遇，必要時應請警察陪同調查，以保障兒保工作人員的人身安全。調查的內容應包括兒童受虐類型、嚴重程度、兒童的身心發展狀況、整理施虐者的身心狀況、前科紀錄、家庭動力與家庭結構、資源體系等資料，資料收集後，評估案件的危機程度，作為擬定處遇計畫的依據（李佳蓁，2017）。

◆處遇計畫

在調查與評估後，若兒童保護人員認定兒童虐待屬實且為高度危機者，應儘速針對案主及其家庭狀況與需求提供多元服務方案，依法擬定處遇計畫。被安置之兒童或目睹家庭兒童，經主管機關列為保護個案者，主管機關應提出兒童家庭處遇計畫，必要時得委託兒童及少年福利機構或團體辦理。內容包括家庭功能評估、兒童少年安全與安置評估、親職教育、心理輔導、精神治療、戒癮治療或其他維護兒童及少年或其他家庭正常功能有關之扶助及福利服務方案（郭登聰，2006；謝幸蓓，2007）。

強制性親職教育對象是依《兒童及少年福利與權益保障法》第102條裁罰之行為人，透過公權力的介入，強制對虐待兒童與疏忽照顧的父母或主要照顧者進行親職教育，加強其親職功能，預防兒童再度受虐或被疏忽，藉此達到保護兒童的目的。各地方政府有權自訂主題，以台北市為例，包括：

1. 《兒童及少年福利與權益保障法》及相關法規之認識與討論分享。
2. 不當對待對兒童身心發展之影響。

3.家長情緒抒發與處理、壓力調適。

4.親職風格瞭解與檢視、親職責任／角色學習。

5.家庭中「人我界線」的概念，視兒童為獨立的個體。

6.親子溝通技巧學習與親子關係建立。

7.社會資源的認識與運用。

第二節　高風險家庭

一、家庭的風險因素

家庭因各種適應議題而衍生出多元的社會問題。近年最常被討論的社會問題大致分為（彭懷真，2013）：

1.偏差行為：如藥癮、酒癮、賭博、青少年犯罪、白領犯罪、幫派（組織型犯罪）等。

2.社會解組：如家庭解組、婚姻暴力、家人間的虐待、校園霸凌等。

3.社會排除：如身心障礙者、低收入戶、失業者、原住民、新住民、外籍勞工等。

4.價值衝突：如勞資問題、色情問題、自殺等。

5.社會階層：如貧窮問題、中產階級消失、性別階層、老年低所得等。

6.人口與區位：如少子化、高齡化、城鄉差距、環境與生態等。

這些問題或多或少衝擊著家庭，例如經濟壓力、失業、婚姻關係不穩定或衝突、社會支持網絡薄弱等因素，父母忍受不了壓力負荷，

轉向施暴於家人、虐待或疏忽兒童、遺棄或疏忽老人，高風險家庭之戶長攜年幼子女自殺等的嚴重兒虐事件，不斷出現。愈來愈多的家庭，瀕臨高風險狀態。

「風險」是一種對未來抱持不確定和可能發生危險的機率，而當人們對現存社會現象和問題產生不安和懷疑時，就產生「風險意識」。風險因素指任何可能使一個問題形成、持續或加重的事件、狀態或經驗。Hogue等人（1999）指出，高風險家庭生活上處於高壓力與低社會支持的狀態，風險因子如經濟困境、社會疏離、父母罹患精神疾病與藥物濫用、缺乏家庭生活管理及孩童的嚴重行為問題等。兒童福利聯盟文教基金會（2004）進行「危機家庭評估指標制定研究」，整理出危機家庭的定義為：「家庭因遭逢危機情境，且本身資源不足以因應，導致家庭功能發生障礙之危險者。」

高風險家庭因面對超出他們能控制的困難，多元需求未能滿足，形成家庭內在壓力，如離婚、單親、繼親家庭，他們經歷多次家庭形式及親屬關係的重組，家庭內部經濟風險因素遞增，家庭成員互動關係薄弱、內部關係緊張衝突，加上家庭面臨突發的危機、創痛、失親、負責家庭生計的成員有重病、心理疾病、死亡、服監、婚姻失調、酗酒、藥物濫用、暴力、貧困，高風險青少年偏差與成就障礙等事件，帶來的持續性多重壓力（鄭麗珍，2002）。家庭因面臨持續性壓力，生活秩序混亂，以致難以維繫其照顧與支持的角色。

家庭組成人口減少、結構趨向核心家庭化，家庭支持戶內成員的功能逐漸弱化，個別家庭的社會資源網絡日漸薄弱、社區連帶感的消退。家庭因過度負荷缺乏支援，在滿足成員的發展與適應的需求上，無力掌握與承擔；更因家庭面臨非預期的外在風險因素衝擊，所承載的壓力持續增加。

不利的生態區位、不友善的資源環境、資源的錯誤分配也使家庭的風險增高。低品質的居住生態，如犯罪、暴力、毒品、住宅不

良、交通不便、教育或就業機會缺乏、家庭的社會孤立情形，隨處可見。由於全球經濟的結構性影響，使得中產階級日漸萎縮，貧富差距擴大，收入標準愈加低落。屬於能力資本不足或資產累積較困難者，因就業不易，愈來愈多的家庭陷入貧困。更因需面臨各種的不確定風險，希望向上流動擺脫弱勢處境，愈加困難。

　　社工也無須過於悲觀，傳統上以「缺陷」的視角看待面對高壓力的家庭，如多元問題、難以接近、抗拒、缺乏改善動機、敵意、瘋狂、不可能改變、無望等。這樣說法，認為多重問題只出現在病態的家庭，並且預先作負向的評斷，而嚴重失能的家庭更增強了社會的標籤（Walsh, 2006）。蔡佑襦（2008）研究發現，所謂高風險家庭也許只是家庭有「多種需求」的另一個代名詞，家庭有多重需求才是真相。雖然家庭陷入無法自我滿足的情境中，固然可被視為缺點，不過這些家庭仍具有某些優點與特質，可間接或被轉化來協助家庭有能力滿足其家庭成員的需求，優缺點並非互斥的，而是共存的，就如每個家庭或每個人都有其優缺點（劉瓊瑛譯，2002）。

　　一般社會大眾對高風險家庭的看法，認定是生活作息混亂，缺乏管理或家庭系統不穩等，充斥負向的語彙，成為社區民眾、服務機構及工作者對高風險家庭的普遍標籤。社工可能在工作中使用這些貶低人性的標籤而不自覺，因人們的負向認知會反應在負向態度之中，而形成惡性循環，因而認為這些家庭就如其他人所形容的是「無價值的」（王孟愉，2007）。

　　實務工作者必須排除這些負向標籤的使用，需克服此種逐漸滲入社工專業的病理及負向架構，以優勢的視角為多重需求的家庭提供專業服務。第一，高風險庭仍具有韌力，雖然需持續面對生活上的風險與逆境，他們仍可能挺過。第二，大部分高風險家庭的父母依然愛他們的孩子，都希望共同維繫家庭團結，不被分離，此股愛的力量不容忽視。第三，家庭願意改善他們的生活，縱然在改變與害怕間難免

有矛盾，但社會工作者應多理解。第四，多種需求家庭仍具有資源，不管他們是面對什麼樣的問題，絕不能認定他們不具備資源。第五，高風險家庭對自身需求最清楚，家庭雖陷入無法自我滿足的多重需求中，仍可展現其優勢，透過資源的導入，以強化及提升其家庭功能，改變家庭的弱勢（Devall, 2004；高麗鈞，2013）。

二、風險可以評量

Baird等人（1999）提出評估兒童虐待風險的「加利福尼亞家庭評估因素分析」模式（California Family Assessment Factor Analysis, CFAFA），具體認定的五類因素群，包括：(1)促發事件；(2)兒童；(3)照顧者；(4)家庭因素／壓力；(5)家庭／機構互動等風險，評定此個案是屬低、中或高風險。Camasso和Jagannathan（2000）以兒童虐待風險的角度解釋，高風險家庭的兒童或家庭情境處於明顯的風險因子中，對兒童生活史、家庭人口特性、事件類型及特性等加以評估，並將每個風險因子予以量化加總計分，以決定兒童受虐的風險程度。這些家庭因面臨生活的諸多挑戰而陷入無法自我滿足的限制之中（Kaplan & Girard, 1994; Walsh, 2006）。

社工能從系統的特徵、基本功能的發揮、家庭成員的身心狀況及社會適應等面向，探討家庭風險內涵。Saleebey（2002）認為影響「復原發展」的關鍵因素包含「危險因素」（critical factor）、「保護因素」（protective factor）及「新生因素」（generative factor）等。「危險因素」指提高適應困難情境和較差發展結果的可能性，亦即阻礙個人能力發展與取得學習機會；「保護因素」指增加從創傷和壓力中復原的可能性；「新生因素」指聚集值得記載與有所啓發的經驗，據此可提升個人的學習能力、獲得資源和增強耐力。

張憶純、古允文（1999）指出，造成家庭危機的種種因素中必

定存在重大且具決定性的關鍵事件，因而影響對子女照顧與支持功能
的執行。從系統的微視層面至鉅視層面分析家庭面臨的風險因素，顯
示家庭風險與家庭壓力的相關性。如Fisher、Fagot和Leve（1998）運
用家庭事件檢核問卷（Family Event Checklist）評估一般的家長、低
社會經濟地位的家長（被認為可能承受高風險的家庭壓力）、近期離
婚的單親媽媽（假定會有中度風險的家庭壓力）、子女因反社會行為
接受家族治療的父母等四組不同風險程度的家庭，比較他們的壓力。
結果顯示，當家庭風險程度愈高，人際、經濟與親子關係的壓力均愈
大。兒童可能被安置風險的家庭，社會支持網絡的特性、接受支持的
可及性、社會網絡和社會支持變項間的關係，Tracy檢測了四十五個接
受「密集性家庭危機介入服務」的家庭，結果發現，雖然此等家庭都
擁有至少一位可求助的網絡成員，但給予的情緒支持較低，單親家庭
接受到的支持程度較低、網絡衝突程度高（引自謝幸蓓，2007）。家
庭的社會支持與家庭壓力、家庭風險間有相關性，家庭的壓力、風險
彼此會交互作用、彼此連帶，形成累加作用，使家庭功能無法正常運
作，對兒童人身安全、就業和就學權益，以及身心社會發展，都可能
產生危害，也會威脅家庭成員的發展。

　　Rutter（1987）分析兒童和家庭若面臨數種逆境和創傷，形成風
險的累積，使其偏離常態的發展軌道。社工所認定危機家庭的共同特
徵為「家庭功能未能正常運作」。高風險家庭所面臨的不只是一種壓
力和風險因素，隨著壓力和風險因素在家庭當中的累積，可能削弱家
庭功能，使問題發生的機率升高。例如兒童疏忽而被通報的高風險家
庭，同時面臨經濟危機與婚姻關係衝突。兒童受虐是家庭中多重壓力
與風險的累積，進而影響家庭親職功能的運作（高麗鈞，2013）。

　　Dunst、Trivette和Hamby（2006）進一步指出高風險家庭系統評量
與處遇模式的主要四個原則：(1)細緻區辨家庭的需要、期望和計畫；
(2)發現並肯定家庭的優點和能力；(3)發現並運用支持和資源的來源，

藉以滿足家庭的需要和完成家庭的計畫；(4)積極投入互動，協助家庭動員所有資源以滿足家庭成員的需要（宋麗玉、施教裕，2006；宋麗玉，2013）。

就「鉅視社工實務」的層面，建議應透過制度改革與創新發展來改變環境；從「微視社工實務」的層面，發現此等家庭在問題與限制中仍能找到家庭本身的資源與優勢，在危機中仍具有重建與復原的力量，對社工服務具有關鍵意義，因大部分的服務對象在困境中可以求助。社工尊重高風險家庭的生活現實與歷史傳統，透過正面的語彙及重新架構的工作背景來看待多種問題的家庭，並將此等優勢的特質在工作中轉化為源源不絕的資源，以協助高風險家庭的父母與兒童得到有效的資源，相信家庭有能力解決本身的需求（Camasso & Jagannathan, 2000）。

綜合而言，受到各種社會因素、家庭因素、主要照顧者因素或兒童少年因素等風險的影響，使家庭功能無法繼續或維持正常運作，以致可能對兒童人身安全、就養和就學權益，以及正常身心社會發展，產生危害或威脅，也可能危害或威脅其他家庭成員的正常身心社會發展（宋麗玉、施教裕，2006）。當家庭功能因面臨突發事件、家庭成員本身或家庭內、外在及社會環境的阻礙與困難，這些障礙促使家庭無法適切因應；家庭陷入「多重壓力」，危害或威脅家庭成員（Jeson & Fraser, 2006; Kirk, 2006）。

第三節　高風險家庭處遇計畫

一、計畫的緣起及重點

政府於原來兒童虐待及家庭暴力事件處遇流程和服務內涵之外，擴大篩檢體制，希望及早發現或篩檢具有高風險家庭之虞的個案，主動和提前介入此等家庭及個案。藉著有效評量其潛在的問題與需求，採取有效行動，提供「以兒童為中心，家庭為對象」之服務性計畫（李佳蓁，2017）。

內政部兒童局在2009年推動「高風險家庭關懷輔導處遇實施計畫」，分別從「家庭照顧功能」及「兒少行為或情緒問題」兩向度，作為高風險家庭開案的參考標準。內政部兒童局委託進行「危機家庭評估指標制定」研究，藉由第一線社工人員填寫之開放式問卷、個案紀錄、實務人員焦點座談等資料進行內容分析，探究「危機因素」、個案基本特性，歸納出危機家庭共同特色為「家庭功能未能正常運作」，而影響家庭功能的危機因素可歸納如**表6-1**，高風險家庭是否開案呈現在**圖6-1**。

表6-1　影響家庭功能危機的因素

突發危機事件因素	・意外傷害 ・災害 ・重大疾病 ・死亡 ・經濟變故或非志願性失業 ・離婚、父母一方出走或失蹤
被照顧者因素	・身心障礙、發展遲緩 ・生心理疾病 ・偏差行為（如中輟、逃家等）
照顧者因素	・身心障礙 ・酗酒、藥物濫用 ・情緒問題 ・身體、心理疾病 ・缺乏適當親職態度 ・親職能力技巧不佳 ・服刑、出走或死亡 ・單親
家庭問題因素	・經濟困難 ・居住情況惡劣 ・夫妻關係失調 ・親子衝突 ・其他家人衝突 ・支持系統薄弱 ・兒童虐待或疏忽 ・未成年子女遭遺棄 ・家庭暴力或家內性侵害
資源狀況	・缺乏資源 ・現有服務不足因應問題及危機 ・問題惡化難以改善

資料來源：兒童福利聯盟文教基金會（2004）、陳春妙（2008）、高麗鈞（2013）。

　　在眾多因素中，有特別具影響力的。「高風險家庭評估表」，篩選七類型高風險家庭作爲觀察重點，分別是：(1)家庭成員關係紊亂或家庭衝突；(2)家中兒童少年父母或主要照顧者罹患精神疾病，有酒癮或藥癮；(3)家中兒童少年父母或主要照顧者屬於自殺風險個案；(4)因貧困、單親、隔代教養或其他不利因素；(5)非自願性失業或重複失業；(6)負擔家計者死亡、出走、重病、入獄服刑；(7)其他影響兒少日常生活食衣住行育醫等照顧者功能者。

兒童及少年高風險家庭關懷輔導處遇實施計畫

衛生福利部104.2.10部授家1040900132號函修訂

一、目的：及早篩檢發現遭遇困難或有需求之兒少高風險家庭，轉介社政單位提供支持性、補充性等預防性服務，降低家庭風險因子，協助家庭發揮功能，確保兒童少年獲適當照顧，以預防兒童少年虐待、家庭暴力及性侵害事件發生。

二、定義：指因遭遇經濟、教養、婚姻、醫療等問題，致兒童及少年有未獲適當照顧之虞。

三、開案之狀況：以下狀況列入高風險家庭服務個案。
　　1.主要照顧者功能有欠缺，且無替代照顧者。
　　2.主要照顧者功能有欠缺，有替代照顧者但是功能不佳。
　　3.主要照顧者功能有欠缺，有替代照顧者且照顧功能佳，主要照顧者具有提升功能潛力。
　　4.兒少有行為或情緒問題，家庭欠缺因應方法和技巧。
　　5.兒少有行為或情緒問題，且已對家庭造成負面影響。

四、不開案之狀況：為避免與兒少保護個案混淆及資源重複，以下狀況不列入：
　　1.兒保個案（含嚴重疏忽案）。
　　2.嚴重疏忽：
　　　(1)經醫師診斷為營養不良。
　　　(2)經醫師診斷有非身體器官失功能所致之生長遲緩。
　　　(3)照顧者有意不提供各種照顧，使兒少遭受或可能遭受嚴重疾病或傷害等。
　　3.疏忽且有以下任何一項指標：
　　　(1)兒少需要立即的醫療評估。
　　　(2)兒少所處環境直接影響其健康或安全。
　　　(3)兒少目前處於沒有監護的狀態且暫無替代方案。
　　　(4)為父母有藥物濫用問題的新生兒且無適合照顧者。
　　4.單純經濟個案。
　　5.已接受政府或民間單位協助且可滿足案家需求的個案。
　　6.非因家庭因素或照顧者因素所造成之中輟或中輟之虞的個案。
　　7.主要照顧者功能有欠缺，提升主要照顧者功能有困難，但已有替代照顧者足以及時提供照顧且照顧功能佳。
　　8.兒少有行為或情緒問題，但家庭可以因應且未對家庭造成負面影響，且父母對兒少之態度正向且表達關心。
　　按照圖示，狀況如圖6-1。

六、高危機指標
　　1.被通報兒童年齡6歲以下，且案家提供照顧的周邊支持系統薄弱者。
　　2.有兒虐或家暴之虞。
　　3.家庭同住成員中有急性自殺意圖者。
　　4.主要照顧者或兒童有重大身心障礙或疾病且狀況不穩定，嚴重影響日常生活食衣住行育醫等照顧功能者。
　　5.家庭成員關係衝突嚴重，或主要照顧者有離家出走之念頭者等，可能威脅兒少日常生活照顧者。

6.依兒少因素、家庭及照顧者功能與社區支持網絡、問題危機程度，綜合研判
有許多問題且其中有較大嚴重性者。

在處遇方式及頻率方面，高危機個案每週至少訪視一次和電話訪問（電訪）一次。訪視指：(1)開案訪視與瞭解案家狀況；(2)危機事件的緊急處理；(3)定期處遇的工作方式。電話訪問的目的：(1)輔助開案訪視與瞭解案家狀況；(2)輔助危機事件的緊急處理。

七、中危機指標

1.6歲到12歲，主要照顧者無力或頻於疏忽教養，使兒童正常身心發展有被剝奪之虞，或產生負面情緒行為者。

2.照顧者因長期失業或低度就業能力以致資源不足，且未積極改善不良經濟狀況，但有意願照顧兒童。

3.因親職功能不佳，產生家庭衝突或兒少情緒行為問題者，且家庭無力照顧或改善者。

4.居家環境惡劣，但照顧者有能力或意願改善。

5.依兒少因素、家庭及照顧者功能與社區支持網絡、問題危機程度，綜合研判可能持續蘊量或累積為高危機情況者。

中危機個案每兩週至少訪視一次和每週電訪一次。

八、低危機指標

1.12歲到18歲，且本身社會心理調適不良和家庭照顧功能不足者。

2.因親職功能不佳產生兒少心理調適問題，但兒少仍可獲得照顧。

3.依兒少因素、家庭及照顧者功能與社區支持網絡、問題危機程度，綜合研判雖不致持續蘊量或累積為中危機情況，但卻可協助完成具體改善成果者。

低危機個案每月至少訪視一次和每兩週至少電訪一次。

整體而言，社工對低危機重點在「資源連結」，中危機重點在「增進家庭功能」，高危機重點在「干預和輔導」。

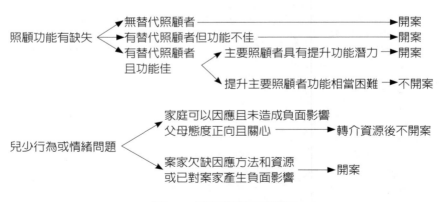

圖6-1　高風險開案指標圖

二、社工的服務

(一)資格條件

　　方案所委託的服務提供機構，須經立案、具法人資格之專業團體或社工師事務所。機構應定期參與聯繫會報、按月繳交月報表。規定工作人員應有專業資格，須從大學以上社會工作或心理輔導相關科系畢業。主要工作角色是個案管理者、直接服務者。社工的角色與功能主要包含：(1)約定和要求、監督和提醒；(2)示範；(3)鼓勵、支持、陪伴和增強；(4)心理輔導；(5)建立關係及提升改變意願；(6)經濟協助和親職教育相互搭配。

(二)通報轉介

　　通報來源包含就業服務個案管理員、教育人員（保育員、教師）、醫療人員（基層兒科診所、心理衛生、公衛護理師）、警察人員與村里幹事通報轉介的個案。受理通報單位：各縣市政府社會局擔任受理窗口進行初評，確認非兒少保護或家暴個案後，轉往各地承辦高風險家庭處遇計畫之機構，機構收到通報後再進行家庭需求評估決定開案與否。

(三)主要服務內容

1.專業人員關懷訪視，以個案管理員角色，為個案家庭做需求評估、尋求資源、安排轉介、督導服務、追蹤評估等，提供支持性、補充性服務以增權家庭，建立完整家庭功能服務。
2.結合保母支持系統及幼托園所提供幼兒臨托及喘息服務。

3.運用社區志工，推動認輔制度，協助兒童少年身心成長發展，或轉介參加國中小學學童課後照顧服務。

4.辦理親職教育活動，增強父母或照顧者親職知能、親職指導，促進親子參與及親子關係之服務。

5.針對精神病患、酒藥癮者，轉介衛生局提供醫療及戒治資源。

6.針對須就業輔導家庭，轉介就業服務單位，提供職業訓練及就業輔導資源。

7.結合民間社會福利資源，協助案主改善困境。

8.輔導進入社會救助系統，獲得中低收入兒童少年生活補助、弱勢家庭兒童及少年緊急生活扶助、托育補助或早期療育。

9.辦理高風險家庭宣導及教育訓練，強化高風險家庭篩檢轉介機能，擴大轉介來源。

10.其他依個案狀況予以適當輔導處遇。

(四)結案指標

分為「行政性」與「積極性」，分述如下：

◆行政性

行政性有五種狀況：

1.遷移外縣市。

2.案家失聯或兒少行蹤不明。

3.家庭危機關鍵人或兒少死亡。

4.發生兒少保護事件，並已轉入兒少保護系統。

5.已有其他機構提供穩定服務。

◆積極性

積極結案指標是指處遇目標達成，包括：

1. 案家整體功能改善、家庭經濟功能改善、整體照顧和保護功能提升、整體親職功能提升、家庭互動關係改善、案家整體運用資源能力改善、案家成員精神狀況改善。
2. 主要照顧者或替代照顧者照顧功能改善、照顧和保護功能提升、親職功能提升、精神疾病狀況改善、身心健康狀況改善、因應壓力的能力增強、運用資源能力改善認知和行為改變、個人權能增強。
3. 兒少身心發展與適應狀況改善、人身安全無虞、身心健康狀況改善、就學穩定、情緒穩定、偏差行為減少、自我保護能力提升、壓力因應能力增強。
4. 已建構案家周邊的部分社會支持體系、家庭親戚之支持增強、學校之支持增強、鄰里之支持增強、朋友之支持增強、社區資源提供穩定關懷。
5. 已獲得公部門之支持資源。

三、「六歲以下弱勢兒童主動關懷方案」

以幸福家庭協會兩年承辦衛生福利部社會及家庭署的「六歲以下弱勢兒童主動關懷方案」為例，加以說明：

政府考量6歲以下學齡前兒童若未進入托嬰中心、幼兒園或學校體系就托或就學，生活空間以自家住所為主，較不易被發現有受虐或遭不當對待情事，執行主動關懷方案，社工主動瞭解案家問題，及早介入關懷協助。

(一)服務對象

1. 領有低收入戶兒童生活扶助；經濟弱勢兒童及少年生活扶助者（緊急弱勢兒少生活扶助、特殊境遇家庭子女生活津貼、中低收入戶）；馬上關懷、急難救助者。
2. 戶政機關逕為出生登記者。
3. 逾期未按時預防接種者。
4. 未納入全民健保者。
5. 受刑人子女。
6. 父或母未滿18歲者。
7. 國小新生未依規定入學者。
8. 其他特定族群兒童。

(二)服務項目及工作範圍

1. 電話關懷：由社會局派案給委辦單位，社工依所屬分派的區域開案，透過電話關懷瞭解案家狀況，與案家約定時間，進行家庭訪視。
2. 家庭訪視：由專責社工負責區域進行家庭訪視，依社會局派案主因，瞭解其原因，並於面談訪視表上詳細記載個案資料及實際訪視情況。依訪視結果評估，擬訂初步處理方式。如發現兒童照顧情形不佳或有其他需關懷的情況，通報兒少保護評估或通報高風險家庭追蹤評估，視家庭需求評估轉介相關資源提供協助。每位專責社工需每月訪視新案四十五個家庭，至少訪視三次。若有訪視未遇、拒訪等相關情事，需邀請里鄰長、里幹事陪同訪視。
3. 個案管理與輔導：經主管機關評估符合的個案，指派專責社工

以個案管理員角色模式，爲案家做需求評估、尋求資源、安排
轉介、督導服務、追蹤評估。

4.訪視案件資料管理與統計：專責社工人員需如實記錄與案家聯
繫情況，電話聯繫情況則需登打於聯繫清單，記載於個案紀錄
表上以利後續資料管理及建檔。依《個人資料保護法》規定，
專責社工員應負起妥善保管個案資料的責任（書面資料及電子
文件），並於次月將服務清冊及個案紀錄送交主管機關備查。

5.資料登打：配合衛生福利部社會及家庭署高風險家庭個案管理
資訊系統進行個案訪視、幼兒園查訪表及相關網絡提供查訪表
資料登打。

6.辦理宣導活動：對公立或私立幼兒園辦理高風險、兒少保護及6
歲以下弱勢兒童主動關懷宣導。

家庭社會工作

本章書目

一、直接引述

中華民國幸福家庭促進協會編印（2003）。《強制性親職教育輔導課程》。
　　台中：中華民國幸福家庭促進協會。

內政部家庭暴力及性侵害防治委員會（2009）。《小愛的畫本：家庭暴力目
　　睹兒童》教學光碟。

王孟愉（2007）。《高風險家庭因應壓力之適應歷程——以優勢觀點為取
　　向》。南投：暨南大學社會政策與社會工作研究所碩士論文。

王順民、張瓊云（2004）。《青少年兒童福利析論——童顏、年少、主人
　　翁？》。台北：洪葉。

宋麗玉（2013）。《婚姻暴力受暴婦女之處遇模式與成效——華人文化與經
　　驗》。台北：洪葉。

宋麗玉、施教裕（2006）。《高風險家庭服務策略與處遇模式之研究成果報
　　告》。台北：內政部兒童局委託研究報告。

宋麗玉、施教裕（2008）。《97年高風險家庭關懷輔導方案機構督導與服務
　　成效之評估計畫》。台北：內政部兒童局委託研究報告。

李佳蓁（2017）。《高風險家庭計畫執行分析》。台中：東海大學社會工作
　　學系碩士論文。

兒童福利聯盟文教基金會（2004）。《危機家庭評估指標制定研究》。台
　　北：內政部委託研究報告。

林賢文、張必宜（2004）。〈走出台灣兒童保護服務的本土模式——論台灣
　　兒童保護發展過程中東西方文化碰撞與融合歷程〉。第二屆民間社會福
　　利研討會「台灣的社會福利發展：全球化vs.在地化」。台北：國立台灣
　　師範大學。

施宜君（2008）。《社會工作者人員對兒童虐待責任通報制執行態度之探
　　究》。新北市：天主教輔仁大學社會工作所碩士論文。

高麗鈞（2013）。《高風險家庭處遇整合困境之研究——台灣中部五縣市社

工具的觀點》。台中：東海大學社會工作學系博士論文。

郭登聰（2006）。〈從高風險家庭關懷輔導處遇計畫探討我國家庭政策的問題與對策〉。《社區發展》，114，86-102。

郭靜晃（2004）。《兒童少年社會工作》。台北：揚智。

郭靜晃（2008）。《兒童少年與家庭社會工作》。台北：揚智。

郭靜晃（2016）。《兒童社會工作：SWPIP實務運作》。台北：揚智。

陳春妙（2008）。《台灣兒童少年保護家庭維繫方案發展歷程探討》。台北：台灣大學社會工作系碩士論文。

彭淑華（2006）。《兒童及少年保護個案家庭處遇服務方案評估報告》。台北：內政部兒童局委託研究。

彭淑華等（2008）。《兒童福利：理論與實務》。台北：華都。

彭懷真（2013）。《社會問題》。台北：洪葉。

馮燕、張紉、賴月蜜（2008）。《兒童及少年福利》。台北：空中大學。

黃瑋瑩、辜惠媺譯（2006）。Nancy Boyed Webb原著。《兒童社會工作實務》。台北：學富。

萬育維譯（2004）。Mike Nolan、Sue Davies、Gordon Grant原著。《老人照護工作——護理與社工的專業合作》。台北：洪葉。

葉肅科（2011）。〈台灣兒童及少年福利與權益保障法：回顧與展望〉。《社區發展季刊》，139，31-41。

劉瓊瑛譯（2002）。Patricia Minuchin、Jorge Colapinto、Salvador Minuchin原著。《弱勢家庭的處遇：系統取向家庭中心工作方法的運用》。台北：心理。

蔡佑襁（2008）。《優勢觀點運用於家庭功能促進——以彰化縣生命線高風險家庭關懷輔導方案為例》。南投：暨南國際大學社會政策與社會工作系碩士論文。

鄭雅莉（2011）。〈特殊嬰幼兒家庭支持與需求之調查研究〉。《高雄師大學報》，31，1-25。

謝幸蓓（2007）。《高風險家庭處遇模式之初探》。南投：暨南國際大學社會政策與社會工作研究所碩士論文。

關漢中譯（2003）。Paula Allen-Meares原著。《兒童青少年社會工作》。台北：洪葉。

Baird, C., Wagner, D., Healy, T., & Johnson, K. (1999). Risk assessment in child protective services: Consensus and actuarial model reliability. *Child Welfare, 78*(6), 723-748.

Camasso, M. J., & Jagannathan, R. (2000). Modeling the reliability and predictive validity of risk assessment in child protective services. *Children and Youth Services Review, 22*, 873-896.

Darlington, Y., Feeney, J. A., & Rixon, K. (2005). Interagency collaboration between child protection and mental health services: Practices, attitudes and barriers. *Child Abuse & Neglect, 29*, 1085-1098.

Devall, E. L. (2004). Positive Parenting for High-Risk Families. *Journal of Family and Consumer Sciences, 96*(4), 22-28.

Dunst, C. J., Trivette, C. M., & Hamby, D. W. (2006). *Family Support Program Quality and Parent, Family and Child Benefits*. Asheville. Winterberry Press.

Fisher, P. A., Fagot, B. I., & Leve, C. S. (1998). Assessment of family stress across low, medium, and high-risk samples using the family events checklist. *Family Relations, 47*, 215-219.

Hogue, A., Leckrone, J. J., & Liddle, H. A. (1999). Recruiting high-risk families into family-based prevention and prevention research. *Journal of Mental Health Counseling, 21*(4), p337-351.

Jeson, J. M. & Fraser, M. W. (2006). A Risk and Resilience Framework for Child, Youth and Family Policy. In Jenson, J. M. & Fraser, M. W. (eds.). *Social Policy for Children and Families: A Risk and Resilience Perspectives*. SAGE.

Kaplan, L., & Girard, J. L. (1994). Strengthening High-Risk Families: A Handbook for Practitioners. Lexington Books.

Kirk, R. S. (2006). Research on Intensive Family Preservation Service, and What It Tells Us About the Efficacy of the Model for Placement Prevention and Family Reunification. Paper presented at International Conference on Child

and Youth Protection Practice Model, in Taipei.

Rutter, M. (1987). Psychological resilience and protective mechanisms. *Amer. J. Orthopsychiatry, 57*(3), 316-331.

Saleebey, D. (2002). *The Strengths Perspective in Social Work Practice*. Longman.

Walsh, F. (2006). *Strengthening Family Resilience*. Guilford.

二、參考文獻

蔡晴晴（2002）。《單親家庭貧窮歷程之研究——以台中縣家扶中心受扶助家庭為例》。南投：暨南國際大學社會政策與社會工作學系碩士論文。

鄭瑞隆（2006）。《兒童虐待與少年偏差：問題與防治》。台北：心理。

鄭雅莉（2011）。〈特殊嬰幼兒家庭支持與需求之調查研究〉。《高雄師大學報》，31，1-250。

Berg, I. K. (1994). *Family Based Services: A Solution-Focused Approach*. Norton.

Dumka, L. E., Roosa, M. W., Mchiels, M. L., & Suh, K. W. (1995). Using researach and theory to develop prevention programs for high risk families. *Family Relations, 44*(1), 78-86.

Eamon, M. K. (2001). The effects of poverty on children's socioemotional development: Am ecological systems analysis. *Social work, 46*(3), 256-266.

Elizabeth, F. (2007). Supporting children and responding to their families: Capturing the evidence on family support. *Children and Youth Services Review, 29*, 1368-1394.

Saleebey, D. (1996). The strengths perspective in social work practice: extensions and cautions. *Social Work, 41*(3), 296-305.

Whittaker, J. K., Kinney, J., Tracy, E., & Booth, C. (1990). *Reaching High-Risk Families Intensive Family Preservation in Human Services*. Aldin de Gruyter.

Chapter 7

兒童性侵害與老人虐待

- 兒童性侵害的處遇
- 亂倫的處遇
- 老人虐待的處遇

　　兒童及老人因為身體狀況及工作能力較弱,被人口學歸類為「依賴人口」,是受到身體虐待、精神虐待、性虐待、疏忽的高危險人口群。

　　家庭是小型社會,家庭問題是社會問題的縮影,也是許多社會問題的原因。家庭型態與功能急遽變遷,婚姻不穩定、配偶間暴力、兒童及老人虐待都持續增加。

　　針對此議題,我撰寫〈兒童性侵害社工人員教育養成之檢視〉專文,規劃了教育訓練的內容,呼籲在實務界多辦理訓練工作坊、研討會。此類課程比較不好教,一方面受到實務經驗的限制,一方面需要涉獵的領域比較多,還有學生的生活經驗有限,不容易體會加害人或施虐者的狀況。建議在法律社會工作、精神醫療社會工作、家庭社會工作、醫療社會工作等加入這方面的主題。

　　我投入高齡學的撰寫,如彭駕騂、彭懷真(2012)的《老年學概論》。彭懷真、彭駕騂(2013)的《老人心理學》。彭懷真(2014)的《老年社會學》。留意到老人在當今快速變遷社會中的尷尬處境,受疏忽、被虐待,甚至受到性虐待。我指導兩位博士都碰觸老人虐待的議題,一位研究婚姻暴力的受虐者如何充權,一位訪問獨居老太太為何選擇自立,而擔心受虐就是原因之一。

　　我國雖然還是高度重視長輩,傳統的家族觀念很重,不過家戶已經明顯改變,每戶平均人口的減少挑戰了原本的家族體系,孩子數遞減,兄友弟恭走入歷史,伯伯叔叔表哥堂弟等都將減少,阿姨嬸嬸表姊等名詞也將少見。父親角色則多元了,岳父少了,養父及繼父則變多了。家庭原有功能修正,有些功能式微,有些反功能製造許多問題。家人關係也在科技的浪潮下,不再緊密,獨生子女普遍,親子及手足關係都在調整。

　　老化(aging)是身體結構及功能隨時間進行而累積的變化,為不可逆轉的持續性過程。正常的老化並不是疾病,但老化造成身體功能

的改變，因而產生不同程度的障礙。在台灣，每天去醫院的人比去電影院的人多，死亡的人數有時比出生的人還多，老人家比12歲以下的人數或大學生還多。

《長期照顧服務法》在106年6月3日正式實施，長照2.0的特色是把長照服務體系畫分A、B、C三級，俗稱長照旗艦店、長照專賣店和長照柑仔店，以方便民眾就近獲得資源。民眾會想知道自己所居住地區有哪些機構，各自屬於A、B、C哪一級，還有各機構過去評鑑的成績如何。政府大力推動長照2.0，提供多種協助管道，設立了1966專線，目的之一是減輕家庭照顧者的壓力。因此民眾應大大方方使用這些管道，並且把自己遇到的困難說出來，以獲得對家人、自己及整個家庭最有效的協助。

「感受老人的心境」是家庭社工非常重要的態度。面對老人虐待的案件，高齡的長輩、中年的虐待者，年輕的工作者如果沒有一些本事，怎能有效處理？

機構裡的虐待疏忽，可能與機構本身的條件欠佳有關，我帶領一些機構的負責人去日本安養機構參訪，注意到重視品管的日本處處用心，盡可能使老人能生活在安全舒適的環境之中，照顧的人力充足，素質高水準。我也去過一些大陸的機構，硬體設施已經落後，照顧人力及方法更待加強。機構裡的虐待疏忽，一直是大問題。

在本章第一節針對兒童性虐待加以說明，社會工作者與相關專業人士要積極介入，對受害者及加害人各有處遇方案。第二節是特別棘手且令人痛心的家內亂倫案件，社會工作者面對複雜的家庭處境，應有高度專業能力及判斷。本節也解釋政府與委託單位執行性侵害方案的大致狀況，又介紹違反兒童少年性交易防制條例的C型行為人方案。

第三節是老人虐待的防治及處遇，由於許多虐待是長期照顧者在高度壓力下所發生的，因此也說明如何幫助照顧老人的照顧者。

第一節　兒童性侵害的處遇

一、兒童遭受性侵害及傷害

　　106年9月宜蘭縣37歲陳姓男子載男童到工地性侵，受害者被強壓趴在地上，手腳磨破擦傷，臀部也有撕裂傷。陳男先前曾因性侵案二度入獄，關押共十二年半，7月底才從台北監獄出獄，8月3日將戶籍移到宜蘭縣多山鄉，當天便犯下竊盜案。宜蘭縣府安排醫院個別晤談評估，陳男接受完團體治療後十天，即再犯案。9月中旬又性侵男童。他在獄中曾上演「姦獄風雲」，當時27歲，趁牢房擁擠不堪，於凌晨就寢時間，強脫獄友褲子硬上，被害人隔天向管理員求救。

　　這案例顯示了幾個訊息，性侵害顯然存在性別差異與年齡差異，近年的性侵害案件顯示：犯罪嫌疑犯98.3%是男性。性侵害通報案件之加害人平均每人犯案1.36件，說明有許多性侵害犯罪者的重複犯案，被害人三分之二的受害者是兒童或青少年。

　　兒童性虐待的定義是「成年人或青少年對兒童濫用性刺激」。常見的形式包括：誘導兒童參加性活動、猥褻地露性器官、展示色情書刊或影片、實際的性接觸、碰觸兒童的性器官、觀看兒童的性器官、利用兒童拍攝色情影片等（王文秀等譯，2009）。

　　這些數據都低估，性侵害報案率偏低，家庭內的亂倫案報案率更低。因為受害者沒有完全吐露被侵害的情況，對受害者的證詞更是查證困難，所以性侵害加害人被逮捕、判刑及入獄率不高。

　　每一個數字背後都是受創的兒童，每一位兒童都因為性侵害成為某種受害者。性虐待對兒童的影響主要有（鄭雅方譯，2005）：沮喪

（depression）、創傷後壓力失調（post-traumatic stress disorder）、焦慮（anxiety）、偏向於成年期再受害（propensity to re-victimization in adulthood）、對兒童身體傷害（physical injury to the child）、以亂倫（incest）的形式性虐待家人，可能產生更嚴重的長期心理創傷，尤其是父母亂倫個案（more serious and long-term psychological trauma）。此外常見的症狀有：飲食違常（eating disorder）、薄弱的自尊（poor self-esteem）、分裂的及焦慮的違常（dissociative and anxiety）、心理憂傷和違常（general psychological distress and disorders）、精神官能違常（neurosis）、慢性疼痛（chronic pain）、性別行為困擾（sexualized behavior）、學校學習問題（school/learning problems）、藥物濫用（substance abuse）、毀滅行為（destructive behavior）、成年期犯罪或自殺行為（criminality in adulthood and suicide）等。

由美國國家藥物濫用研究院（National Institute on Drug Abuse）的研究發現超過1,400位的女性濫用者，童年時期被性虐待與藥物濫用、酒精依賴及心理違常有關聯。超過百分之五十受到性虐待的兒童有心理症候群現象（psychological symptoms）。

對受害者的影響，按照年齡整理如下：

1. 學齡前：侵略性的性侵害常使幼童出現嚴重的恐懼、夜間恐懼症、黏人的行為、部分發展退化等現象，需要照顧者一再給予保證。
2. 國小兒童：學齡兒童受性侵害後，在臨床上產生的明顯症狀，例如突然開始焦慮、恐懼、退縮、失眠、歇斯底里、體重忽然減輕或增加、不能專心、學業成績遽降、曠課、暴力、逃學、自殘、企圖自殺等。
3. 青春期少年：青春期少年已發展自我覺知，也開始建立同儕團體的認同標準，性侵害對此階段孩子的傷害甚大，影響包括：

嚴重反叛，尤其是反抗母親、逃家、離家出走、雜交、從娼、少年犯罪、性病、懷孕、自尊心低落、無價值感、長期沮喪憂鬱、社會孤立、藥物濫用、性侵害他人、自殘、自殺等。

二、社工面對兒童性虐待

兒童性虐待不是一個容易做的工作，法令賦予社工人員照顧與控制等角色，要求社工人員保護案主以維護社會正義。在第一線處理問題時，面對的不只是案主和他們的家庭，也包括複雜的社會體系。社會工作者面對因為違反多項與「性」法令有關的非自願性案主，以及許多年幼未必能清楚陳述與理解的兒童。這些案主的內在世界如何，他們的心理與行為又如何，該怎樣進行專業服務，如何改變他們，如何熟知並落實法令……都是考驗（陳慧女、廖鳳池，2006）。

正因無數強暴犯是如此狡猾，專業工作者不能低估他們，更不能不認真去瞭解他們，尤其不能忽視他們背後的巨大幽靈——性別。面對兒童性侵害的專業處置是高難度的考驗，需要多角度認識隱而未顯的難題，工作者需特別注意：(1)瞭解兒童與家庭；(2)瞭解性侵害；(3)瞭解性別議題與雄性暴力；(4)瞭解精神醫學。由於兒童性侵害的加害人可能是兒童的尊親屬或兄長，這是「亂倫禁忌」（incest taboo），因此也得認識文化的力量。在我國文化中，家庭是如此隱密的空間，是外界不易瞭解與介入的（彭懷真，2013）。

瞭解法令十分重要，專業工作者需謹守法令的規定來執行各項專業處遇，例如《刑法》第227條等的規定。這只是處罰的部分，還有許多賦予社工職權的法令，又有些依照法令而有的做法，如「性侵害犯罪加害人身心治療及輔導教育辦法」，按照此辦法，應安排加害人接受身心治療或輔導教育。

整個社會有愈來愈複雜的家庭、愈來愈多元的人際關係、愈來愈

開放甚至奇特的性活動，因此有愈來愈多的案件考驗著政府執法單位與各參與的專業團隊，亟需有更多準備好，接受過充分教育、訓練、督導、專業發展的社工，從事這高難度的專業工作。

　　性侵害犯罪案件因具有隱密性，通常僅有被告及被害人兩人在場，不免淪為各說各話之局面，若被害人與被告又存有一定之親屬關係，更陷入親情抉擇的兩難困境，因而容易出現先後陳述不一致或矛盾的現象。被害人除生理上受到傷害外，心理層面上所受之傷害也很大，出現「創傷後壓力症候群」或相關精神疾病。

　　社工人員於案件過程中角色吃重，包括舉發通報、陪同醫療檢查、協助申請保護令、緊急庇護、心理諮商等被害人之處遇措施，於偵審中陪同被害人在場，並得陳述意見。社工人員就其所輔導個案經過之直接觀察及個人實際經驗為基礎所進行之書面或言詞陳述，具有證人之性質。至於經社工轉介由具有精神科醫生、心理師、相關背景的學者或經驗豐富臨床工作者等心理衛生專業人員，就其參與被害人治療過程中有無出現待證事實之反應或身心狀況（如創傷後壓力症候群等）所出具之意見，則居鑑定證人之列。

三、輔導改變加害人

　　《性侵害者》（*The Sex Offender: Corrections, Treatment and Legal Practice*）（Schwarts & Cellini, 1995）此百科全書提醒：性侵害的問題複雜，加害人（強暴犯）認知扭曲，對女性有負面的觀點、對暴力的寬容、有強暴迷思，錯認雄性氣概。加害者常見的心態與狀況是：(1)歧視女性而認為女性本該順服、依賴者；(2)喜用汙衊性言語評論女性者；(3)濫用藥物或酗酒者；(4)過度壓抑自己情緒與感受者；(5)低挫折容忍力與處理壓力有困難（林秀梅譯，2007）。

　　美國FBI重大刑案資深探員Douglas和Olshaker在《惡夜執迷》（李

宛蓉譯，1999）書中形容連續犯罪者「猶如動物王國裡的獵殺者，藏身在黑暗叢林中窺伺埋伏，夜夜思索著狩獵計畫，四處尋找可吞吃的獵物。」犯罪者普遍有「黑暗、汙穢又充滿仇恨」的心理。他們的心早已被仇恨所填滿，理性的空間被擠壓到蕩然無存。

　　Schwarts和Cellini（1995）整理了1952年至1992年間關於強暴犯的研究，歸納各種關於人格的類型後發現：最多的是「反社會人格型」（九項研究），其後依序是「攻擊型」及「虐待型」（各七項）、「性取向型」（五項）、「權力型」（四項）、恐懼女性型及妓女型（三項）。又對性侵害犯罪者所做的研究發現犯罪的早期前兆，以出現頻率多寡排序為：(1)家庭危機；(2)父母疏於照顧；(3)幼年時曾遭虐待；(4)教育程度不高；(5)非性侵害之前科；(6)性的焦慮等。近期前兆則依序為：(1)全面性憤怒；(2)對女人憤怒；(3)認知扭曲；(4)異常的性刺激；(5)低同理心；(6)社交技巧不足等。此外，無所事事、無目的單獨駕車、酒精濫用等，也是常見的行為。

　　Groth等人（1979）將強暴犯以權力和憤怒為主軸來分類，權力型罪犯透過武器、武力、威脅來控制被強暴者的身體，使被害人恐懼，以奪回權力。又可再分為：(1)權力再肯定型──以強暴來減輕內在的「性功能障礙」（sexual inadequacy），來尋求男子氣概；(2)權力斷言型──以強暴表現其力量，以性的操控權要被害人「乖乖聽話」（keep his woman in line）（引自林明傑，1999）。

　　Salter（2005）以「獵食者」來形容性侵害犯罪者，尤其是戀童癖。此種犯罪的再犯率高，許多再犯者幾乎都目無法紀、任意妄為，這些人的心態應多加以探索（鄭雅方譯，2005）。

　　美國聯邦調查局研究加害女童的案例，發現凶嫌普遍有認知扭曲的問題，對女性抱持負面看法，對暴力寬容，有很高的比例酗酒或濫用藥物，在情緒控制方面能力弱。在兩性互動方面，不易建立與維持關係（李宛蓉譯，1999）。最重要的，他們部分是「戀童癖」。多數

蒐藏拍攝兒童的照片、書刊、影片，專業人士需運用訪談，辨識各種心理症狀（鄭雅方譯，2005）。

加害者爲何對如此瘦小的女孩性侵甚至猛砍呢？「對性狂熱」、「對權力渴望」、「雄性暴力」是成年男子普遍的心態，但多數人都懂得用正當的方式爭取，又在無法如願時調適心情並忍耐。許多加害者因爲生活的挫敗、工作的失意、感情沒有著落，因而逞凶。他們未必非對誰下手不可，可能隨機性侵害、隨機殺人，預防十分不易（林秀梅譯，2007）。

高危險人口群常見症狀包括：(1)歧視女性而認爲女性本該順服與依賴；(2)常用汙衊性言語評論女性；(3)過度壓抑自己情緒與感受；(4)低挫折容忍力，處理壓力有困難（Schwarts & Cellini, 1995；王家駿，2001）。預防之道應從這四方面對症下藥。

在後兩方面，基本上與「情緒控制」有關。爲什麼這個社會有這麼多憤怒、痛苦、挫敗的成年男子？他們製造了多少罪行、死傷、悲劇？身強體壯又血氣方剛的男子一事無成、遊手好閒，個個如已經上膛的槍。任何可以讓這些憤怒男抒解心頭痛苦的社會機制，都應該強化，例如安排規律的生活、從事有意義的工作、懂得欣賞音樂、參與宗教活動等，都有助於拆解不定時炸彈。

「加害者」百分之九十幾是男性，「受害者」百分之九十幾是女性，如此懸殊的數字對比呈現明顯的性別差異（林明傑、沈勝昂主編，2004）。美國聯邦調查局對重大罪犯均建立專門檔案，有多方面的專家深入探究，期望從過去的案件中找到蛛絲馬跡，以便日後預防、偵辦及處置。

「兒童性侵害」結合犯罪學、心理輔導、諮商、精神醫學、法令與社會工作專業，深入探究這些人的心理，並瞭解處遇的方法。針對社會工作者在執行專業工作時所面對的「加害人」有所說明，充分瞭解他們的心態、行爲、文化背景，也期盼透過專業與法令的要求，在

適當的保護之下，改變他們。對於被害人，也應有專業介入的輔導歷程（黃世杰、王介暉、胡淑惠，2000；彭懷眞，2013）。

性侵害的防治是理想色彩很高的一種努力，專業工作者所面對的，不是特定的加害人，還包括：(1)人類內心中最強烈的動機——性與權力；(2)根深柢固的性別意識和男性中心主義；(3)公權力很難充分介入的婚姻與家庭（段成富，2000）。

包括社工在內的專業人員要開始學習做「偵探」，努力去探究加害人的內心、行爲、人際互動，從社會陰暗的角落和難以突破的家庭堡壘中找到「加害人」，抽絲剝繭的探索其心理特質，找出他們何以會做出如此行爲的原因，然後依法提供專業服務。

社會工作組織可能承接各種政府委託的輔導方案，近年來各地主要的方案類型及其內容，整理爲**表7-1**。

單以「實例——兒童及少年性交易犯罪行爲人輔導教育服務計畫（簡稱C型行爲人輔導方案）」來說明。

C型行爲人指違反《兒童及少年性剝削防制條例》經判刑確定的犯罪行爲人之代稱。輔導方案的內容主要依據《兒童及少年性剝削防制條例》，主管機關應對犯罪行爲人處以輔導教育。按季辦理，依據犯罪行爲人裁定之輔導時數安排課程，其中十二小時基礎課程是行爲人必修之課程，包括個人輔導教育需求評估、法律常識、性病及血液傳染病防治、正確性別關係等，期許藉由輔導教育之實施，提升性交易犯罪行爲人在法律、性別與人際溝通、自我認識、衛生及生涯規劃等的能力，建立正確的認知。

整個課程設計的內涵以「認知—行爲治療」及「現實治療」的理論內涵爲主，協助行爲人改變其認知，進而改變其行爲，降低犯罪行爲人的再犯率。中華民國幸福家庭促進協會承辦時，基礎課程與警察局合作，使用警察局婦幼隊的場地施行輔導教育課程。若行爲人裁罰之時數超過十二小時，針對個案個別需求安排個案心理諮商輔導、

表7-1 性侵害及性剝削防制類的方案

性侵害被害人支持服務方案	18歲以上遭受性侵害事件之被害人／成年男性之被害人（但不包括需緊急安置類型之保護性個案）。提供諮詢協談、經濟扶助、法律扶助、就學就業扶助、未婚懷孕、轉介心理輔導、創傷復原、親職教育等服務。
性侵害關懷服務方案	12歲以上未滿18歲之少女、少男，且未受脅迫之性侵害個案，不包括遭家內亂倫與未遭受脅迫之性侵害個案（合意性個案），提供個別心理輔導、法律協助、經濟補助及其他相關福利服務等。
兒童及少年性剝削緊急暨短期收容中心服務方案	針對遭性剝削之兒童及少年提供下列服務： 1.保護安置及生活照顧：提供保護輔導安置、膳食、住宿、日常生活起居等服務。 2.課業及生活教育輔導。 3.家長團體。
兒童及少年性剝削追蹤輔導服務方案	針對遭性剝削結束保護安置之兒童及少年提供追蹤服務，包括： 1.個案服務。 2.心理輔導。 3.方案服務：個案研討會、團體方案、專業研習訓練等。
兒童及少年性剝削犯罪行為人輔導教育服務方案	對違反兒童及少年性剝削防制條例第22條至第29條之犯罪行為人，實施輔導教育課程，提升其法律、衛生健康、兒少保護、性別平等、人際關係等知能，避免再次觸法。 1.個案服務，包含個案處遇與諮詢工作：(1)法律諮詢；(2)經濟協助；(3)就業及職訓資訊提供；(4)醫療協助；(5)心理諮商輔導。 2.輔導教育課程，包含團體（講座）課程、個別會談，內容包含四大主題：(1)性別平等；(2)兒少保護；(3)法律；(4)衛生教育。 3.外聘督導：邀請外聘專家學者進行專業指導，包含業務及專業知識。 4.專業人員訓練：針對專業服務過程所面臨遭遇之重要議題，設計專業人員訓練課程，邀請相關服務或網絡成員參與，提升專業知能；邀請相同性質服務單位以及未成年性交易少女服務機構一同參與，以促進雙方交流，瞭解彼此服務個案群，從不同角度、觀點瞭解性交易事件，以提供行為人適宜服務。 5.個案研討會：針對方案所服務之個案，複雜度或困難度較高者，聘請相關學者，並邀請網絡相關人員就個案服務困境，提供建議及橫向溝通管道。 6.辦理及參與網絡聯繫會議。

資料來源：作者整理自各縣市社會局網站。

讀書會及電影工作坊之課程，假如個案有就業、經濟扶助或其他個別狀況及需求時，提供相關社會資源。

在進行輔導教育課程前，社工應確認行為人服刑、假釋後，或行為人獲免訴、緩刑、免刑之判決確定後執行。對行為人來說，這是一項額外的負擔，當然希望越快結束越好。因此，整個課程的設計必須讓行為人認識到課程目的是協助其不再犯。行為人在接到社會局的通知（法院裁定受輔導時數，由社會局發文）後必須與輔導方案承辦單位聯絡，接著安排個別會談及接洽輔導教育課程相關事宜。因為C型行為人是屬於非自願案主，許多行為人打電話時的情緒很複雜，常有緊張、為難、憤怒等等。社工若利用真誠、同理、接納等專業技巧處理行為人之情緒，行為人多半在會談過後轉向願意配合與信任的態度。

 第二節　亂倫的處遇

一、棘手的問題

105年性侵害被害人達8,141人，其中955人是身心障礙者，占總數的11.73%。104年身心障礙者被害人數1,116人，占總數的10.67%。也就是說，大約有九分之一的性侵害案件被害人是身心障礙者。

根據性侵害事件的統計，兩造關係方面，直系血親482人，旁系血親396人，相加為878人，占總數10.78%。104年的總數10,454人，直系血親532人，旁系血親486人，合計1,018人，占總數9.73%。也就是說，大約有十分之一的性侵害案件是被親人加害。社工在處理時，特別棘手。

在家中的性侵害，令人髮指，又觸犯倫理最根本的近親禁忌。

性侵家中幼年子女的行爲，牽涉到的問題極爲廣泛，狀況分歧（王秀絨，2005；王文秀等譯，2009）。有時父親是家中主要的經濟來源，母親須倚靠父親的收入，明明知道丈夫是狼人卻忍氣吞聲。有時母親外遇，父親帶綠帽卻不聲張，以性侵女兒爲報復。有時單身母親，身邊的同居人性侵沒有血緣的女兒。

性交的發生可分爲合意性交與非合意性交（如強制性交、乘機性交等準強制性交犯罪行爲）。非合意性交，必屬非法。在合意性交部分，在現代多數文化的道德觀無法接受，於重視人倫的中華文化圈，近親性交屬於亂倫的範圍。「亂倫」與「近親性交」常被混爲一談。然而實際上，兩者是有程度上的差異。近親性交指在近親之間所發生的性行爲，屬於亂倫禁忌。

亂倫指倫理關係因爲性行爲而發生紊亂，不論是血親還是姻親，若發生性行爲都屬於亂倫。不管是合意性交或是非合意性交，只要對象上有這種行爲就屬於亂倫。「親密型的、互相願意的」並無法說明「準強制性交」與「權勢性交罪」等性侵害的樣態。大多數國家處以重刑，是因性侵害而發生的近親性交；有爭議的是因雙方同意而發生的近親性交。

傳統定義家內性侵害多指有血緣關係的人之間發生性行爲。陳慧女、廖鳳池（2006）針對家庭內性侵害受害者進行研究，發現舉發者多爲親友，占74.9%，其中以母親最多，占54.1%，老師及朋友占20.8%。加害人的身分則以父親與繼父最多，占70.8%，餘者依次爲手足、母親、叔舅、母親之同居人，其中有案主除了遭受家人的侵犯之外，也併有被家外人，如父親友人、堂姊友人侵犯。

亂倫受害兒童的非加害人父母常是隱形的受害者，一方面要面對家人受害事件的衝擊，也得經歷家庭系統的變動與危機。若同時是家庭亂倫事件的舉發者，更要承受極大的家人指責，甚會被要求要其與受害者爲家庭否認受害事件的存在（簡美華，2014）。

二、社工的處遇

社工處理兒童亂倫案件的五大流程：第一為接案階段，重點是成案診斷與危機狀態評估，第二為進行緊急危機處理，第三是持續評估與延續處遇及進入司法審理期，第四是設計返家計畫或安排獨立生活，最後就是個案各層面生活狀況穩定後，予以結案的結束階段（陳玲容，2008；王文秀等譯，2009）。

兒童亂倫案件是以社政為主導的防治工作，各網絡單位的連結，未必有良好合作。常遇到的兩難是：要不要安置亂倫兒童？案件要不要進司法程序？網絡間工作缺乏共識等。

根據林妙容等（2012）針對「兒童及少年家內性侵害被害人社工處遇模式」的分析，在各階段之中，社工的重點說明如下：

(一)安置前公部門社工評估的準則

安置指標主要需考慮以下幾項：家庭功能、非加害人的保護及支持能力、社區資源、主事者社工督導及法院法官的判決。安置評估的訪談重點有：評估虐待的程度，家庭的資源，社工督導及法官的偏好，非加害人的能力、社會資源及家庭功能結構。

◆家內性侵的型態評估

評估雙方是哪一種關係：

1.無血緣關係的繼親、同居人或男女朋友。
2.直系尊親屬對直系卑親屬。
3.旁系親屬的性侵。
4.手足間的亂倫。

5.非單一加害人的家內性侵。

◆對非施虐照顧者的評估：重要他人的保護能力

注意的重點包括：是否接受性侵害事件的發生、相對人是否對此事件負責、提供情緒支持、危險判斷、安全維護及通報、包容孩子的適應機制、受害者和嫌疑人的關係、家人知情與否、父母對手足性侵害的態度等。

◆對性侵害相對人的評估

曾性侵害兒童、曾經遭性侵害犯罪指控或判刑、友人或繼親是兒童性侵害犯、曾經／現在採用家庭暴力、精神虐待或疏忽、將自己的孩子社交孤立、觀看兒童猥褻照片、公開觀看成人色情物品，以及本身有狀況，如：曾經遭受性侵害未處理、精神疾患、藥酒癮患者。

◆對兒童的評估

1.對人身安全的危急程度：再次被性侵、身體虐待、情緒虐待的風險。
2.是否與加害者同住：一起居住，基本上就應安置。
3.案件類型：與相對人的權力差異及受害者的年紀。
4.完整的身心狀況：初評、身心評估、創傷狀態和行為表現都呈現給法官看。
5.對於手足間性侵害案件，沒有被害人與加害人的分別，都需處遇。

家庭社會工作

(二)在安置地點的考量及安置行動的責任歸屬

◆安置地點之考量

1. 親屬安置：第一時間比較不會安置在親屬那裡，避免影響孩子、考量親情維繫、對親屬告知後才會考慮親屬安置。
2. 寄養家庭：判斷依附關係的穩定性。
3. 機構安置：12歲以上的個案可能進入機構安置。

◆返家評估之重點

在安置末期的可能處遇內容，可參考的返家評估重點是：

1. 評估指標：加害者已經判刑了，入獄服刑了，可以考慮結案。
2. 家庭功能與安全性：評估母親的功能，兒童人身安全、心理狀態、創傷、回去後的壓力、家庭支持功能的評估。孩子在家庭中的穩定，是返家評估中會評估的。
3. 受害者的意見。
4. 受害者的獨立性。
5. 加害者的態度。

◆個案結案之評估

個案的結案方向往往以返家、自力生活或轉銜機構為主要處遇方向，但需針對許多因素作全面性考量，將機構因素、個人因素、家庭因素、專業資源網絡與社區環境因素進行評估指標及困境有所討論。主要協助個案與其資源（轉介單位個案管理者、安置單位、案家、個案、後追社工、心理師、精神醫療、老師與其他重要他人）共同評估個案結案狀況準備應格外謹慎考慮，並針對結案準備討論個案與其資源之間的分工與合作，評估家庭重整之狀況。若出現以下狀況，則不能輕易結案：

1.性創傷來自家庭，如家庭暴力、家內性侵。

2.受限種種因素，個案仍須返回受到性創傷的原生家庭。

3.個案與家庭成員對「返家」有不一致的期待。

4.家庭成員對個案有過多期待與要求。

5.個案尚未與家庭成員建立良好互動關係，便須返家。

6.家庭功能難改善，無法提供完整支持系統。

7.主要照顧者缺乏照護能力。

政府頒布「各直轄市、縣（市）政府兒童及少年保護工作流程」及「性侵害防治中心性侵害案件處理流程」，並在處理流程中加入「多專家會議」之機制，以形成「兒少性侵害保護個案服務流程」，社工應充分瞭解。

「童年會傷人」是事實，也是悲劇。每一個小生命都面對不可測的壓力，平安健康成長是最重要的（留佩萱，2017）。小生命必須安全地長大、快樂地長大、認真地長大，不被騷擾、不被威脅、不被羞辱。整個社會應該以最大的力氣照顧最小的生命，以最多的資源服務及保護每一個生命。如果有人想要傷害小生命，社會必須阻止。小朋友們也應提高警覺，在這個充滿罪惡與慾望的環境中保護自己，透過正確的認識免於威脅，能遠離危險，又能化解危機。

第三節　老人虐待的處遇

一、普遍的現象

孫子拿著安全帽、菜刀攻擊爺爺奶奶，子女跟長輩要錢時讓長輩身心都受傷。兒子、媳婦、女兒、女婿虐待老人等事件，層出不窮，

虐待疏忽事件處處可見。無數家庭的長期照護造成「忍無可忍」，例如高雄一位媳婦綁住婆婆的四肢，再以枕頭覆蓋在老人家臉部施壓十分鐘，見婆婆還有呼吸，以膠帶將嘴鼻黏貼。她外出半小時返家，見婆婆仍有氣息，再次以雙手對枕頭施壓十幾分鐘，直到婆婆窒息死亡。這位媳婦心狠手辣，顯示她的痛苦很深，因為她長期照顧臥病在床的婆婆。此外，農曆年前後，許多安養機構面對難題：老人家沒有子女接回去過年。農曆年後，有些安養機構被警方通知：「這裡有在山上被遺棄的老人，你們收不收？」無數照顧老人的機構最頭痛的問題是子女不願意幫長輩繳費。

長壽，原本是讓人羨慕的祝福，如今成為很多老人的無奈，又是他們子女、媳婦、女婿的強大壓力。在台灣，長輩都期待老年歲月是光榮的，而他們的下一代卻各有想法，經常扮演照顧角色的媳婦未必樂意。在照顧長輩方面，無數照顧者與被照顧者都在「忍」，忍無可忍的時候，就可能出現殘忍的悲劇。

除了老本之外，老人家還需要健康的老身、適合的老居、能談得來的老友。友情、親情是老人家最在乎的，最大的挫折卻也來自人際連帶。只要跟年長者聊聊，都可能聽到無數牢騷話。任何人聽多了牢騷話，照顧長久臥病的人，都可能失去耐心。

針對老人生命權這基本需求，最簡單的處理是「國」與「家」各自負起主要責任。政府如果能運用公權力幫老人家處理「老本」，讓老人無須憂心經濟問題，而家庭這私領域的小單位負起老友、老伴這感情為基礎的責任。至於居住，則需考慮身心狀況、經濟狀況、子女工作等來安排。問題的癥結有二：一是中央政府能否確實解決「老本問題」，無論是居家服務、安養、養護，都需穩定又寬裕的政策。二是人們觀念的改變，老人與子女都得面對「家庭功能已經式微」的現實，無法因應長期照護的責任，要某個家人來負責，實在是奢望。「家有一老如有一寶」的時代早就過去了，除非政府先看重老人是

寶，在乎每一位長輩昔日的貢獻，否則逆倫案件還會層出不窮，甚至更加殘忍（彭懷眞，2014）。

老年的人數快速增加，因此有些責怪老人的聲音出現。此種現象可透過「現實衝突理論」來解釋：資源有限導致團體之間產生衝突，造成偏見和歧視。當時局困難資源稀少時，外團體成員讓內體成員感受到更多的威脅，進而有了更多的偏見、歧視與暴力。代罪羔羊理論可以解釋何以人們在遭遇挫折或不快樂時，將攻擊轉向被厭惡的、可見的、相對弱勢的團體之傾向（洪明月譯，2011）。

(一)老人虐待定義

WHO（2002）將老人虐待定義爲：單一或重複發生行爲、缺乏應採取的適當行動，造成老人的傷害或困擾，而且發生在原本被期待是信任的關係中。老人虐待指老人的身體、精神、財務上受到不當之損傷或剝奪，也指忽略其需要。Johnson（1986）研究老人不當對待（elder mistreatment）的定義，提出概念層次架構如下，社工可根據這個層次定義發展出一套由接案、評估、計畫到處遇，並且以老人及其家庭爲核心的老人保護個案處理系統與相關作業模式：

1.第一層（文義定義）：老人處於一種自己或他人造成的受苦的狀態，不利於生活品質。
2.第二層（行爲定義）：出現身體、心理、社會或法律面的受虐徵兆。
3.第三層（操作型定義）：依據受虐行爲徵兆的強度（單一類別受虐程度）與密度（多重受虐類別數）來測量。
4.第四層（對應定義）：受虐原因是主動疏忽、被動疏忽、主動虐待或被動虐待，專業人士各自予以對應處遇。

(二)老人虐待案件「冰山一角」

依政府受理家庭暴力案件通報統計，老人虐待案件約占家庭暴力事件的3%，近幾年呈現微幅的成長趨勢。美國政府The House Select Committee on Aging，粗估至少有4%的老人遭受親屬不當對待，但其中只有六分之一受到關心與獲得協助。

以台灣的通報統計來看，老人虐待的發生率僅約老人人口的千分之一，政府家庭暴力事件通報統計資料顯示，2007年老人虐待通報案件1,952件，2008年有2,271件，2009年有2,711件，2010年增加到3,316件，2012年3,624件，增加59.58%。

老人虐待的黑數相當高，數字背後可能隱藏的問題很多，以有關人員來分析（關淑芬、謝雅渝，2010）：

1.老人本身隱忍不報、資訊不足、與外界接觸有限。
2.社會一般民眾對於老人虐待及老人保護不夠瞭解。
3.保護系統專業人員的敏感度不足。
4.保護性社會工作人力不足。
5.老人受虐徵兆容易與老人疾病症狀混淆導致錯誤診斷等等。

有位久病纏身的七旬老婦人石女士，遭四名兒女冷落，生病時，兒女未將她送醫，刻意讓她自然死亡。社工探視時，發現老婦全身爬滿螞蟻，躺在地上僅蓋薄被，身上醫療管也被兒女拔除。老人虐待個案數長期被低估，再加上絕大多數老人保護個案發生在家庭照顧的私密情境中，使得老人遭受虐待或疏忽的狀況隱藏不顯。年邁老人被遺棄的案例，很多養護機構都遇到過，例如曾有民眾將年邁父親或母親用汽車載到養護中心門口，然後按了電鈴再迅速開車「落跑」，將長輩丟在門口就不管了。《老人福利法》已有對老人「遺棄」的處罰，但這部分須「當事人提出告訴」。

(三)台灣老人保護工作執行之困境

莊秀美、姜琴音（2000）整理出六點台灣老人保護工作執行的困境：

1. 親子關係的糾葛：法律規定子女有扶養父母之義務，但曾受到父母不當對待之子女，對此感到不平衡。《民法》規定若父母未盡扶養子女之義務，或曾對子女有虐待、重大侮辱等身體或精神上不法侵害行爲時，法院可免除子女扶養父母的義務。
2. 對老人認知觀念的偏差：由於身體機能減退，老人容易被標籤爲家庭的累贅。部分員警對老人保護，抱著「清官難斷家務事」觀念，採取息事寧人心態，而非積極介入。
3. 老人虐待、老人保護界限的模糊：許多通報進家暴中心之案件並非虐待案件，僅需一般的社會福利服務。政府須明確界定老人虐待及老人保護的差異。
4. 社工角色的兩難局面：施虐者通常會對社工採取敵對態度，使社工事倍功半。受虐者與施虐者、家人間的矛盾關係，也常讓社工在處理時感到兩難。
5. 老人相關福利資源的不足：被依賴者若經濟或照顧能力不足，常造成心理壓力，須發展多元化的社會福利服務。缺乏經濟能力者希望政府依照經濟需求提供全額或部分補助之服務。
6. 專業人力的不足。

(四)老人受虐類型

在受虐類型方面，李瑞金（1999）將老人虐待指標分爲七類：身體虐待、醫療虐待、心理／情緒虐待、金錢濫用、照顧者疏忽、自我疏忽及性侵害。進一步整理老人福利推動聯盟（2008）及黃志忠

（2010）的資料，細分為以下幾類：

1. 身體虐待：如打、踢、刺、揮拳、刀割、鞭打或約束行動自由等，受虐者身體上常出現瘀青、紅腫、傷口及裂傷的情形。

2. 心理虐待：如口語攻擊、侮辱或威脅恐嚇等，使老人心生畏懼，感覺沮喪、焦慮，甚至有自殺意念與行動。

3. 性虐待：任何形式未經老人同意的性接觸、強迫裸露、拍淫照等，與無行為能力的老人發生性關係，未經老人同意而任意撫摸其身體等。

4. 疏忽：照顧提供者沒有提供足夠的物質需要、照顧或服務，環境衛生條件不良，缺乏輔具的協助或支持等使老人暴露於危險環境。

5. 財產上的剝奪：不提供老人必要的財務協助，未經老人同意非法或不當地使用老人的財產等。

整體而言，以身心虐待最多，疏於照顧、遺棄、失依也很常見。楊培珊（2011）指出，財務虐待及性虐待在台灣是較難評估的虐待類型。對長輩的肢體暴力，多半與經濟相關。常見的是照顧者有藥癮、酒癮，總是跟長輩要錢，要不到就暴力相向。長輩若長期生病，也容易引來照顧者不當的言語攻擊。例如已經中風的長輩，需要子女長時間照顧，子女顧得很煩，對老人家說「怎麼不去死」之類的話。

受虐老人的高危險人口群是：年齡大、慢性疾病纏身、認知功能障礙、缺乏社會支持、低收入、低教育程度、罹患精神疾病、有家庭暴力的家族史。家中照顧者因有經濟負擔、對老化有負向的看法、高度的生活壓力、有家庭暴力史、有酒精成癮問題、經濟依賴老人等，較可能對老人施暴。

照護機構的照護品質也和老人受虐相關，老人被虐的可疑症狀，包括看似因過度被約束所造成的手腕或腳踝皮膚損傷，非疾病引起的

營養不良、體重減輕或脫水，或老人顯得很害怕照顧者、或照顧者對老人表現冷淡，或對老人謾罵。除身體上的傷害外，受害人常有生理或心理症狀，如慢性腹痛、頭痛、肌肉骨骼症狀、焦慮憂鬱，也較易有酒精或藥物依賴等失調的問題，或曾有家暴事件記錄時，社工要懷疑是否有老人虐待事件。

老人虐待發生前有兩個別於依賴的因素必須被考量，第一，被虐對象存在某些狀況；第二，出現觸發事件（triggering event），如某些危機促使虐待的發生。老人開始出現失能現象或健康問題惡化，造成危機事件而導致虐待的發生。當照顧需求超出照顧者的負荷或能力時，虐待也可能會發生，有時被照顧者本身的抗拒或暴力行為引發衝突事件（黃志忠，2014）。

二、關懷受疏忽被虐待的長輩

(一)老人虐待的預防重點

老人保護工作的工作內容為確認老人虐待的事實並介入處理，且須適時調整處理策略。WHO（2002）發表「多倫多宣言」（The Toronto Declaration on the Global Prevention of Elder Abuse），呼籲世界各國政府與民間採取行動，致力於老人虐待的預防，重點包括：

1.需建立明確的法律架構，讓已經確定的老人虐待案件能獲得妥善處理。
2.老人虐待的預防需要社會各部門的投入。
3.第一線的健康照顧工作者特別重要，因為他們經常容易接觸到受虐老人（雖然他們常忽視這個現象）。
4.教育和宣導非常重要，包括運用正式教育和新聞媒體報導，來

打擊汙名化、挑戰禁忌和對老人錯誤的刻板印象。

5.絕大多數的施虐者是熟識之人，虐待常發生在家庭內或照顧單位內。

6.重視各地文化差異。

7.重視性別觀點。

8.對弱勢團體應予以特別保護，例如老老人、身心障礙老人、女性及貧窮老人。

9.各國政府應發展出正式的架構來回應老人虐待問題，以提供必要的服務（健康、社會、法律、警察等）。

(二)工作者應掌握的重點

對於老人虐待，工作者應掌握的重點有三：

1.判別對於老人的傷害是否達到可能危害生命安全的程度。

2.改變受虐狀況的程度。

3.同時考量老人客觀的需求程度、主觀的生活方式及與家人經常的生活狀況。政府制定了「老人保護事件通報表」，社會工作者可以上網瞭解及填報。

當懷疑老人遭受不當對待時，專業人員應考慮三個關鍵問題（Bomba, 2006）：老人是否安全？老人有能力拒絕嗎？老人會接受外在介入嗎？如果有立即的危險，須採取立即的行動。若初步判斷老人是安全的，則應及時與老人和照顧者建立信任關係，執行安全的處遇計畫，提供相關資訊，同時定期追蹤處遇及該情境之改善解決情形。

(三)老人保護工作的原則

老人保護工作的內涵主要是預防（preventive）以及協助行動

（reactive），前者是要確認（ensure）老人不會再（或沒有）受到傷害；後者衡量（measure）專業介入處理後，老人如何可以不再遭受傷害（蔡啓源，2005）。中華民國老人福利推動聯盟（2008）對老人保護工作提出的原則如下：

1. 維護老人人身安全為首要：社工應以老人生命安全為最優先考量。

2. 任何決定必須考量老人的最佳利益：社工必須多方蒐集客觀資料與專業意見，充分考量老人的需求與最佳利益。

3. 尊重老人自主選擇的權利：社工應協助老人釐清問題及需求，以培養並發展自我決定的能力。

4. 尊重老人及其家庭尊嚴與權益：政府固然有權介入以維護老人的權益，社工在處理案件的過程應予受虐者、施虐者及其他關係人適當的尊重。

5. 「家」是老人終老的適宜場所：遵循「在地老化」（aging in place）的概念，以不損害老人生命與健康為前提，盡量維持案家的完整性，讓老人能留在所熟悉的家庭與社區中，保有穩定的生活型態。

6. 弱勢族群老人權益保障：對於獨居、身心障礙、中低收入、遭受緊急危難及鄉村地區之弱勢族群老人，依其地區、家庭、身心狀況之特殊性，提供其個別化服務，以符合其福利需求，保障應有權益。

廣義而言，老人保護應涵蓋老人人權工作，如生存權、健康權、工作權等。在實務工作上，應先採取狹義的老人保護，對特定行為的禁止及處罰，以防止老人受到虐待或遺棄為優先。

三、協助照顧者

　　長期照顧2.0已經在106年6月上路，以家庭照顧為主。但如何不至於「忍無可忍」？長壽，原本是讓人羨慕的祝福，如今成為很多老人的無奈，又是他們子女、媳婦、女婿的強大壓力，通常不是那麼樂意長期扮演照顧角色。

　　家庭社會工作者應多考慮照顧者的壓力並給予更多支持，家中有需要照顧者，不僅會給主要照顧者帶來照顧上的壓力，更會形成心理、身體、社會和經濟各方面的負擔，可統稱為「照顧負荷」（黃志忠，2010、2013b）：

(一)照顧者的身心負荷

　　因為老人長期生病不見好轉，甚至每況愈下，使得照顧者感到沮喪和憂鬱，容易引起照顧者的挫折感，心理上感到耗竭，是照顧者最大的壓力感受來源。另外，照顧者在面對老人的疾病時，因為對疾病的不夠瞭解往往會感到焦慮、害怕，特別是當老人患有智能受損的疾病時，大多數的照顧者不能接受患病老人的行為，通常會誤以為是老人在故意作對，進而發生摩擦，也背負很大的心理壓力。

(二)照顧者的經濟負擔加重

　　照顧者因為照顧老人必須有時候向工作單位請假，甚至辭去工作來照顧老人，導致照顧者的收入下降，或需要僱請專職人力代為護理、負擔居家服務及設備費用，再加上醫療費用支出，給照顧者及家庭帶來較重的經濟壓力。

(三)角色壓力

　　當一個人擁有不同的角色時，因為每一種角色都有其伴隨的權利與義務，主要照顧者會因新角色所帶來的負擔過重，或新舊角色之間是互相衝突矛盾的，使個人面臨抉擇與協調。當照顧者無法符合角色的期待時增加角色緊張，在扮演照顧者角色上感受壓力。工作角色也是造成照顧者角色衝突和挫折的來源之一。身處三明治世代的人，照顧者需要同時照顧年老父母及養育下一代，更會產生角色上的緊張。

(四)社會疏離增加

　　照顧者由於長期照顧，打亂了自己原有的生活規律，例如因為沒有人幫忙自己沒有時間做喜歡的事、沒有空閒參加社交活動等、娛樂生活缺失、無法滿足個人及人際需求，導致最後與社會疏離。這些發生在主要照顧者身上的壓力，有可能演變成老人虐待事件。

　　社會孤立意謂著沒有第三者可以觀察加害者與被害者間的互動，無法減輕緊張關係，也不易證明或通報虐待。照顧者若缺乏社會支持成為老人虐待的加害者。施虐者若對他人表現出威脅性行為會阻斷外界接觸，導致他人無法介入或協助虐待情境；這種疏離會導致虐待事件無法被通報，而施虐的照顧者也無法獲得專業的協助（黃志忠，2013a）。家庭照顧者的社會支持是老人受虐的關鍵預測指標之一；如果家人沒有其他親戚可替代照顧，或未提供照顧者定時的喘息時間，整個的照顧重擔全在特定家庭成員身上，容易使主要照顧者身心無法負荷，有意無意疏忽或傷害到老人。

家庭社會工作

本章書目

一、直接引述

中華民國老人福利推動聯盟（2008）。「建構全國老人保護網絡」結案報告。財政部公益彩券回饋金補助。

王文秀等譯（2009）。Karp, Chery L.、Butler, Traci L.原著。《性侵害兒童的處遇策略——從受害者轉化成倖存者》。台北：心理。

王秀絨（2005）。〈兒童性侵害工作之「英雄」旅程——神話學之理念與應用〉。《當代社會工作學刊》，5，47-102。

王家駿（2001）。《性侵害再犯之防治》。台北：五南。

李宛蓉譯（1999）。Douglas, John、Olshaker, Mark原著。《惡夜執迷》。台北：天下。

李瑞金（1999）。《老人虐待指標之研究》。台北：內政部委託研究。

林妙容等（2012）。《兒童及少年家內性侵害被害人社工處遇模式之研究——安置評估與創傷復原》。台北：內政部兒童局委託研究報告。

林秀梅譯（2007）。Wrangham, Richard、Peterson, Dale原著。《雄性暴力》。台北：胡桃木。

林明傑（1999）。〈性罪犯之心理評估暨危險評估〉。《社區發展季刊》，88，316-340。

林明傑、沈勝昂主編（2004）。《法律犯罪心理學》。台北：雙葉書廊。

段成富（2000）。《強姦犯罪加害人人際關係與職業功能之研究》。台中：東海大學社工系碩士論文。

洪明月譯（2011）。Kathleen, M. Dittrich原著。《老人社會工作——生理、心理及社會的評估與介入》。台北：五南。

留佩萱（2017）。《童年會傷人》。台北：小樹。

莊秀美、姜琴音（2000）。〈從老人虐待狀況探討老人保護工作：以台北市家庭暴力暨性侵害防治中心之老人受虐個案為例〉。《社區發展季刊》，91，269-285。

陳玲容（2008）。《社工員投入兒童亂倫案件工作經驗之研究》。高雄：高雄師範大學性別教育研究所。

陳慧女、廖鳳池（2006）。〈家庭內性侵害受害者之性受害經驗、適應症狀與諮商介入情形之分析研究〉。《諮商輔導學報——高師輔導所刊》，14，102-139。

彭駕騂、彭懷真（2012）。《老年學概論》。台北：威仕曼。

彭懷真（2013）。〈兒童性侵害社工人員教育養成之檢視〉。發表在「兒童性侵害防治學術研討會」。台中：東海大學。

彭懷真（2014）。《老年社會學》。台北：揚智文化。

彭懷真、彭駕騂（2013）。《老人心理學》。台北：威仕曼。

楊培珊（2011）。〈老人保護評估系統之研究案〉。台北：內政部委託研究報告。

黃世杰、王介暉、胡淑惠（2000）。《兒童性侵害：男性性侵害者的評估與治療。台北：心理。

黃志忠（2010）。〈老人受虐風險檢測之研究——以中部地區居家服務老人為例〉。《社會政策與社會工作學刊》，14(1)，1-37。

黃志忠（2013a）。〈老人主要照顧者施虐傾向及其危險因子之研究——以中部地區居家服務老人為例〉。《中華心理衛生學刊》，26(1)，95-139。

黃志忠（2013b）。〈台灣家庭照顧者多面向評估與工具建構方向之芻議〉。《台大社會工作學刊》，28，137-174。

黃志忠（2014）。〈居家服務使用對老人家庭照顧者照顧負荷之緩衝性影響研究〉。《社會政策與社會工作學刊》，18(1)，1-43。

蔡啟源（2005）。〈老人虐待與老人保護工作〉。《社區發展季刊》，108，185-197。

鄭雅方譯（2005）。Salter, Anna C.原著。《獵食者——戀童癖、強暴犯及其他性犯罪者》。台北：張老師。

簡美華（2014）。《兒時性創傷與社會工作處遇》。台北：洪葉。

闕淑芬、謝雅渝（2010）。〈從113保護專線服務經驗談老人保護工作〉。

《社區發展季刊》，130，226-234。

Bomba, P. A. (2006). Use of a Single Page Elder Abuse Assessment and Management Tool. In Mellor, M. J. and Brownell, P. J. (Eds), *Elde, Abuse and Treatment*. pp. 103-122. The Haworth Press.

Johnson, T. (1986). Critical Issues in the Definition of Elder Mistreatment. In Pillemer, K. A. and Wolf, R. S. (Eds), *Elder Abuse: Conflict in the Family*. pp. 169-196. Auburn House Publishing.

Schwarts, Barbarak T., & Cellini, Henry R. (1995). *The Sex Offender: Corrections, Treatment and Legal Practice*. Civic Research Institute.

World Health Organization. (2002). *Missing Voices: Views of Older Persons on Elder Abuse*. Geneva: WHO.

二、參考書目

余漢儀（1996）。《兒童虐待：現象檢視與問題反思》。台北：巨流。

林惠娟（2001）。《「我為什麼來上課？！」——影響案主接受親職教育輔導因素之探討》。台中：東海大學社會工作學系碩士論文。

翁慧圓、周慧香（2005）。〈受性侵害兒童寄養照顧與對寄養父母訓練實施〉。《社區發展季刊》，112，40-55。

彭懷真、翁慧圓、黃志忠（1994）。《落實兒童福利法成長性親職（輔導）教育研究方案》。台中：中華民國幸福家庭促進協會。

楊芬瑩（2016）。《負面的童年經驗如何影響我們》。報導者。

老人保護事件通報表，https://ecare.mohw.gov.tw/form/PublicDvCtrl?version=v11&func=insert

Jan, H., & Tony, M. (2007). Collaboration, integration and change in children's services: Critical issues and key ingredients. *Child Abuse & Neglect, 31*, 55-69.

Smith, B. D., & Mogro-Wilson, C. (2007). Multi-level influences on the practice of inter-agency collaboration in child welfare and substance abuse treatment. *Children and Youth Services Review, 29*, 545-556.

Smokowski , P. R., Mann, E. A., Reynold, A. J., & Fraser, M. W. (2004). Childhood risk and protective factors and late adolescent adjustment in inner city minority youth. *Children and Youth Services Review, 26*(1),63-91.

Swick, K. J. (2008). Empowering the parent-child relationship in homeless and other high-risk parents and families. *Early Childhood Education Journal, 36*, 149-153.

Chapter 8

強化家庭的各種服務

- 社工取向的
- 家族治療取向的
- 教育及社會取向的

家庭社會工作

民國80年，我積極投入家庭服務，只要有機會，處處參與。到彰化師範大學輔導諮商所兼課，講授「婚姻諮商與家族治療」，對此領域深入探究，日後撰寫多本專書加以介紹。在東海大學幸福家庭中心，與當時的台灣省政府合作，帶領團隊到三十個原住民鄉辦演講及訓練工作坊，出版《為幸福家庭加點味》等專書。

在家庭教育體系方面，民國81年教育部在各縣市成立家庭教育中心，為使中心能順利運作，邀請學者組成指導委員會。我應聘擔任委員，並被選為輔導組的召集人。從此到每一個縣市的家庭教育中心參加會議，提供意見。我工作的重點是培養專職人員的能力、善用外界資源成為服務的中心點、促成各地善用志工，因為教育部對此方案總共只安排五十位約聘人員，每縣市只有兩位。

四年之後，教育部對此計畫因為主其事的次長離開而趨於冷淡，委員會名存實亡，之後的影響力有限。民國92年，期盼已久的《家庭教育法》立法通過，但因為沒有罰則，雖然四次修正，至今仍然不能算是重要的法令。當然，家庭教育服務中心還是推動家庭社會工作的重要平台，日後教育體系應該多加重視。畢竟，落實的家庭教育可以減少家庭問題，使113保護性事件減少，社會工作者也不至於如此辛苦。

從事家庭社會工作，要習慣接受多元的現象，以開闊的心胸與各種背景的朋友相處，先分享我在行政院擔任兩個委員會的經驗。擔任行政院婦女權益委員會（後改為性別平等會）委員時，有一次民間委員換血。召集人行政院長介紹民間十六位委員，特別說：「上一屆委員有三位男性，這一屆只有兩位，但有一位原本是男性，目前是女性。」變性者人數不多，在國家最重要的性別委員會中，有一位代表，能適時表達此種背景者的需求及立場。

政府積極推動成立跨部會之新住民事務協調會報，於民國104年6月核定公布行政院新住民事務協調會報設置要點，由行政院長親自主

持。學者專家或社會團體代表八人至十人，我是唯一的學者。有幾位是服務新住民團體的負責人，還有來自越南、柬埔寨、中國大陸的新住民。民間委員坐在一起，身邊的朋友一開口，就知道不是在台灣長大的。

台灣的偏鄉早就沒落、無奈，大批青壯人口外移，老的老、小的小，還有許多無奈的新移民。她們當初想像的台灣或許是有101及總統府的台北，但嫁到深山、海邊、農村，這些地方原本就資源不足、人力單薄、醫療水準差。她們以為會過著比故鄉輕鬆的日子，卻得在台灣持續忙碌。所嫁的對象，多屬弱勢。因此，夫妻相愛的比例特別低，年輕守寡的比例特別高。原住民家庭、新住民家庭，都面對資源匱乏，更需要社會關注。

家暴、兒虐、性侵害不能只靠家庭社會工作者，社工主要的角色是平台、是個案管理者。危機事件暫時穩定後，有賴家庭維繫服務、家庭重聚服務、運用家庭支持等方案，這是第一節的重點。

社會工作者應對家族治療有基本認識，以便委託及追蹤，這是第二節的重點。更廣泛來看待家庭問題，需依賴教育及社會福利，政府已經制定《家庭教育法》，這是第三節的重點，也說明政府為了原住民、新住民，推動一些家庭服務。

第一節　社工取向的

一、家庭維繫服務

家庭維繫服務（family preservation services）起源於1980年代的美國，由於有許多兒童沒有接受到任何的服務，就被送往寄養家庭，因

此希望透過協助兒童的原生家庭，來避免兒童的家外安置。方式之一是提供給家中有兒童被家外安置的危機家庭，提供四到六週短期、密集式的服務，內容包括資源提供、具體訓練、有關兒童安全生活在家中的諮詢等（林賢文、張必宜，2004）。我國於1999年由中華兒童暨家庭扶助基金會率先引進，在新竹、台中與台南三個中心進行實驗家庭服務方案，以短期且密集的服務來降低兒童在家庭受虐與被安置之危機為目標。結果發現在九十天後，五十七個個案中有四十七個的危機降低。

家庭維繫服務協助受虐兒童仍舊可以生活在自己的家中，當然家庭應接受適當的親職教育與家庭管理的協助、建立家庭資源的網絡，以避免兒童虐待再次發生。基本假定是：(1)兒童少年需依附在家庭中成長；(2)讓孩童在良好家庭功能下身心正常發展；(3)對不適合在家庭中成長的孩童進行家庭評估及重建；(4)對長期不適合在家庭中成長的孩童則透過法律尋找永久替代家庭；(5)維護兒童少年人權及最佳利益。

自然的家庭是兒童生活成長的最佳生態環境，家庭維繫服務減少家外安置，希望提升家庭及兒童生活技能及適應能力。社工應考慮環境的長期力量，盡可能透過各種支持服務與資源連結輸送，協助家庭在風險中能發揮效用，滿足家庭多重需求，維繫原生家庭的完整，發展兒童與原生家庭的穩定關係。多數家庭若能得到適當的協助，有助於妥善照顧兒童（Yarber & Sharp, 2010）。

依據「增進家庭福祉」與「對已形成問題的干預」兩個指標，可發展出預防性干預（preventive intervention）的三個層次：(1)普及式（universal）──針對全體人口群；(2)選擇式（selective）──針對高風險家庭；(3)指定式（indicated）──針對已發生兒虐個案的干預。普及式與選擇式的取向積極主動（proactive），而指定式取向為反應的（reactive），前者包括家庭訪視、以社區為基礎的多元干預、社會

支持和互助、媒體運用等。後者包括密集家庭維繫服務、多元干預、多元社會支持與互助、強制性親職教育等（Whittaker, Kinney, Tracy, & Booth, 1990；張盈堃、方岷譯，1998）。

換言之，「家庭維繫」不只是一個預防服務的方案名稱或是項目，也是一種哲學理念，一個服務價值，一個服務取向，一種服務思維，一個服務策略，一個服務模式。以「家庭為基礎」的計畫（family-based）、以家庭為中心（family-centered）、以家庭為焦點（family-focused）的服務方案。

家庭維繫處遇是政府、公立私立兒童福利機構合作網絡的積極性措施，提供支持及補充性服務。核心理念在支持與促進家庭，由父母與社區共同保護兒童，營造社區共同承諾的兒童福利環境，使高風險家庭兒童不需要家外安置（張智于，2012）。這並非放棄兒童，任其在原來家庭的風險環境中置之不理，而是支持、增進及強化家庭滿足兒童需求的能量。避免家中成員因蒙受壓力，或在壓力持續一段時間之後，導致家庭關係或結構的破壞，因而傷害兒童福祉。以家庭為基礎的預防性綜合型服務是必要的，家庭維繫服務強調對家庭提供各類型支持，防範家庭解構的危機（蔡佑襦，2008）。

所發展的服務模式要旨不在於是否對兒童進行安置，而是增強整體家庭的權能，重視家庭的整體性。強調：(1)自然的家庭是兒童生活成長最適合的環境；(2)以家庭為單位，看待家庭的需求，而非視其充滿問題；(3)根據家庭的需求，提供不同的服務方案；(4)從家庭的優勢與資源面介入，肯定家庭有潛能解決本身的問題；(5)在服務改變的過程中，視家庭為重要的夥伴，採取「去專家主義」的立場，肯定家庭才是最瞭解自身的專家，家庭能確認自己真正的需求，並可以積極發展服務計畫；(6)每一個個體、家庭及社區都是優勢與資源的綠洲，家庭是社區的一部分，在回應整個家庭需要的各種協助與服務的過程中，與其他服務系統或社區的資源網絡連結，以增強家庭的功能與調

適的能力（周月清，2001；陳春妙，2008）。

　　制度化家庭維繫服務承諾對壓力中的家庭增強權能，真誠回應危機家庭及兒童的需要，發展有效率的服模式或危機介入，顯示服務本身是具備有力的內涵，負起對家庭的服務責信。特色有：(1)趨向「以家庭為本位」；(2)在家庭所處的環境脈絡中提供服務輸送，具體回應家庭的需求；(3)系統性介入與評估理解多元問題之間的交互作用；(4)密集性的短期處遇，工作者只服務有限的個案量；(5)應用個案管理，提供整合性的服務；(6)危機介入，處理兒童所處的危機情境；(7)服務目標是明確且可行的；(8)以社區為基礎的介入。

二、家庭重聚服務

　　因為1970年代兒童不斷進出寄養家庭造成漂流（drift）現象，兒童的依附關係因而不穩定，產生許多偏差行為。因此美國政府在1980年制定「收養援助暨兒童福利法案」（The Adoption Assistance and Child Welfare Act），希望能減少兒童長期停留在寄養系統中所造成的問題，著重寄養兒童可以更快的離開寄養家庭，回到原生家庭重聚。這個方案強調協助家外安置的兒童應和原生家庭適當連結，像是定期的會面，可以幫助兒童早日回到原生家庭（林賢文、張必宜，2004）。

　　家庭重聚服務（family reunification），也就是家庭重整服務，兒童固然需要安置在其他地方並接受心理復健，同時協助其家人重整家庭功能，目的是希望兒童最終可以返回家庭。大致內容重點說明如下（Hogue, Leckrone, & Liddle, 1999）：

　　1.受虐兒童少年緊急安置後，在安置期間考慮其居住、教育、醫療等基本生活所需，針對其心靈的創傷，應提供心理復健資

源，協助面對暴力所產生的恐懼、焦慮、退縮、攻擊等負向情緒，以預防暴力的再次發生。

2.針對施虐的父母及主要照顧者，提供適切的親職教育，以改善親職功能及技巧，評估兒童少年返家的意願及可行性，協助兒童漸進地返回原生家庭。

3.返家的計畫應定期評估兒童少年狀況、父母狀況、家庭整體狀況，兒童少年若不能為意思表達時，社工人員應依孩子身心現況、成長背景、家庭功能、社會資源等因素，以孩子最佳利益原則多元化評估。

4.兒童少年若表達意思時，社工人員應充分聽取孩子的意見，與案主及父母共同討論後採漸進方式積極執行。若父母及家庭功能仍無法恢復或改善時，才考慮運用法令協助孩子尋求其他永久的替代家庭。

5.家庭情況改善後，安置的兒童少年返回家庭後仍應依法追蹤輔導一段時期。

　　返家的前提在家庭的功能真正改善，施虐者在接受適當的治療及親職教育後有所改變，返家的指標需參考兒童本人、施虐父母及家庭生態。返家的方式採漸進式，第一步安排兒童與父母或家人會面，訂定會面安全契約，漸進增加會面次數。接著與兒童及父母共同擬定返家計畫，擬定漸進返家安全契約。實際進行通常是週末假日先行返家，並評估完全返家的可行性。社工要定期追蹤兒童回家適應情況，並提供父母親職諮詢或喘息服務等資源。

　　返家安全契約應由社工人員帶領案主及父母共同討論，視孩子、父母、家庭整體的需要而調整，盡可能由父母親自撰寫後共同簽名。內容大致包括：(1)我不會再有肢體的傷害、侵犯及性的接觸；(2)孩子應受到基本的生活照顧；(3)我不會懲罰孩子；(4)我不會強迫孩子情緒

的表達；(5)我不會強迫孩子做不符合其年齡及能力的事情；(6)我願意接受社工人員定期的追蹤及協助。

三、運用家庭支持

有幾類的家庭因為破碎及重組，特別需要外界的支持協助。若是家庭組織的破碎及家庭的和諧及一般功能均陷於崩潰：夫妻關係在一連串的家庭變故下，婚姻結合有了分裂的隱憂，導致家庭意識低落，家庭關係解體，家庭氣氛不融洽。最常出現的是離婚、遺棄、分居、死亡而破碎的家庭，繼親家庭和準破碎家庭。

(一)破碎家庭的形式

破碎家庭有各種形式，按照父母的狀況分為：

◆生育父母家庭（intact family）

指父母健在，且子女與其親生父母住在一起的家庭。如果家庭中的父母時常爭吵，產生緊張、敵對、不滿或爭執等不和諧氣氛，會形成無形的壓力，阻礙子女在心智上、情緒及行為上的正常發展。

◆單親家庭（single-parent family）

指成年人負責照顧至少一個子女的家庭。單親家庭形成主要是因為離婚、分居、遺棄、喪偶、工作所需的遷移、非婚生子等因素所造成，可能形成家庭危機。例如永久性或暫時性喪失家人，如死亡、遺棄、生病住院，家庭內經由生產、領養或透過再婚而產生的繼父、繼母或兄弟姊妹等家庭新添份子也包含在內。因家庭地位、收入、角色改變所產生的衝突，形成家庭內在、外在的危機。

◆繼親家庭（step-parent family）

指因配偶死亡或離婚的父（母）親再婚，子女與繼父（母）及生母（父）共同居住的家庭。包括：

1. 繼父家庭：父親死亡或父母離婚後，母親再婚，子女與繼父、生母共同居住的家庭。
2. 繼母家庭：母親死亡或父母離婚後，父親再婚，子女與繼母、生父共同居住的家庭。傳統文化對繼親家庭多持有負向的觀點，使得一般人對於繼親家庭都存有誤解及過多的期望，通常繼父母會被認為是不好的，尤其是繼母更常被認為是邪惡的、惡毒的。因此繼父母為了擺脫罪惡感，與繼子女之間無法以「愛」為起點，卻被社會期望繼父母與繼子女之間要有與生育父母間一樣的親情，要求繼親家庭成為核心家庭的模式，使得繼親家庭承受許多內在與外在的壓力、挫折和緊張。

(二)家庭支持服務之特質與支持重點及策略

家庭支持（family support）或稱家庭支援，是對個別的家庭實際支持，重點在給予實際支持、擴充家庭資源。焦點是家庭所有成員，給予服務、資源和其他型態的協助，使家庭成員能共同生活，在社區中受歡迎且有貢獻。

◆支持服務之特質

以家庭為中心的支持服務（family-centered support service）有以下四個特質（鄭雅莉，2011）：

1. 無論是在做決定、計畫，執行服務輸送的過程，應該首先考慮家庭。
2. 服務的對象是整個家庭成員並發展對整個家庭的服務。

3.家庭主導自身的家庭目標。

4.專業人員應該瞭解、提供並尊重家庭對其參與程度的選擇，家庭可以決定需求內容和順序。

◆支持服務之重點及策略

Van Haren和Fiedler（2008）提出三個以家庭為中心的支持重點及策略：

1.情感支持：發展同理心、與家庭結盟、慶祝家庭的成功經驗。

2.尊重及鼓勵：看重家庭的參與度、重視家庭自身的優勢、尊重並支持家庭的決定、鼓勵家庭溝通、使用多元的溝通工具。

3.對整體家庭支持：加強家庭不同成員的參與管道、提供家庭支持網絡、組成對家庭的支持系統。

(三)家庭支持類型與服務內容

◆家庭支持類型

從支持類型來看，包括情緒支持、工具支持和訊息支持，從來源分析可分為正式支持或非正式支持。正式支持包含教育、社會福利、醫療機構等的專業協助；非正式支持來自家人、親友、鄰里、同事、家長團體等。可將家庭支援服務分為資訊支援、專業支援、服務支援、經濟支援及精神支援等五個向度。

◆家庭服務內容

對家庭的服務內容相當多元，包含喘息和兒童照顧、環境適應、家長支持團體、手足團體、家庭諮商、居家協助、父母及家庭成員訓練、休閒、系統化協助、經濟協助、倡議、家庭諮商和健康服務等。

家庭支援服務以「整個家庭」為核心，教育行政單位或學校經由

資訊、諮詢、輔導以及親職教育之方式，主動提供家庭迫切的、需要的以及適合的支援或相關服務。

綜合來看，政府針對兒少保護個案、目睹家庭暴力之兒童及少年推動兒少保護服務的家庭處遇方案，大致分為兩類：對未安置的兒童保護個案，採用家庭維繫服務模式。對家外安置的個案，則採用家庭重整服務模式。服務項目包括：家庭功能評估、兒童及少年安全與安置評估、強制性親職教育、心理輔導治療、精神治療、戒癮治療或其他與維繫家庭正常功能有關之扶助及福利服務。以上均以家庭為服務主體，包括兒童及少年本人、父母、監護人、實際照顧兒童及少年之人及其他有關之人。

為了達成上述目標，「家庭福利服務中心」具有諸多優點，也是政府推動的重點。衛生福利部社會暨家庭署委託彭淑華等（2015）製作《家庭福利服務中心工作指引手冊》，包含理念篇（家庭福利服務中心之發展與理念）、中心籌備篇（社區認識與問題分析、中心營運規劃）、中心運作篇（社區資源與網絡建構、志工的管理與運用、專業支持與督導機制）、專業介入篇（理論與社會工作介入策略與方法、個案服務、團體工作、社區工作、方案設計與管理、中心空間使用與經營）。目的都在強化家庭，促使家庭體系或社會體系仍有適當的資源可以照顧孩童免於受傷害時，孩子仍可繼續留置家中。針對家庭的危機應提供適當的親職教育、相關的資源及社會網絡，以預防兒童受虐的問題發生。社工的工作策略應依案主與案家的需求設定有時效性的定期訪視目標與內容，以確保抒解家庭壓力源並恢復家庭正常功能。

第二節　家族治療取向的

一、整體認識

　　家族治療（family therapy），探究家族之中「陽光」與「陰影」所共同凝聚的部分，剖析過去、現在、未來之中，關於痛苦與快樂、享樂與代價等議題。每個家庭，都帶著某些傷口；每個家族，都有某些秘密。家家都有難念的經，人人都對家庭有所眷戀，但也可能受創。家人坐在一起，透過分享對電影或小說或戲劇或某個議題的心得，可以檢視自己家庭中的問題。如果有專業諮商師引領，一面檢視問題，一面找尋突破問題的出路，會更好（洪仲清、李郁琳，2015；范瑞玟譯，2016；許皓宜，2017）。

(一)家族治療的定義

　　家族治療是將家族視為一個整體，整個家庭是一個個案（case），其中可能有一特定案主（client）。治療者對全家（不僅是案主）進行治療。以整個家族系統為中心，而非以個人為中心的治療方法。因為家族是一個整體，若對家庭成員個別治療，往往不能解決根本的問題。依《張氏心理學辭典》的說明：「案主人際關係適應不良源起於他與家人不能和睦相處，所以要改善個人的人際關係，應先從他的家庭著手。此法使用時，通常由一男一女兩位治療者協同進行，案主的家人宜包括父母子女在內，由治療者引導，使家庭中的成員彼此把自己的態度、意見和積壓的感情都表露出來，如此不但可解決問題，也可增進家人彼此的瞭解。如果行為失常者是兒童，治療

者也可經由對父母行爲的觀察及對其親子關係的瞭解，指導並協助父母，使其獲得基本的心理衛生常識，從而矯治他們子女的不良行爲。」（張春興，2007）。

許多人都感覺：「青少年問題很嚴重，平常循規蹈矩的孩子一到青春期似乎就狂飆起來。」其實，有不少青少年會出問題，如偏差行爲、犯罪、自殺、吸毒，是因爲家庭問題長期積壓在他們心中，到了青春歲月這個充滿掙扎的矛盾階段，才演變得格外嚴重。如果只是批評指責這些孩子，而忽略了他或她背後的家庭因素，很不公平。不只是青少年，每個生活在家庭中的人都背負了家庭的壓力，單看個人的變化，不管家庭的狀況，是不周全的（彭懷眞，2009）。

近年來，家庭對個人的影響被心理諮商、青少年偏差行爲探究等領域更加重視，父親或母親都可能是問題的根源（張婷婷譯，2014、2015；周慕姿譯，2017）。從家庭的角度看，家族治療是嘗試去改變家庭中的關係以促進家族和諧的一種方法。從個人的角度看，「家族治療的焦點是從個人動力轉移到家庭動力的歷程，一個人的問題是出自家庭，應該將治療的重心放在家庭，而不是個人的症狀。」（李瑞玲譯，1992）。

(二)家族治療的分類

家族治療者大都視家庭爲一社會心理系統，但對有關心理功能失調的根源、家庭成員的互動、治療者介入的策略等，有各種看法。根據Goldenberg和Goldenberg（1991）、翁澍樹、王大維譯（1999）、劉瓊瑛、黃漢耀譯（2003）等的整理，說明如下：

家族治療是團體治療的一種，美國精神醫學促進團體（Group for the Advancement of Psychiatry, GAP）依心理治療者的理論取向，將治療者分類，在兩端的是「心理動力取向」和「家庭系統取向」，前者是將所有治療的焦點放在「個人」，後者是將焦點放在整個「家庭系

統」。多數家族治療者都是在這兩個極端之中，有的偏前者，有的偏後者。在台灣，目前以偏前者的治療者居多。

除了區分心理動力或家庭系統的分類外，對家族治療的其他分類有三（吳就君、鄭玉英，1993）：

1.依治療者和家庭之關係區分為：
　(1)執行者（conductor）：指主動、積極、多變化的治療者，治療者將自己置於治療團體的中心。
　(2)反應者（reactor）：治療者是間接、少變化的，多觀察並澄清團體之過程，反應家庭所呈現的種種，協調成員間的差異。
2.根據治療者對情緒、理性、行動的著重程度，提出E-R-A模式的分類法。
　(1)著重情緒（emotionality）者：強調家人間的感覺，注意「此時」。
　(2)著重理性（rationality）者：強調原生家庭的影響，注意「過去」。
　(3)著重行動（activity）者：強調問題的解決和具體行為的改善，注意「未來」。

(三)家族治療的核心概念

綜合說來，家族治療的核心概念有：

1.目的：改變家庭溝通和互動關係，使案主的症狀改善，家庭內有徵兆的問題行為消失。
2.基本概念有三：
　(1)系統：家庭是由幾個不同部分所組成，卻相互依賴與影響。所以治療者要介入家庭系統，促使其動力過程產生好的改

變。

(2)三角關係：三角關係是家族關係系統的要素，是促使整個系統運作的關鍵。最主要的三角關係有兩組：「祖父母、父母與子女」和「父親、母親與子女」。

(3)回饋：指系統調整的歷程。

3.適用對象：家庭中所有的成員及各種類型的家庭。

4.核心觀點：家族治療者認為個人的行為是與家人的互動產生的，案主的問題只是家庭系統問題的表徵而已，所以治療時需將案主及其家人納進來一併治療。成功的家庭治療能改變家庭系統，協助家庭恢復正常的功能。

二、家庭雕塑

在空間中安排家庭成員，由其中一位家庭成員扮演導演，來決定每個人的位置，形成的生動場面代表這個人對家庭關係的象徵觀點，稱之為家庭雕塑（family sculpture）。由個別的團體成員將家庭成員（或以團體中其他成員、物體來代表家庭成員）放到某一位置中呈現肢體（physical）與距離的型態（spatial configurations）以反映雕塑者眼中家人的關係，或在某一特定時刻呈現他們與其他家庭成員的關係，以生動戲劇化的方式顯明家庭影像結合非口語的距離、姿勢與表情（吳就君編譯，1986；王行，2002）。

距離的隱喻（spatial metaphor）象徵家庭親近、疏離、包含與排斥（inclusion and exclusion）、依賴與獨立、易接近（accessibility）與不易接近（inaccessibility）等主題，幫助個人檢核對家庭關係已存在的觀點，以擴展對自我與家庭動力的覺察，進而對經驗的再詮釋。對家庭關係具體的描繪，比口語的描述或未詳細說明的想像較容易使個人儲存、補救、產生關聯與行動，並經由現在的行動強調改變新的可

能性。也可以讓每一位家人分別雕出自己心目中的家人關係，藉以幫助家人發現別人眼中的家庭關係，體會其他家人的感覺，知道每一個家人都有不同的知覺。有四種溝通模式：「討好」、「指責」、「超理智」、「打岔」均有肢體姿勢可以雕塑出來。家庭互動可在每位家人溝通型態的組合中呈現出來。家庭雕塑為非語言的技術，使參與者在視覺及身體的感覺中擴大領悟的範圍（張麗鳳，2005）。

三、治療步驟

在治療的開始方面，家族治療第一次會談時，治療者除建立治療的專業關係外，也可以用以下問題來瞭解家庭成員對治療之需要和期望。問題包括：(1)你為什麼來到這裡？你希望在此達到什麼目標？你看到這個家庭的痛苦是什麼？你覺得這個家庭受了什麼傷害？然後治療者解釋家族治療的性質，邀請全家共同參與來解決大家共同的問題。治療者的工作是彷彿搭一座橋，讓家庭往更好的方向前進（陳鴻斌，2016；蘇絢慧，2017）。

治療者應把握幾項重點：多促進溝通有助於問題解決，家族成員自尊得以增進，協助家庭成員成長，減少家庭中的妨礙因素。治療者應在治療過程中認定自己的角色是：資源提供者、有經驗的觀察者、家族願意信任的觀察者、溝通的示範者，使家族治療有更佳的成果。

按照Minuchin的架構，認定「人是環境的一部分」，藉循環互動的觀點來探討有機體（個人）和組織（家庭）之間的關係。Minuchin治療模式逐漸由積極、指導、控制，轉為幽默、接納、支持，並立基在專業角色上，更重視和案主之間的協力合作。因為家庭中人與人之間的關係影響著症狀的產生，必須觀察家庭系統和成員心理狀況，及其相互的影響。以對過去的探索，瞭解現在的家庭關係和互動議題（劉瓊瑛譯，2007）。延續這樣的概念，Minuchin等人整合了在家族

治療中的經驗，提出了四步模式的概念。此模式之理念包含四個步驟，擴展現在問題到家人關係，並探索過去經驗對現下關係與互動的影響，以發展未來的替代方案。

修正許皓宜（2017）四步驟模式的十三項任務分析，整理如下：

(一)步驟一：開展主訴問題

專業工作的重點是「開展主訴問題」，將問題症狀擴大、深入地放在家庭脈絡中加以探索，為原本家庭所認定的問題賦予不同的意義，並連結成員的主動性，推動可以一同工作的氛圍。

◆任務1：瞭解目前主訴問題

1-1家庭成員討論如何進入治療，又如何看待治療
1-2鼓勵家庭成員提升治療的動機

◆任務2：淡化主訴問題與病人身分

2-1家庭成員表達對家庭中某位成員或某些家庭事件表達抱怨
2-2呈現各家庭成員對問題看法的差異

◆任務3：將主訴問題放回家庭脈絡中

3-1家庭從被認定為病人的問題談到家人關係、家人的分歧（觀念、想法、做法、感受等的不同）
3-2家庭陳述的主角擴大到其他家人
3-3家庭成員談論彼此的相處經驗（大多是對家人的批評）

(二)步驟二：探索使問題維持的家庭互動方式

重點是「凸顯維持問題的家庭互動」，著重在探索使該問題持續存在的互動模式（行為層面），是一種循環性的思考、循環性的提

問，不只關注夫妻間的兩人關係，也關注隱藏在兩人關係中的第三者。

◆任務4：探索主訴問題的起源與持續時間

4-1家庭成員開始瞭解彼此的差異及影響

4-2家庭開始理解症狀往往反映關係出了問題

4-3家庭出現處理關係議題的意願

◆任務5：促使家庭覺察主訴問題與家人互動的關聯

5-1家庭成員陳述家庭建立過程中的經歷及關係中的重要事件

5-2家庭成員陳述個人在這些經歷與事件中的感受

5-3家庭成員從彼此的陳述中整理出該處理的關係議題

◆任務6：促使家庭成員認同自己有能力幫助被認定的病人

6-1家庭成員用關係的眼光重新描述主訴問題

6-2家庭成員理解主訴問題如何開始又如何持續

6-3家庭對主訴問題培養新的觀點

(三)步驟三：家庭互動方式的焦點探索

重點是「焦點式的歷史探索」，探討那些與問題相關聯的過去（情意層面）──這種關注個人心理動力與家庭系統關聯的做法，是結構派家族治療中較嶄新的部分。

◆任務7：焦點式探討家庭中成年成員的過去歷史

7-1家庭成員描述或重現家庭中的互補關係

7-2家庭成員表達更多層次及未曾表達的感受

7-3家庭成員更深體察自己的感受、發現彼此感受的分歧

7-4家庭成員化解原來心結、提升對投入治療的程度

7-5家庭成員改變當下的問題互動方式及家庭氣氛

7-6家人覺察家庭中的互補關係及其影響

◆任務8：促使家庭中成年成員能主動參與並相互對話

8-1家庭成員能辨識使問題產生的情況

8-2家庭成員理解如何改善關係以解決問題

8-3家庭成員開始陳述自己，而非只是批評他人（用「我」和「你」取代「他怎麼樣」的陳述）

◆任務9：促使家庭成員對主訴問題產生新的意義和體會

9-1家庭成員各自描述與家庭互動模式相關的原生家庭事件

9-2家庭對過去事件的重新經驗與同步感受

9-3家庭成員覺察源自原生家庭的影響

(四)步驟四：探索與家人連結之新的可能性

重點是「探索與家人連結的替代方案」，在專業人士和家庭成員一同瞭解家庭困境的相關因素後，再探索關係中的其他可能性，推動家庭的改變。

◆任務10：瞭解過去家庭陷入困境的相關因素

10-1家庭成員聆聽彼此的描述並積極投入

10-2家庭成員更真實表現自己內在的深層訊息

10-3家庭成員願意支持彼此表達、重新整理經驗中的感受

◆任務11：促使家庭所有成員能相互對話以推動改變的可能

11-1家庭成員瞭解互動模式背後所反映的關係意義

11-2家庭成員採取修補關係的行動

11-3家庭成員增加對彼此的包容性與接納度

◆**任務12：促使家庭所有成員覺察推動改變的困境並相互支持**

12-1家庭成員描述並覺察現實生活中的改變

12-2家庭成員欣賞彼此嘗試改變之處

12-3家庭成員表達對改變抱持正面態度

12-4家庭成員嘗試適應彼此的新改變

◆**任務13：促使家庭成員發展出對新互動的因應策略**

13-1家庭成員對症狀復發與否的討論

13-2家人間理解彼此對推動改變所做的努力

13-3家庭產生對改變的信任感與彈性

13-4家庭發展出對於互動改變的因應策略，支持新互動的產生及
維持

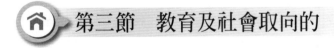

第三節　教育及社會取向的

一、強化家庭教育

重視家庭教育是聯合國積極訴求的，目的在提高國際社會對家庭重要性的認識，促進家庭的和睦及幸福。聯合國為支持全球慶祝國際家庭日，每年由秘書長於國際家庭日發表年度家庭主題的背景資料，提供各國政府、聯合國各組織及非政府組織參考辦理（中華民國幸福家庭促進協會，1994）。

　　「國際家庭年」呼籲「以家庭爲中心的政策及實施」（family-centered policies and practices）是重要的信念及基礎。聯合國國際家庭年的召集人Henryk J. Sokalski引用眾多名人的經典說法，強調「家庭就是最重要的城堡，最珍貴的夢想、最不忍的悲劇卻也是最美好的喜劇」。邱吉爾直接了當說：「無論好壞，我的家就是我的家。」

　　當我們檢視歷來國際家庭年的核心主題時，應留意21世紀第一個十年聯合國對家庭議題的廣度、深度及前瞻性，如**表8-1**所示。

表8-1　2001-2009年國際家庭年的核心主題

年	國際家庭年的核心主題
2009	母親與家庭：變化世界中的挑戰
2008	父親與家庭：責任與挑戰
2007	家庭與身障者
2006	改變中的家庭：挑戰與轉機
2005	愛滋病與家庭福祉
2004	國際家庭年十週年：一個行動框架
2003	籌備2004年國際家庭年十週年紀念
2002	家庭與高齡化：轉機與挑戰
2001	家庭與志願者：建立社會凝聚力

　　此外，就如千禧年時的主題——家庭：發展的推動者與受益者，所有的發展都應以家庭爲推動者，也應該是最主要的受益者。其他年的主題還有：不分年齡人人共享的家庭、家庭：人權的教育者與提供者、在夥伴關係基礎上建立家庭、貧窮與無家，首當其衝的受害者。

　　將近年來國際家庭日的家庭主題彙整如**表8-2**所示。

　　至於我國家庭教育的發展，有以下里程碑（**表8-3**）。

表8-2　近年國際家庭年的核心主題

年	國際家庭年的核心主題
2017	家庭、教育和福祉；家庭及家庭政策在推動教育和家庭成員整體福祉方面發揮的作用
2016	家庭、健康生活和可持續發展
2015	男人說了算？當代家庭的性別平等與兒童權利
2014	家庭事關發展目標的實現
2013	促進社會融合與代間連結
2012	確保工作與家庭的平衡
2011	對抗家庭貧困與社會排除
2010	遷徙對世界各地家庭的影響

表8-3　我國家庭教育發展的里程碑

年	我國家庭教育發展的里程碑
1945	頒布《推行家庭教育辦法》
1968	修訂《推行家庭教育辦法》
1986	加強家庭教育促進社會和諧五年計畫
1987	各縣市全面成立親職教育諮詢中心
1990	全國設「幫幫我885」專線。親職教育諮詢中心更名「家庭教育服務中心」
1991	加強推行家庭教育，強化親職教育功能計畫（1991～1995）
1994	國際家庭元年，訂每年5月15日為國際家庭日
1998	推展學習型家庭教育；終身學習年
1999	家庭教育服務中心更名為「家庭教育中心」。推展學習型家庭教育，建立祥和社會中程計畫（1999～2003）
2003	1月7日通過《家庭教育法》，共二十條
2004	2月公布《家庭教育實施細則》共九條，教育部推五年計畫，八個工作項目
2008	教育部訂每年重陽節當週辦理祖孫週
2010	每年5月為孝親月，每年8月第四個週日為祖父母節
2011	《家庭教育法》新增失親政策
2013	《家庭教育法》新增多元文化教育
2013	推展高級中學以下學校家庭教育整合計畫，開通412-8185家庭教育諮詢專線
2017	推展家庭教育中程計畫

　　《家庭教育法》是全球唯一的，目的在於協助民眾經營家庭生活，有效滿足家人身心需求。基於上述重要事件，尤其是《家庭教育法》公布實施，家庭教育者持續推動，也成為家庭社會工作的夥伴。《家庭教育法》所規範的主題說明如下：

(一)親職教育

1.提供父母正確教養責任與態度的過程。
2.提供父母瞭解孩子不同階段發展所需的教育。
3.每個人都有機會成為孩子的照顧者。
4.父母教育，為父母提供子女成長時，適應與發展有關知識，增強父母教育子女技巧與能力，成為有效能的父母（effective parents）。

(二)子職教育

1.增進子女本分的教育活動。
2.子女或晚輩對父母或其他長輩應有的態度。
3.學習不同時期如何扮演子女或晚輩應有的角色。

(三)生涯教育

1.兒童期：學習自我控制及做決定。
2.青少年期：學習扮演家中角色、學習表達自己、學習做好情緒管理、處理和家人間的衝突、管理金錢和時間。
3.成人期：表達和管理對家人的情感，善盡對家人的義務與責任。
4.中老年期：學習幫助年邁父母做個快樂的老人，協助年邁父母安排生活並適當地提供資源。

家庭社會工作

(四)婚姻教育

1.實施對象分為婚前教育和婚姻教育。

2.協助未婚男女學習有關婚姻的內容。

3.幫助夫妻與家庭成員改善家庭關係提升家庭品質。

4.藉由強化婚姻關係,使婚姻生活更健康。

(五)家庭倫理教育

「家庭倫理教育」是指家人與家人之間的互動規則與相處方法。

但是《家庭教育法》公告施行至今,各縣市主動參與家庭教育的仍侷限在少數中產階級。要有效落實與推展家庭教育,除了各縣市家庭教育中心的活動規劃推展之外,需要透過學校教育改變「未來父母」對於家庭生活經營的價值與信念;也需要提供正在修習家庭教育專業的準專業人員更周延的參考教材。國內研究與推展家庭教育的理論或實務工作者,參考美國家庭關係協會(National Council on Family Relations, NCFR)對於家庭生活架構的觀點,加上本土家庭生活議題以調整應用。近年推動的重點是「家庭生活教育」(林淑玲、張燕滿、潘維琴等譯,2016),但本土化的教材還不足夠。

各級政府限於人力及經費有限,面對眾多家戶,力有未逮。加上家庭教育中心將大部分計畫委託給高級中等以下學校辦理,學校又缺乏家庭專業人員進行方案設計與執行,課程或活動可能流於形式,難以發揮提升民眾經營家庭知能的效果。

根據監察院的報告等資料,家庭教育服務中心諸多不足之處仍待努力,根據問題可以有的改善之道簡述如下(彭懷真,2017):

1.家庭教育中心組織功能不彰:迄今仍有四個縣尚未依法完成設置家庭教育中心,沒有專責機構與專人推動相關工作;僅有八

個縣市家庭教育中心主任為專職，另有四個縣市家庭教育中心未依法遴聘家庭教育專業人員。已設家庭教育中心者，其人力亦極為不足，難以具體深入基層為里民社區服務，尚未獲得社會大衆熟知。

2.家庭教育服務資源整合不足：家庭教育之內涵及服務對象廣泛又異質，絕非政府單一部門就能全部予以解決，難以發揮家庭服務的垂直連橫綜整效果。

3.家庭教育經費所占比例偏低：歷年來家庭教育經費占教育部主管經費比例偏低，以101年為例，社會教育經費僅占教育部總經費之1.4%，社會教育經費之中編列推展家庭教育預算僅1億7,757萬元，占社會教育經費之7%，占教育部總經費0.10%，平均分給每戶家庭僅21.69元。相對於學校教育，社會教育，家庭教育經費非常少。

4.各類型家庭之家庭教育功能有待提升：我國家庭結構以核心家庭為主，包括單親家庭、新移民家庭、身心障礙者家庭、原住民家庭、隔代教養家庭、受刑人家庭及低收入戶等家庭，合計超過三成。在經濟、教育、文化或發展等層面處於不利地位者，家庭問題若無適當的支持與服務提供，較易惡化衍生為社會問題。另一方面每個族群有其不同的需求，受到主、客觀環境因素的限制，使這些家庭父母不能或不易參加家庭教育活動。未來應持續以「分衆」及「個別族群化」差異需求，規劃與提供符合所需之家庭教育服務。

5.處於經濟、教育、文化或身心發展等層面較不利地位之家庭，對於參加家庭教育活動之動機不強，缺乏針對各類家庭實施之家庭教育課程或教材，亟待研發。

社工背景者可以向教育部申請認定為家庭教育專業人員，此專

業人員的身分認定包括大學校院家庭教育系所或名稱內含家庭之系所畢業，修畢家庭教育專業課程二十學分以上者。另外，教育、社會教育、成人或繼續教育、幼兒教育、教育心理與輔導、社會工作、生活科學、生活應用科學等相關系、所畢業，修畢家庭教育專業課程二十學分以上，並具家庭教育實務工作經驗一年以上者。其他背景者條件更嚴。

二、原住民及新住民家庭服務

詹宜璋（2010）針對原住民族群不利地位等有所探究，分析家庭的脆弱。楊曉佩（2012）則針對第二代的困境有所研究。這些困境仍在持續，以2016年的資料來看，原住民家庭年平均收入為65.81萬元／戶，收入來源以薪資收入為主，比重占91.39%，「經常移轉收入」僅占6.83%、「財產所得收入」更只有1.19%。原住民家庭年收入約為我國全體家庭平均狀況的61%。原住民家庭年平均支出為48.98萬，與我國全體家庭平均支出相比，只有52%。

陳雅楨（2017）從實際服務的經驗說明服務的難度。社工員到底是協助者？協商者？或是資源仲介者？或是有其他角色呢？原住民在尋求機構協助時，清楚自己本身的需要，社工員也盡力協助。然而當資源媒合不成功，或是原住民需求不能被滿足時，往往容易將原因指向「不符合組織目標」，因為社工員在受僱於機構時，已認識機構的角色與目標，求助者清楚自己的需要卻不一定瞭解機構的服務項目與協助範圍，因此社工員的角色之一是資源的仲介。然而原住民需要的往往不只是資源，因為資源不足源自於歷史因素、制度改變，更甚至是一直存在發展上的惡性循環，所以社工員在原鄉工作的角色應多採取社會運動的模式。更深層的政治、經濟、社會與文化的不平等是需要面對的。

政府自民國91年7月起推動「原住民家庭福利服務中心」，提供綜融性、多元性的社會工作，採取因地制宜、貼近族人文化之服務，尊重和確保原住民族享有社會、文化福利權。政府「扶植」、「陪伴」原住民族在地人民團體及原住民族社工人員，持續推動家庭社會工作，照顧原住民家庭及關懷遭遇風險之族人，希望營造一個可確保原住民族生活福祉之公平正義社會（鍾鳳嬌、趙善如、王淑清、吳雅玲，2010）。

中央透過補助地方政府結合民間團體推動設置的「原住民族家庭服務中心」，並委託專業社會工作學術界或實務界諮詢團隊之協同合作機制，建立原住民族家庭在地化支持之福利服務，聘用原住民族社會工作專業人力，保障原住民族工作權，提供綜融性、多元性的社會工作，採取因地制宜、貼近部落文化的福利服務，為原住民族社會安全制度奠定扎根基礎（王月君、張美如，2017）。重點在建構原住民族家庭支持在地化之福利整合服務，以預防性個案管理提供服務，配合支持性服務方案，運作專業社會工作方法，建構具有文化脈絡與族群差異之原住民族家庭支持在地化福利服務網絡，縮短社會福利輸送差距、提升原住民福利服務輸送效能，進而穩定發展原住民族社會安全體系。

新住民家庭的需求眾多，家庭經濟弱勢的情況明顯（王永慈，2005；陳詩怡，2014）。賽珍珠基金會於2013年針對經濟弱勢新住民完成200份問卷，發現64%為單薪家庭，72%個人月收入低於2萬元，58%家庭月收入低於3萬元，63%的家中有兩位以上未滿18歲的孩子，可見經濟壓力相當沉重，其中76%的受訪者雖已來台十一年以上，仍身處經濟弱勢之中（蕭秀玲、徐心裴、王月君，2014）。

政府為新住民設立福利服務中心，全台灣有五十處，以新住民及其家庭為對象。服務項目包括：

1. 個案管理：提供證件諮詢、婚姻家庭關係協助、生活適應輔導、經濟及就業協助、親子教養服務、福利諮詢、心理情緒支持、心理諮商轉介等。

2. 提供個人支持服務——支持性成長團體：透過專業團體諮商師的帶領，協助新住民學習團體相關知能，建立良好社會支持網絡並有效促進家庭溝通。

3. 提供家庭支持服務——親子活動、家庭聯誼活動：透過各項活動方案，增進新住民的孩子與其他同儕的互動，協助新住民家庭有外出喘息的機會及促進家庭間的連結。

民間機構也有所努力，例如王月君、張美如（2017）針對賽珍珠基金會發展「新移民女性金融理財培力發展行動計畫」有所剖析，推動「新移民媽媽的幸福帳本」系列課程。該計畫提供基礎財金教育與記帳之課程給中低收新住民女性，協助她們瞭解台灣的金融環境與運作，以建立正確的理財觀念。結論是：「理財，就是理生活！」將生活打理好、財務規劃與風險管理妥善因應。除了個人與家庭需努力增進知能、學習成長改變外，整個社會環境面如能更友善面對新住民、協助新住民融入社會生活；社會福利團體一方面能針對因環境結構轉變產生的社會現象與議題，研發、推動新式服務方案，以協助經濟弱勢服務對象藉財務素養／知能培力，積極從經濟困境站起來；另一方面也希望減緩新住民遭受金融體系排除的衝擊，積極增強新住民家庭自立的能力。

本章書目

一、直接引述

中華民國幸福家庭促進協會（1994）。《國際家庭年特刊》。

王月君、張美如（2017）。〈新住民的資產累積與社會工作〉。收錄在王永慈主編（2017）。《家庭經濟安全與社會工作實務手冊》，頁119-138。高雄：巨流。

王永慈（2005）。〈外籍與大陸配偶家庭的貧窮分析〉。《台灣社會工作學刊》，4，3-31。

王行（2002）。《家族歷史與心理治療》。台北：心理。

吳就君、鄭玉英（1993）。《家庭與婚姻諮商》。台北：空中大學。

吳就君編譯（1986）。《家族治療——理論與實務》。台北：大洋。

李瑞玲譯（1999）。Augustus Y. Napier & Carl A. Whitaker原著。《熱鍋上的家庭》。台北：張老師。

周月清（2001）。《家庭社會工作——理論與方法》。台北：五南。

周慕姿（2017）。《情緒勒索：那些在伴侶、親子、職場間，最讓人窒息的相處》。台北：寶瓶。

林淑玲、張燕滿、潘維琴等譯（2016）。David Bredehoft & Michael Walcheski主編。《家庭生活教育：理論與實務的整合》。台北：心理。

林賢文、張必宜（2004）。〈走出台灣兒童保護的本土模式〉。《第二屆民間社會福利研討會論文集》，58-82。

洪仲清、李郁琳（2015）。《找一條回家的路：從跟家庭和解出發，再學會修復自己與關係》。台北：遠流。

范瑞玟譯（2016）。Lindsay C. Gibson原著。《假性孤兒：他們不是不愛我，但我就是感受不到》。台北：小樹。

翁澍樹、王大維譯（1999）。Goldenberg, I. & Goldengerg, H.原著。《家族治療理論與技術》。台北：揚智。

張春興（2007）。《張氏心理學辭典》。台北：東華。

家庭社會工作

張盈堃、方岷譯（1998）。James K. Whittaker等著。《積極性家庭維繫服務》。台北：揚智文化。

張婷婷譯（2014）。岡田尊司原著。《母親這種病：現代人的心靈問題，可能都來自於母親？》。台北：時報。

張婷婷譯（2015）。岡田尊司原著。《父親這種病》。台北：時報。

張智于（2012）。《高風險家庭關懷輔導處遇方案社會工作者與服務網絡人員溝通現況之研究》。台中：東海大學社會工作學系碩士論文。

張麗鳳（2005）。〈我國中小學輔導工作的回顧與前瞻〉，第一屆中小學校輔導與諮商學術研討會。嘉義：國立嘉義大學。

許皓宜（2017）。《即使家庭會傷人，愛依然存在：讓你沮喪的不是人生，而是你的焦慮》。台北：如何。

陳春妙（2008）。《台灣兒童少年保護家庭維繫方案發展歷程探討》。台北：台灣大學社會工作系碩士論文。

陳詩怡（2014）。《新移民喪偶女性的單親生活經驗之探究》。台中：東海大學社會工作系碩士論文。

陳雅楨（2017）。〈原住民的經濟議題與社會工作〉。收錄在王永慈主編（2017）。《家庭經濟安全與社會工作實務手冊》，頁139-154。高雄：巨流。

陳鴻斌（2016）。《鋼索上的家庭：以愛，療癒父母帶來的傷》。台北：寶瓶。

彭淑華等（2015）。《家庭福利服務中心工作指引手冊》。台北：衛生福利部社會暨家庭署。

彭懷真（2009）。《婚姻與家庭》。台北：巨流。

彭懷真（2017）。家庭服務體系的全盤改進——兩度向監察委員的建言。《社區發展季刊》，160，19-34。

游琬娟譯（1993）。《婚姻神話》。台北：張老師文化。

楊曉佩（2012）。《中部地區原住民鄉國中少女社會支持與生活壓力之研究》。台中：東海大學社會工作學系碩士論文。

詹宜璋（2010）。〈原住民之族群不利地位認知與歸因類型探討〉。《社會

政策與社會工作學刊》，14(2)，195-214。

劉瓊瑛、黃漢耀譯（2003）。《學習家族治療》。台北：心靈工坊。

劉瓊瑛譯（2007）。S. Minuchin原著。《結構派家族治療入門》。台北：心理。

鄭雅莉（2011）。〈特殊嬰幼兒家庭支持與需求之調查研究〉。《高雄師大學報》，31，1-25。

蔡佑襹（2008）。《優勢觀點運用於家庭功能促進——以彰化縣生命線高風險家庭關懷輔導方案為例》。南投：暨南國際大學社會政策與社會工作系碩士論文。

蕭秀玲、徐心裴、王月君（2014）。《新移民女性金融理財培力發展行動企劃書》。台北：台北市賽珍珠基金會。

鍾鳳嬌、趙善如、王淑清、吳雅玲（2010）。《新移民家庭：服務與實踐》。台北：巨流。

蘇絢慧（2017）。《其實我們都受傷了：在關係中療癒傷痛，學習成長》。台北：寶瓶。

Goldenberg, Irene & Herbert Goldenberg (1991). *Family Therapy: An Overview*. Brooks & Cole Publishing Company.

Hogue, A., Leckrone, J. J., & Liddle, H. A. (1999). Recruiting high-risk families into family-based prevention and prevention research. *Journal of Mental Health Counseling, 21*(4), 337-351.

Van Haren, Barbara, & Craig R. Fiedler (2008). Support and empower families of children with disabilities. *Intervention in School and Clinic, 43*(4), 231-235.

Whittaker, J. K., Kinney, J., Tracy, E., & Booth, C. (1990). *Reaching High-Risk Families Intensive Family Preservation in Human Services*. Aldin de Gruyter.

Yarber, Annice D., & Paul M. Sharp (eds.) (2010). *Focus on Single-Parent Families: Past, Present, and Future*. Praeger.

二、參考書目

江文賢、田育慈譯（2016）。Roberta M. Gilbert原著。《解決關係焦慮：

Bowen家庭系統理論的理想關係藍圖》。台北：張老師。

郭葉珍譯（2010）。Kayla F. Bernheim、Anthony F. Lehman.原著。《家屬與精神病患》。台北：合記。

彭淑華（2005）。〈婆家？娘家？何處是我家？女性單親家長的家庭支持系統分析〉。《社會政策與社會工作學刊》，9(2)，197-262。

程婉毓（2008）。《桃竹苗地區國小啓智班學生家庭需求及家庭支援服務之調查研究》。新竹：新竹教育大學特殊教育系碩士論文。

黃維仁（2002）。《窗外依然有藍天》。台北：愛家基金會。

Camasso, M. J., & Jagannathan, R. (2000). Modeling the reliability and predictive validity of risk assessment in child protective services. *Children and Youth Services Review, 22*, 873-896.

Campbell, L. (2002). Interagency practice in intensive family preservation services. *Children and Youth Services Review, 24*(9/10), 710-718.

Cole, E. (1995). Becoming family centered: Child welfare's challenge. *Families in Society, 76*(3), 163-172.

Cole, E., & Duva, J. (1990). *Family Preservation: An Orientation for Administrators and Practitioner*. Child Welfare League of America.

Coyle, J. P. (2005). *An Exploratory Study of the Nature of Family Resilience*. The State University of New York at Buffalo.

Devall, E. L. (2004). Positive parenting for high-risk families. *Journal of Family and Consumer Sciences, 96*(4), 22-28.

Fine, Nic, & Jo Broadwood (2011). *From Violence to Resilience: Positive Transformative Programmes to Grow Young Leaders*. Jessica Kingsley Publishers.

Foley, V. D. (1979). Family therapy. In R. J. Corsini (ed.). *Contributors Current Psychotherapies* (pp.460-500). 台北：雙葉。

Hess, P. M., McGowan, B. G., & Bostsko, M. (2000). A preventive service program model for preserving and supporting family over time. *Child Welfare, 79*, 227-266.

Jacquelyn, M., & William, M. (1998). Family-centered services: Approaches and effectiveness. *The Future of Children, 8*, 54-71.

Kendig, S. M., & Bianchi, S. M. (2008). Single, cohabitating, and married mothers' time with children. *Journal of Marriage & Family, 70*(5), 1228-1240.

Koulouglioti, C., Cole, R., & Moskow, M. (2011). Single mothers' views of young children's everyday routines: A focus group study. *Journal of Community Health Nursing, 28*(3), 144-155.

Lawson, Hal A., Katharine Briar-Lawson, Charles B. Hennon & Alan R. Jones (2000). Key Sensitizing Concepts, a Family Continuum, and Examples from the IYF. In *Family-Centered Policies and Practices*. Columbia University.

Olson, David, H., John DeFrain., & Linda Skogrand (2003). *Marriages and Families: Intimacy, Diversity, and Strengths*. McGraw-Hill Education.

Papp, Peggy (1977). *Family Therapy: Full Length Case Studies*. Gardner Press, Inc.

Patterson, M. J. (2002). Understanding family, resilience. *Journal of Clinical Psychology, 58*(2), 233-246.

Ryan, S., Tracy, E. N., Rebeck MSSA, A. C., Biegel, D. E., & Johnsen, J. A. (2001). Critical themes of intersystem collaboration: Moving from to a "can we" to a "how can we" approach to service delivery with children and families. *Journal of Family Social Work, 6*(4), 39-60.

Sayer, Liana C., & Suzanne M. Bianchi (2000). Women's economic independence and the probability of divorce. *Journal of Family Issues, 21*(7), 906-943.

Stahmann, R. F., & Salts, C. J. (1993). *Handbook of Family Life Education*. SAGE.

Walsh, F. (2002). A family resilience framework: Innovative practice applications. *Family Relations, 51*(2), 130-137.

Wang ,Yi-Han (2010). Being a mother in a foreign land: Perspectives of immigrant wives on mothering experiences in Taiwan. *Taiwan Journal of Southeast*

家庭社會工作

Asian Studies, 7(1), 3-40.

Webb, Nancy Boyd (ed.). (2001). *Culturally Diverse Parent-Child and Family Relationships: A Guide for Social Workers and Other Practitioners*. Columbia University Press.

Wise, Judith Bula (2005). *Empowerment Practice with Families in Stress*. Columbia University Press.

Yancey, George A., & Richard Lewis Jr. (2009). *Interracial Families: Current Concepts and Controversies*. Routledge.

Yang, Li-Ling (2008). The life stories of motherhood among divorced women in Taiwan. *Journal of Nursing Research, 16*(3), 220-230.

第參篇
透過經濟與司法幫助家庭

濟貧：服務經濟弱勢家庭

- 需扶助的家庭
- 協助尋找資源
- 與案家合作

家庭社會工作

單親，尤其是女性單親，常是導致貧窮的原因（Brown & Lichter, 2004; Christopher, 2005）。1998年我帶領協會的團隊在內政部社會司的支持之下，編製了《單親資源手冊》及《豐富你的單親人生》，後者是袖珍版，可以放在皮包裡，給大眾看。前者如同一般教科書，給社工員及家庭領域的工作者參考，當有人詢問時，翻閱後即可提供資訊。

協會持續接受地方政府委託各項與貧窮有關的方案，有些是調查及濟貧，有些是脫貧。例如低收入戶複查、低收入戶關懷輔導、韌力家庭服務方案等，屬於調查及濟貧。複查及韌力家庭方案以經濟評估為主，除了熟悉社會救助法等規定，要有精算家戶財產的基本能力。工作者可能承擔各種負面經驗，如被欺騙、被申請民眾示威、失去對服務對象的信任，承受民意代表或長官的壓力。也有社會工作者提及因為與服務對象的深入接觸，發覺有些是真有需要，而非原先所想的貪婪，因而積極爭取資源。

為了避免過度負面個人經驗造成干擾，社工一方面要自我覺察，一方面要與有經驗的同儕或督導討論。有一回，某社工忿忿不平脫貧的案主去英國，社工說：「我連香港都沒去過，她是低收入戶子女，為何可以去英國？」其實，這位高中生是學校派去的，也獲得一些單位的補助。

心理調適很重要。大學時有位老師講話特別酸，常諷刺人。他說：「你們去做貧民調查，不要自己賺了外快，貧民得不到好處。」此種論點也不是完全沒道理，有些時候，政府投入一些經費去查核人們是否該得到某些補助，但查核費用不少，貧困者得到補助的金額卻有限。過為嚴格的查核拉高了申請的門檻，使有需要者未能獲得確實的幫助。

《我要有錢——問題是你有沒有當真，能不能做到五件事》（劉怡汝譯，2006）出版時，我寫了序〈為了別人，我要更有錢〉。分享

的重點是：金錢的特質是會快速流動，經過了不斷的交換過程就可以創造更大的價值，尤其是加上了智慧、專業與愛心，金錢的意義就更可貴了。協會的各種幸福家庭方案因而大量增加「如何使家庭更有錢」的內容。

電影《我是布雷克》是一部2016年的英國電影，獲獎無數。描述59歲的木匠布雷克還未到退休年齡，已經患有心臟病，處於臨時失業狀態，為了維持生計需要申請失業津貼，因為不熟悉電腦申請過程未獲批准。在政府社會福利和官僚機構之間，被踢來踢去。努力克服繁文縟節，爭取援助，卻充滿挫折。布雷克在申請過程中認識了帶著兩個孩子的單親媽媽，對方需要社會福利的救助並爭取儘快找到工作以解決生活困境，但被包括社工在內的政府體系刁難。

有些台詞讓人痛心，媽媽把麵點拿給孩子時，孩子問：「那妳呢？」，她託辭：「我吃水果就好」，孩子回答：「妳前幾天也這樣子說。」透過孩子單純的言語，把媽媽沒錢買菜只把餐點給孩子吃的狀況表露無遺。很多貧窮的人，窮到只剩尊嚴了，她不好意思讓別人白白幫她修理房子或照顧小孩，回饋一頓餐點讓她覺得欠別人人情的愧疚感不會那麼重。另一段是媽媽在食物銀行飢不擇食，拿到罐頭就在角落打開來用手食用，然後愧疚於做出不符合禮儀的行為，她還回想：「如果母親看到我這個樣子，一定會很難過。」

社工的態度很重要，熱誠關懷是不可少的。劇中提到很多熱心的人，包括知道會被主管罵還是提供協助的承辦人員、想靠賣工廠鞋致富的鄰居、抓到單親媽媽偷竊但願意給她改過自新機會的主管、聲援他們塗鴉抗議的路人、專門幫官僚體系受害者打官司的律師等等，都讓人感受到在不友善的官僚系統外，社會還是充滿著人情味的。然而我不禁感嘆：社工的愛心難道比不上路人甲、路人乙嗎？

面對經濟弱勢的家庭是社會工作者最普遍的經驗，也是最常扮演的角色。醫療、司法、學校等領域的社會工作者，也都經常面對案主

家庭社會工作

的經濟需求，但通常只是找尋一些資源，算是「濟貧」。家庭社工則全面給予協助，不僅「濟貧」，還應設法幫助家戶「脫貧」，透過發展帳戶、自立脫貧等手段，持續協助家庭。

濟貧是本章的主題，脫貧則是下一章的重點。濟貧，常採用給現金（in-cash）的方式，這方面政府爲主，民間的服務爲輔。但也應該充分考慮案主及案家的差異性，以多元的方案（in-kind）對不同類型的案家提供服務。這方面，民間組織的靈活度較高，能扮演更積極的角色。

濟貧的本質是現金給付，以政府體系爲主，是「社會安全」的一環，也因爲有既定的法律及各項行政命令均需遵守，因此較無彈性，社會工作者的角色較淡。脫貧，則社會工作者，尤其是家庭社會工作者特別重要，各項脫貧方案均依賴社會工作者積極推動。

用人們熟知的比喻，不僅給魚，還教導如何釣魚。社工更強調案家應將釣魚的收穫，做有效的運用，某些結餘能儲蓄，爲日後的發展所用。儲蓄及各種理財，牽涉到金融體系，因此家庭社工應對金融社會工作有基本認識。

第一節　需扶助的家庭

一、低收入戶及中低收入戶

截至106年3月底，我國低收入戶計有138,532戶，311,041人，約占全國總戶口數1.61%，全國總人口數1.32%；中低收入戶計有109,023戶，328,517人，約占全國總戶口數1.27%，全國總人口數1.39%。

低收入戶需符合的條件包括：(1)家庭總收入平均分配全家人口，

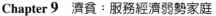

每人每月在當地區公告的最低生活費以下；(2)家庭財產未超過低收入戶適用的當地區公告金額。中低收入戶需符合的條件則是：(1)家庭總收入平均分配全家人口，每人每月在當地區公告的最低生活費1.5倍以下；(2)家庭財產未超過中低收入戶適用的當地區公告一定金額。

　　最低生活費是中央及各直轄市參照行政院主計處所公布當地區最近一年每人可支配所得中位數60%訂定，該數額不能超過同一最近年度行政院主計處公布全國每人可支配所得中位數70%。當新年度計算出的數額較現行最低生活費變動達5%以上時，才進行調整。由中央公告台灣省（十四縣市）、福建省（金門縣、連江縣）及各直轄市公告所轄地區的最低生活費，主要目的為了兼顧各地生活水準差異，並考量地方自治因地制宜。

　　申請低收入戶或中低收入戶需要準備：(1)申請人印章；(2)全戶最近三個月內戶籍謄本；(3)全戶郵局或銀行存簿封面及內頁影本；(4)填寫授權公所調查家庭總收入及財產同意書；(5)其他相關證明文件（視個別家庭狀況而定）。為了避免申請人在不同縣市重複申請同一福利，造成社會福利資源濫用，《社會救助法》特別明文規定申請戶之戶內人口均應實際居住於戶籍所在地。

　　又為了避免申請人隱匿真實狀況，在審查低收資格時，必須派員訪視評估申請戶家庭狀況，有時也會請親戚、鄰居協助提供訊息，以利瞭解申請戶實際生活狀況，再依實際狀況去進行審查。公所承辦人接受民眾提出低收入戶申請後，必須檢視相關文件或證明是否齊全、派員訪視評估申請戶的家庭實際狀況、查調財稅等相關資料、建檔，將有疑義的個案送往縣市政府進行複審，如審核符合資格，相關福利會追溯到資料備齊當月發給。

二、高危險家戶

家庭社工應多瞭解低收入戶及中低收入戶為何弱勢？「入不敷出」是造成經濟弱勢的首要因素，爹娘的收入少又有需要花錢長大的孩子，因而陷入困境。「理財能力不足」是另一個原因，被倒會、被騙錢、加入老鼠會、做小生意血本無歸等情況普遍。許多金融機構也加入欺壓可憐人的行列，卡奴、購屋高利貸、借款創業利息沉重等都導致貧困。社工應教育家長及子女謹慎理財，避免因為資訊不足而損失慘重。「疾病或身心障礙」是第三個原因，治病的費用驚人，健保所提供的只是陽春麵，各種外加的都要大筆經費。身心障礙的父母就業不易、收入偏低，政府提供的福利有如陽春麵，子女當然輸在起跑點。「偶發突發或壞習慣」是第四大原因，父母短期失業、因案入獄、吸毒、酗酒等都無法成為社會救助的理由，但都使家庭及子女陷入困境，家庭暴力或亂倫等更使家庭可能崩解，但與社會救助並未有效合作。

貧窮的風險項目，參考孫健忠等譯（2007）整理後歸納主因包括：所得不足、收支失衡風險、子女照顧風險、失業風險、醫療保障經濟風險、住宅需求不足、欠缺週轉金風險等，某些高危險家戶的貧窮風險較高。貧窮的家戶並不是隨機分配的，最主要的人口群因素與性別有關（女性較容易貧窮），與族群有關（原住民所得偏低），與健康狀況有關（身心障礙者所得較低），與年齡有關（兒童及老年較容易貧窮），以下簡要說明。

(一)女性單親戶

女性戶長單親戶並不等於貧窮家戶，列冊低收入的女性戶長單親戶貧窮率卻在近十年來增長51.53%（衛生福利部統計處，2015）。從

單親戶長的性別、年齡、單親成因、單親年數（超過五年）、戶長僅與子女同住以及需照顧子女的狀況來看，顯示女性戶長單親戶不論在離婚、喪偶、單親歷程等均較男性戶長單親戶高，且需自行承擔照顧子女的比率為單親男性戶長的3倍。當女性由原來的家庭主婦突然成為主要家計負擔者，經濟不安全或經濟匱乏是單親女性戶長面臨最立即與直接的困擾，迫切需要依賴正式和非正式支持體系的協助。

　　配偶死亡、被配偶虐待疏忽、未婚懷孕，或遭遇重大傷病或照顧6歲以下子女致不能工作等特殊境遇家庭，大多是女性。濟貧措施無法消除貧窮女性化的趨勢。

(二)原住民

　　整理原住民的就業情況，可歸納出幾個重點：就業率低；失業率高；基層工作為主；所得差距大。原住民家庭遇到的困境是普遍的，貧窮不僅是個人而已，而是群體的問題。由於所得較低因此欠缺累積資本的機會，欠缺多元的經濟活動收入，難以改善收入。

(三)身心障礙者

　　身心障礙者由於先天或後天因素，以至於接近社會的機會相對地減少，陷於較不利的地位，必須加倍努力才可能獲得一些機會。高達四成六的身心障礙者處於沒有工作的狀態，有四成身心障礙的失業者雖然求助公立的就服機構，但是未獲得實質的幫助。處於沒有工作狀態者有近八成三的受訪者失業期間超過半年以上，七成已經有一年沒有工作。這些無法就業的身心障礙者，其中近三成九反應沒有工作機會或找不到合適的工作。

(四)新住民

國人每年與外籍、大陸港澳人士結婚對數眾多。配偶為大陸港澳地區人民者最多，東南亞國籍者次之，其他國籍者居第三。高性別比（未婚男多於未婚女）的社會中，不利於男性擇偶，對男性形成婚姻擠壓（marriage squeeze），男性往往會放寬擇偶標準以增加擇偶機會。反之在低性別比（未婚女多於未婚男）的社會，對女性造成婚姻擠壓，女性被迫放寬擇偶標準。

台灣的婚姻市場，對男性的婚姻擠壓程度高於女性，是造成跨國婚姻的主因。以台灣發生跨國婚姻的區位分布來看，都市化程度愈低的地區，跨國婚姻的比例愈高，表示跨國婚姻主要是發生在台灣的農（漁）村地區。跨國婚姻以教育程度較低、所得收入也偏低、農工行業或榮民身分者、身心障礙者等較為常見，也說明台灣的「婚姻坡度」（marriage gradient）問題。

傳統「婚姻坡度」的觀念是男性傾向選擇條件不及自己的女性，女性傾向找比自己條件好的男性。近年來，台灣社會女性受教育程度高、女性意識抬頭，社會經濟權力隨之提升，使婚姻坡度的效應更加明顯。例如擁有碩士學位的女性，較可能尋找碩士以上學歷的對象，也因此社經地位較低的男性，不易在本國覓得配偶。跨國婚姻的婚配方式，成為填補台灣大量被擠出婚姻市場男性的婚配選擇。

從家庭生命循環（family life cycle）的觀點解釋，家庭結構、組成及行為是持續發展的動態現象，會隨著時間的演變產生改變。因此，家戶陷入貧窮的時間受到家戶內部某些因素的變化而產生改變，使貧窮成為間斷性的狀態而非永久持續性的靜態過程（鄭淑文，2006）。貧窮不只是經濟層面的困窘，也會產生某種程度的剝奪，對長期處在貧窮生活狀態的成人與兒童來說，貧窮可能帶來身心發展的不良影響以及教育與就業機會的剝奪，不僅個人發展受到限制，也可能形成貧

窮代間傳遞的現象（蔡晴晴，2002）。

　　貧窮的問題不僅造成經濟不安全，更造成弱勢族群的被剝奪與排除，貧窮的人口群與社會排除的人口群有高度的重疊性，被社會排除的面向相當廣泛，類型也多樣，如參與的限制、社會福祉、自尊、社會認同與社會整合的挑戰、維持適當的社會關係與社會網絡的能力限制等，使貧窮者與其他人口群在社交與物質上有明顯的差異（葉秀珊、陳汝君譯，2004）。收入上的不足也表示其在社會生活的參與方面也不足。

　　階級、年齡、性別、教育等人口特質都是落入貧窮風險程度的可能影響因素，屬於弱勢族群之一，而弱勢者常具有以下幾項特質（Henry, 2005）：

1.所處的社會與環境容易受到風險的威脅，如位於社會較不利的邊緣人口或居住在偏遠地區，不易獲得公共的服務。
2.發生的風險程度可能是中度或嚴重程度，導致的福利損失較高。
3.風險的面向常是多方面的，如缺乏家庭支持的失能者（生命歷程面向及健康面向），面臨經濟崩潰的風險（經濟面向），在政府無法全面確保社會秩序時（政治面向），較可能受到犯罪與暴力的威脅（社會面向），衍生的問題非常複雜又難以解決。
4.風險發生頻率可能不只一次，即使度過首次的風險威脅，可能因為一次又一次的風險令人窮於應付，甚至無法度過。
5.缺乏風險管理工具，即便擁有，但質、量均不足。例如缺乏普及式的健康照顧措施可能出現健康的風險。

　　由自立家庭方案服務對象來看，整體的狀況是：女性單親家庭比例是多於男性單親家庭，女性單親為戶長的比率遠比男性比例為

高。沉重的家庭照顧負擔、生產人口力不足（單親）、無工作能力人口（在學子女及健康狀況不佳需要照顧者）眾多。家庭陷入困境因素尚包括主要負擔家計者健康狀況不佳、就業條件不佳及工作收入不穩定、失業者因照顧家人無法外出工作等，成爲家戶落入貧窮的主因。

第二節　協助尋找資源

一、區分救助資源的性質

當服務對象面臨經濟困境時，社會工作者會協助申請政府及民間的各項經濟扶助。特別是政府的現金給付，大多需要服務對象通過政府的資產調查，即收入、動產及不動產在所規定的水準以下者，才可取得福利資格。此類選擇性的福利給付，是人們所熟悉的社會救助制度。微視層面是政府社會救助資源整合運用；中介層面討論服務輸送網絡；鉅視層面則探討制度的設計及影響（修正自杜慈容，2017）。

家庭社會工作者爲執行者，主要處理微視層面的實務，將微視層面之政府社會救助資源整合應用詳述如下：

(一)政府現金給付項目

各種名目眾多又分歧，依給付對象、給付時間、審查條件及補助項目來分類，說明及比較如下：

◆給付對象：家庭vs.個人

《社會救助法》中的低收入戶、中低收入戶及《特殊境遇家庭扶助條例》中的特殊境遇家庭，是以「戶」、「家庭」的概念來設計福

利項目，將家庭整體的需要及資源納入考量，在作資產調查時，也會將家戶成員的資產併同列入審查。一旦通過審查，核列輔導的家庭成員，同時取得享受相關福利的資格，例如都可享有全民健康保險費補助。相對地，有些項目的給付對象僅對通過申請的個人提供，例如中低收入戶老人生活津貼、身心障礙者生活補助、弱勢兒童及少年生活補助等。

◆給付時間：緊急vs.短期vs.中長期

　　例如馬上關懷、急難救助等，訂有同一事由限申請一次的規定，特色是速訪、速審、速核、速發救助金，救急性質大過救窮，是緊急的一次性現金給付。再者，例如特殊境遇家庭緊急生活扶助、弱勢兒童及少年生活補助等，明確訂有三個月、六個月不等的請領期限，屬於相對較短期的給付。最後，例如低收入戶、中低收入戶、中低收入戶老人生活津貼、身心障礙者生活補助等，雖未訂有請領期限，每年仍需要通過年度總清查才能取得來年資格。相較之下，屬於較中長期的給付。

◆審查條件：資產審查門檻vs.列計人口

　　緊急的一次性給付審查條件以急難事實為主，而非申請者的資產狀況。除此之外，其他項目皆訂有資產調查及列計人口等條件。就資產審查標準，低收入戶的平均每人每月所得、平均每人動產及全戶不動產限額額度最低，要進入的門檻相對最高。中低收入戶及特殊境遇家庭扶助的標準則相對低收入戶寬鬆，進入的門檻相對較低。就列計人口來看，低收入戶除申請人外，尚需計算配偶、一親等之直系血親、同一戶籍或共同生活之其他直系血親等，親屬責任的要求，增加進入救助體系的難度。特殊境遇家庭扶助除申請人、配偶外，僅計算卑親屬，降低因列計父母而被排拒在救助體系之外的風險。

◆補助項目：全面vs.部分vs.單一

一次性給付身心障礙者、老人等個人為對象者是單一補助項目外，以家庭為範圍者的補助項目相對多元。以低收入戶涵蓋的福利項目最廣、補助額度最高，除生活扶助、對長者、孕婦及身障者得加額補助外，尚有各縣市提供的特殊項目補助及住宅補貼措施。中低收入戶並沒有每月固定的生活扶助金，僅其核列的家庭成員就讀高級中等以上學校者，學雜費減免60%及全民健康保險應自付保險費補助50%。另外將中低收入戶納入各縣市得提供的特殊項目補助及住宅補貼措施對象。特殊境遇家庭扶助雖包括緊急生活扶助、子女生活津貼、子女教育補助、傷病醫療補助、兒童托育津貼等，但補助期限較短及額度相對較低。

社會救助現金給付項目整理成四個層次：

1. 低收入戶的審查標準最為嚴格，進入門檻最高，但福利給付最為全面。
2. 中低收入戶及特殊境遇家庭扶助仍以家庭為給付範圍，給付項目次之，審查條件相對於低收入戶寬鬆，可作為無法進入低收入戶的次要選擇。
3. 當需求為單一個人或家庭式給付無法通過時，家戶可考慮申請以老人、兒童少年、身障者個人為給付對象的項目。
4. 一次性給付的急難救助，可作為緊急的救急支援。

社會工作者若能熟知各項現金給付的特性及原則，能因應服務對象的情形，靈活搭配，提供適切的處遇。

(二)民間現金給付項目

除政府資源外，民間各類的財團法人基金會、社團組織、宗教團體等，提供各種急難救助、緊急生活扶助、兒童每月認養金等，社會

工作者可至各單位網站查詢，亦可至衛生福利部社會救助及社工司搜尋「民間基金會急難救助資源窗口及服務項目」。教育部亦建置「圓夢助學網」，整合政府與民間的獎、助學金資訊。各類補助對象、條件限制各異，社會工作者宜建立資源手冊、熟悉各單位規定，在評估服務對象的情形後，有效媒合民間資源。

(三)社會工作者處理原則

社會工作者除評估案家的家庭型態、經濟需求以及資產情形等，參考各項現金給付的特性，決定申請的福利項目及優先順序外，要留意以下原則（修正自杜慈容，2017）：

1.擇一、擇優：目前的制度設計，在眾多給付項目中，同一性質的項目，如生活扶助，只能申請一項，而選取的標準常是補助條件最優渥者。例如，服務對象若同時取得低收入戶生活扶助和弱勢兒童及少年補助的資格，因同屬生活類補助，低收入戶的補助額度較高，建議優先請領該項，兩種補助無法併領。

2.同時申請：各現金給付項目可同時申請，再依擇一、擇優原則判斷。許多縣市，社會扶助申請表中已將低收入戶、中低入戶、中低收入戶老人生活津貼及身心障礙者生活補助申請表整合在同一張，可同時勾選申請多樣補助項目。若低收入戶審查不符資格，授權主管單位逕為審核中低收入戶資格，以節省時間。所在縣市若尚未整合表格，社會工作者仍應分別申請可能的項目，以維護申請者權益。

3.預先審查：低收入戶等未有申請年限的項目，依法每年需進行總清查以審核來年的請領資格。對於不符合資格者，建議社會工作者能協助轉介，預先審查是否符合其他次要或單項的福利項目，以降低福利減少對服務家戶的衝擊。

二、可以提供的政府資源

(一)弱勢兒童及少年生活扶助與托育及醫療費用補助辦法

依《兒童及少年福利與權益保障法》第23條第二項規定訂定之。自中華民國102年1月施行。

1. 生活扶助之補助對象：(1)遭遇困境之中低收入戶內兒童、少年；(2)因懷孕或生育而遭遇困境之兒童、少年及其子女；(3)其他經縣（市）主管機關評估無力撫育及無扶養義務人或撫養義務人無力維持其生活之兒童及少年。費用有詳細的規定，生活扶助每人每月在1,969～2,384元之間。

2. 對幼兒托育的扶助：父母雙方或單親一方或監護人因就業，致無法自行照顧家中未滿2歲幼兒，需送請居家式托育服務提供者或托嬰中心照顧者，得申請托育費用補助。補助對象：低收入戶、中低收入戶、因懷孕或生育而遭遇困境之少年、其他經縣（市）主管機關評估無力撫育及無扶養義務人或撫養義務人無力維持其生活之幼兒。

3. 醫療費用補助對象：(1)低收入戶及中低收入戶內兒童及少年；(2)領有弱勢家庭兒童及少年緊急生活扶助者；(3)依兒童及少年保護通報及處理辦法保護之兒童及少年；(4)安置於公私立兒童及少年安置及教養機構或寄養家庭之兒童及少年；(5)特殊境遇家庭扶助條例第9條規定，未滿6歲之兒童；(6)發展遲緩兒童；(7)早產兒；(8)因懷孕或生育而遭遇困境之少年及其子女；(9)符合衛生福利部公告之罕見疾病或領有全民健康保險重大傷病證明之兒童及少年；(10)其他經縣（市）主管機關評估有補助必要之

兒童及少年。

(二)父母未就業家庭育兒津貼申領作業要點

衛生福利部105年2月發布。

1. 補助對象：(1)育有2足歲以下兒童；(2)兒童之父母（或監護人）至少一方因育兒需要，致未能就業者；(3)經直轄市、縣（市）政府依社會救助法審核認定為低收入戶、中低收入戶，或兒童之父母（或監護人）經稅捐稽徵機關核定之最近一年之綜合所得總額合計未達申報標準或綜合所得稅稅率未達20%；(4)兒童未經政府公費安置收容；(5)未領取因照顧該名兒童之育嬰留職停薪津貼或保母托育費用補助。

2. 金額：(1)低收入戶：每名兒童每月補助5,000元（含現行低收入戶兒童生活補助費）；(2)中低收入戶：每名兒童每月補助4,000元；(3)兒童之父母（或監護人）經稅捐稽徵機關核定之最近一年之綜合所得總額合計未達申報標準或綜合所得稅稅率未達20%者：每名兒童每月補助2,500元；(4)已領有政府其他相同性質之生活類補助或津貼者，不得重複領取本津貼，其額度低於本津貼應補足差額；(5)本津貼以月為核算單位，補助至兒童滿2足歲當月止。

3. 窗口：戶籍所在地的各鄉（鎮、市、區）公所索取申請表及申請。

4. 流程：育兒津貼之審核必須比對七個行政單位十三種資料，因部分機關提供之資料是以一個月為查調週期（例如：查調期間為1/16～2/15），所以審核時間為二十六至五十六個日曆天。因此，如果當月15日前申請者，原則於次月底完成核定及撥款（約需一個半月）。

(三)弱勢家庭兒童及少年緊急生活扶助計畫

行政院103年9月核定。

1. 目的：為協助遭變故或功能不全之弱勢家庭紓緩經濟壓力，維持子女生活安定，提升家庭照顧兒童及少年之能力，避免兒童及少年受虐情事發生，促進家庭恢復正常運作。
2. 對象：為未滿18歲之兒童及少年，且未接受公費收容安置，其家庭有下列情形之一，經社工人員訪視評估，並符合第三點規定者：(1)父母一方或監護人失業、經判刑確定入獄、罹患重大傷病、精神疾病或藥酒癮戒治，致生活陷於困境；(2)父母離婚或一方死亡、失蹤，他方無力維持家庭生活；(3)父母一方因不堪家庭暴力或有其他因素出走，致生活陷於困境；(4)父母雙亡或兒童及少年遭遺棄，其親屬願代為撫養，而無經濟能力；(5)未滿18歲未婚懷孕或有未滿18歲之非婚生子女，經評估有經濟困難；(6)其他經評估確有生活困難，需予以經濟扶助。
3. 流程重點：(1)應接受社工人員之關懷訪視評估及其他相關協助，領取扶助之費用應支用於兒童及少年之食、衣、住、行、教育及醫療保健等基本生活所需，扶助費用支出情形或兒童及少年基本需求被滿足狀況，由社工人員納入評估，未符合前述規定者，得停止補助；(2)申請應於生活陷於困境、無力維持家庭生活、無經濟能力或有經濟困難等事實發生後六個月內。

(四)兒童及少年醫療補助辦法

103年1月正式發布，依《兒童及少年福利與權益保障法》第27條第二項規定訂定。

　　1.補助項目：(1)《全民健康保險法》第43條及第47條規定應自行
　　負擔之費用；(2)《全民健康保險法》第27條規定，應自付之保
　　險費。
　　2.對象：皆為3歲以下參加全民健康保險之兒童。因傷病住院期間
　　年滿3歲者，得繼續接受補助至出院日止。主要為中低收入戶內
　　兒童及少年。

三、低收入戶的福利

　　按照政府1957專線的統整，福利項目分成下列六大區塊，進一步
歸納如下：

(一)兒童福利

　　1.生育補助：依各縣市而定。
　　2.兒童少年生活補助：
　　　(1)補助對象：15歲以下兒童或少年。
　　　(2)補助金額：每名兒童、少年每月補助2,600元。
　　3.育兒津貼：
　　　(1)補助對象：
　　　　・0～2足歲以下兒童。
　　　　・兒童之父母至少一方在家照顧兒童，致未能就業。
　　　　・兒童之父母綜合所得稅稅率未超過20%。
　　　(2)補助金額：每名兒童每月5,000元。
　　4.保母托育補助：
　　　(1)補助對象：
　　　　・0～2足歲以下兒童。
　　　　・兒童之父母雙方皆就業，致無法自行照顧兒童。

‧兒童之父母綜合所得稅稅率未超過20%。

(2)補助金額：

　‧保母資格爲「證照保母」者：每名兒童每月5,000元。

　‧保母資格爲「幼保、家政、護理相關科系」或「結訓保母」者：每名兒童每月4,000元。

5.臨時托育：

(1)申請資格：未滿2歲幼兒（就托於公私立托嬰中心）及12歲以下（就托於社區保母系統）兒童之弱勢家庭，可申請臨托服務。

(2)補助內容：每名兒童每小時補助100元。

6.幼兒園補助：

(1)補助對象：年滿2足歲至未滿5足歲之就托於公立、私立幼兒園幼童。

(2)補助金額：每位兒童每月最高補助1,500元。

(二)就學福利方面

1.就學生活補助：

(1)補助對象：18歲以上25歲以下在學學生。

(2)補助金額：每名每月補助5,900元。

2.國小、國中午餐費補助、代收代辦費補助：全額減免。

3.高中職以上學校學雜費補助：全額減免。

4.就學貸款：

(1)緩繳貸款本金三次。

(2)延長還款期限2倍。

(3)生活費：每學期可借貸五個月，可貸額度8,000元／月，40,000元／學期。

(三)醫療費用方面

1.健保費用補助：全額補助。
2.醫療費用補助：因疾病、傷害事故就醫所產生全民健康保險之部分負擔醫療費用或健康保險未涵蓋之醫療費用，全額補助。
3.住院看護費用補助：
　(1)補助內容：住院治療期間經醫院醫師診斷證明須僱用專人看護，每月負擔看護費用超過各縣市政府訂定額度。
　(2)補助額度：低收入戶傷病住院治療，經證明住院期間須僱請專人看護者，每人每日最高補助看護費1,500元。

(四)就業服務、職業訓練、以工代賑方面

1.各直轄市、縣市主管機關應依需求提供或轉介低收入戶中有工作能力者，相關就業服務、職業訓練、以工代賑。
2.列冊低收入戶，若有參與相關就業服務、職業訓練、以工代賑等服務措施，於一定期間及額度內因就業而增加之收入，得免計入家庭總收入，最長以三年為限，經評估有必要者，得延長一年；其增加收入之認定、免計入之期間及額度之限制等事項之規定，由直轄市、縣（市）主管機關定之。

(五)失能、老人與身障

1.長期照顧服務：
　(1)照顧項目：居家服務、日間照顧、家庭托顧、居家護理、社區及居家復健、輔具購買、租借及居家無障礙環境改善服務、老人餐飲服務、喘息服務等。
　(2)補助金額：由政府全額補助。

2.老人假牙補助：補助對象為年滿65歲以上，經醫師評估缺牙需裝置活動假牙（全口、半口、上顎、下顎等）。

3.老人住宅設施設備：

　(1)補助對象：年滿65歲以上，且實際居住於戶籍地之房屋（欲修繕的房屋）。

　(2)補助內容：現住自有房屋之給水、防水、廚房、排水、屋頂、臥室、衛浴等設施、設備，因不堪使用需修繕或改善住宅安全輔助器具。各縣市政府訂定年限內，每戶最高補助10萬元整，同一補助三年內不得重複申請。

4.老人公費安置：提供本市低收入老人生活能自理者及失能老人，安置適當安養機構、長期照顧機構及護理機構。

(六)其他

1.租金補貼：補助金額依各縣市而定，並非所有縣市皆有提供租金補貼之福利措施。

2.三節慰問金：依各縣市、各款別而定。

3.房屋稅減免：免徵。

4.燃料補助。

5.結紮、避孕器補助：子宮內避孕器裝置及結紮手術。

 # 第三節　與案家合作

一、協助經濟安全

經濟安全（economic security）與經濟福祉（economic well-being）意思相近，經濟福祉被界定為：「家庭擁有目前與未來的經濟安全，目前的經濟安全是指有能力持續維持生活的基本需要，並可掌控日常生活的財務狀況。同時有能力做各類財務上的選擇。得到經濟與就業的安全感、滿足感。未來的經濟安全是指在未來的生活中，有能力承擔各類財務上的衝擊，達到設定的財務目標，建立資產，並維持所得水準」（CSWE, 2016）。

金字塔底層的商機（the fortune at the bottom of the pyramid, BOP）則是重視貧困人口的消費市場。協助個別的貧困者成為負責的消費者，貧窮問題被視為個別消費者的行為問題，貧困者是否可以負責地做出個人最佳消費決定成為關鍵，應該充權貧困者，使其透過微型貸款、微型保險、微型創業等方式成為市場消費者，認為貧窮的最主要原因是：人們不願意或沒有能力去做經濟的決策（Giesler & Veresiu, 2014）。

以「自立家庭脫貧方案」為例，主責社工在經濟安全方面掌握的具體指標包括：

1.透過每月電訪關懷案家的財務狀況：又分為四個重點：(1)瞭解是否持續穩定儲蓄及未穩定儲蓄之原因；(2)瞭解貸款及還款狀況，含貸款用途及未能準時還款之原因（如向儲互社貸款之運用）；(3)瞭解資產配置情況，是否入不敷出、如何開源節流；

(4)瞭解案家就業狀況,是否需就業媒合。

2.評估方式:包括定期電訪瞭解狀況。撰寫個案紀錄。評估案家需求,安排成長教育課程(如理財規劃、現金流等課程)。

針對家庭經濟安全,社會工作界提供的服務逐漸多元化,除了傳統民間或政府的現金補助外,也出現不同的服務模式,例如:儲蓄發展帳戶、積極性就業服務、財務知能培養、債務協商、微型創業、社會企業、金融社會工作等等。

二、社工強化濟貧能力

要從事這方面的工作,社工員主要具備的知識與技巧包括(杜慈容,2017):

1.知識能力:包括對身心障礙者或弱勢婦女相關知識及就業相關知識能力,例如勞政、社政相關法令、法規、措施、社會資源與資訊、勞動就業市場人力資源管理、行職業分析、認識人格疾患、精神疾病、職涯發展、風險管理——就業、創業及職業訓練的風險、理債與理財等。

2.技術能力:包括履歷撰寫能力、面試技巧能力、服裝儀容能力、開發廠商及經營能力、就業配對能力、溝通協調能力、危機處理能力、評估能力、問題解決能力、資源連結與開發能力、協助婦女解決其職業選擇、轉業或創業能力等。

3.多元文化觀念:社工員服務的對象各有不同處境,社工員應該有多元性別、多元文化的概念與敏感度,同時遇到資源缺乏、分配不公、歧視時,也需具備倡議的觀念。

社會工作者服務過程需掌握外在的規章和資訊,也應意識到內

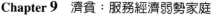

在個人的看法及裁量權等，對於服務對象能否取得資源，具有關鍵角色。社會工作者可能有被申請民眾欺騙或示威的負向經驗，失去對服務對象的信任，自己也從充滿愛心變得理智、謹慎提供資源；但也有社會工作者提及因為與服務對象的深入接觸，發覺有些是真有需要，而非原先所想的貪婪，因而積極爭取資源。

評價服務對象值得幫助與否以及服務對象所採取的策略，歸結出「傾力相助，融入」、「無奈讓步，非情願融入」、「順應民意，非意圖融入」以及「斷然拒絕，排斥」四種互動類型。當協助有需要者、值得幫助者取得救助資源，就扮演融入的角色；如果因個人價值觀、經驗或申請者的態度，將他們認為不值得幫助者拒於門外，社會工作者成為排斥者。為了避免過度負面個人經驗影響，社工一方面需要自我覺察，一方面需要與有經驗的同儕或督導討論（杜慈容，2017）。

由自立家庭輔導家戶調查結果顯示，支持弱勢家庭收入的主要經濟來源，以政府補助最多，其次為自己薪資，再其次為民間社福團體或慈善單位的補助，政府補助款為最穩定經濟來源，後兩者常不穩定。如收入不穩定及條件不符則無法申請補助，而使得家庭支出分配陷入困頓，最後借貸，延伸出高利貸、卡債、信用破產等債務問題，更是雪上加霜。因此，社會工作者應深入瞭解，持續輔導，妥善使用所獲得的資源，避免浪費，進而累積弱勢家庭日後脫貧的能力。

三、案例

在此介紹兩個新的方案，都還不是很成熟卻有發展性，家庭社會工作者應加以瞭解。

(一)發展帳戶

為協助經濟弱勢家庭、失依兒童及少年投資未來，政府於106年

開辦「兒童與少年未來教育及發展帳戶」：由政府和家長共同合作儲蓄，讓弱勢孩童在年滿18歲時，最高可存達54萬元，作爲持續升學或就業的第一桶金。實施對象爲105年元旦後出生，符合低收入戶、中低收入戶、長期安置的兒少。貧窮兒童比率6.64%，若以台灣總人口中5%推估經濟弱勢兒童，每年符合開立此帳戶的幼兒約一萬人。

政府委託台灣銀行設置總帳戶，下設「兒少個人帳戶」，兒少法定代理人每人每年最高可存1.5萬元，配合自存款情形，政府將提撥同額款項，每人每年最高也以1.5萬元爲限。若以每年3萬元計算，到18歲時，該名兒少就有54萬元可分配運用。若是無力儲蓄的家庭，由政府結合社福團體等認養協助。若兒少開戶後喪失低收入戶等資格，會有一年觀察期緩衝，再停止相對提撥款。該存款得免列入「家庭財產」計算，以免影響其資格，同時不得作爲抵銷、扣押、供擔保或強制執行的標的。兒童家庭若中途無法續辦，也可經社工評估後解約，但只能取回家長提存的金額。可於「1957福利諮詢專線」，或於網站專區（http://www.mohw.gov.tw/CHT/Ministry/DM2.aspx?f_list_no=1022#）查閱訊息。

(二)身心障礙者雙老家庭支持計畫

台中市社會局成立雙老家庭服務中心辦理雙老家庭日間關懷據點，急迫性的個管服務或生涯協力準備服務，運用志工行動到宅及電話問安關懷。主要服務對象是身障者本人35歲以上且主要照顧者（家屬或手足）55歲以上。

服務項目包括提供定點餐飲服務、諮詢及轉介服務、健康促進活動（規劃身心機能活化課程與團康活動，透過團體動力之運作，滿足服務使用者休閒及社會互動的需求，增進雙老家庭服務使用者身心機能之活化）及參與社會、社區參與活動。由社工員及各領域之專業人員進入雙老家庭，陪同家庭正視目前面臨的困境，以共同工作的方

式，合力討論如何解決其個別化之問題，另對未來擔心的家屬協助規劃未來，提升面對未來的能力。

社工員的職責主要有：(1)安排整體計畫規劃、執行、品質控管與評估效益；(2)特殊服務使用者家庭進行關懷訪視及輔導，撰寫訪視紀錄；(3)志工管理及建立服務使用者個別檔案紀錄。

本章書目

一、直接引述

杜慈容（2017）。〈政府現金及實務給付與社會工作〉。收錄在王永慈主編（2017）。《家庭經濟安全與社會工作實務手冊》，頁19-34。高雄：巨流。

孫健忠等譯（2007）。《童年貧窮與社會排除——兒童的觀點》。台北：心理。

彭懷真等（1998）。《單親資源手冊》。台中：中華民國幸福家庭促進協會。

彭懷真等（1998）。《豐富你的單親人生》。台中：中華民國幸福家庭促進協會。

葉秀珊、陳汝君譯（2004）。Oliver, M. & Sapey, B.原著。《失能、障礙、殘障：身心障礙者社會工作的省思》。台北：洪葉。

劉怡汝譯（2006）。Richard Paul Evans原著。《我要有錢——問題是你有沒有當真，能不能做到五件事》。台北：大是。

蔡晴晴（2002）。《單親家庭貧窮歷程之研究：以台中縣家扶中心受扶助家庭為例》。南投：暨南國際大學社會政策與社會工作學系碩士論文。

鄭淑文（2006）。《從家庭生命歷程分析貧窮動態——以嘉義家庭扶助中心經濟扶助個案為例》。嘉義：中正大學社會福利學系碩士論文。

Brown, J. B., & D. T. Lichter (2004). Poverty, welfare, and the livelihood strategies of nonmetropolitan single mothers. *Rural Sociology, 69*(2), 282-301.

Christopher, K. (2005). A 'pauperization of motherhood'? Single motherhood and women's poverty over time. *Journal of Poverty, 9*(3), 1-23.

CSWE (2016). Working Definition of Economic Well-Being. Retrieved May 10.

Giesler, M. & E. Veresiu (2014). Creating the Responsible Consumer. *Journal of Consumer Research, 41*(3), 840-857.

Henry, J. R. (2005). The contribution of social support to the material well-being

of low-income families. *Journal of Marriage and the Family, 67*, 122-140.

二、參考書目

江亮演（2012）。《身心障礙者福利》。台北：松慧。

萬育維、林萬億、李鐘元（1994）。《邁向二十一世紀社會福利之規劃與評估——社會救助需求初步評估報告》。台北：內政部委託研究。

葉至誠（2010）。《老人福利服務》。台北：威仕曼。

McKernan, S. M., & Ratcliffe, C. (2005). Events that trigger poverty entries and exits. *Social Science Research, 86*(Supplement), 1146-1169.

Chapter
10

脫貧：支持家庭經濟

- 協助就業
- 理財脫貧
- 信託保障

　　家庭對每一個人的影響，既深且遠，尤其原本弱勢者，因為在社會競爭不容易，更依附家庭。所以對貧困者、高齡者、身障者的服務，更需考慮家庭的角色。對於身心障礙者，無論是18歲以下的服務方案、支持性就業、身障信託，幸福家庭協會都辦了與家長對話的座談。我也擔任雙老家庭服務方案的評審委員。透過對研究生實習的督導，也瞭解許多家庭服務方案。

　　有回與三個參加18歲以下多障的家長座談，三位家長各自陳述困境，兩個多小時就過去了。許多問題都糾纏在一起，例如重度智障的兒子15歲還包著尿布。他的母親來自大陸，目前在台灣有事業。外婆是大陸護理學校的退休老師，對於照顧外孫又有經驗又有能力，問題是台灣的法令規定沒有台灣身分的她半年必須離境。外婆在台灣時，孩子可以不穿尿布上廁所，離開時請人照料，照料者為了省力懶得訓練大小便，又穿上尿布。來自中國大陸東北地區的中年女子訴說困境，彷彿溺水的人想要抓住任何浮木。我因此多所學習，感觸多且感受深。

　　在身障信託方案裡，多次舉辦說明會及座談，都遇到層出不窮、各式各樣的問題，憂心卻對財務管理十分熟悉的家長總是能提出我們未曾準備的難題。如果對於金融業務、法律權益等不夠熟悉，難以招架。所幸經過一回又一回的互動，我深深體會「Learning from your clients.」（從你的案主學習）是多麼有道理。

　　剛開始執行自立脫貧方案的前幾年，我不斷聽到「低收入家庭不可能脫貧」的聲音，包括學術界、政府官員乃至社工，但六年了，也許是我太忙，已經很少聽到如此灰色的看法。

　　脫貧計畫，民間組織持續推動的不多，以家扶最有名。幸福家庭協會的預算不到家扶的百分之一，卻也已經完成六年的方案。不僅如此，我們還舉辦研討會、撰寫研究成果、參加相關的學術或實務研討會、向各縣市分享經驗、撰寫專文推廣。我們主動向台中市政府表

示，可以減少對協會的經費挹注，設法支持新的非營利組織投入。然後支持新的非營利組織執行脫貧方案，給予各種建議，也將原本在等候名單的案家轉給該非營利組織。

　　社會工作者投入對經濟弱勢家庭的協助，應該對家戶經濟有更多認識。諾貝爾經濟學獎得主Becker（1993、1994、1998）對於貧窮議題有獨到見解。他認為家庭活動不僅是一種單純的消費活動，還是一種生產活動，任何生產行為都可以看成是為了獲取一種產出而需要耗費各種投入的組合。為了獲得最大的滿足，家庭大量使用從市場上購買來的各種消費性商品和家庭生產所需要的商品，又需投入各種資源。家庭勞務分工、財產分配、決策程序等都是家庭獨有的現象，例如婚姻、生育及子女數等，必然影響家庭的財務狀況及家人的經濟情形。

　　在自立家庭脫貧方案中，盡可能考慮到家庭經濟的各方面。以國民生產毛額GNP的公式來分析，包含C+I+S+T，四大要項的意思是：家戶消費（consumption，以C來代表）；投資（investment，以I來代表）；儲蓄（saving，以S來代表）；繳稅（tax，以T來代表）。少消費、少繳稅、多投資、多儲蓄是增加個體GNP的主要策略。

　　台中市的自立方案是以「家庭」為核心的脫貧模式，與其他縣市推行脫貧方案多以家戶個別成員為主顯然不同，強調「兩代」。經由親子「兩代」協力脫貧策略，擴展服務至參與家戶之其他成員，展現以家庭為本的精神。

　　「工作福利」（workfare）與「資產形成」（asset-building）是一體兩面，前者有助於開源，大量增加收入，後者則透過儲蓄、資產累積，進而產生自立的正向效果（Davis & Sanchez-Martinez, 2015）。「工作福利」要求有勞動能力的受助者透過工作來換取福利給付的，強調權利義務平衡。資產累積福利（assets-based welfare）主要目的在鼓勵個人負責自立、避免福利依賴、減除貧窮循環，並且透過公私

協力、重新設計給付方式等做法,促進受助者參與(Sherraden, 1991; Bent-Goodley et al., 2016)。

在本章先介紹協助就業,如此可以開源,接著簡介各種脫貧方案,尤其是自立家庭脫貧方案。第三節則說明透過信託保障幫助家戶。這些都是我實際投入,使家庭社會工作與金融社會工作結合,共同幫助弱勢家庭的具體手段。

第一節　協助就業

在對抗貧窮計畫上,我國社會救助政策從低收入戶之經濟補助、急難救助及醫療補助等扶持救助做法開始,迄今透過政府和民間資源的結合、就業訓練與教育培育雙管齊下,有更積極的作為,翻轉式的政策思維從「安貧」、「抗貧」轉為以「脫貧」為目標的具體行動。政府在脫貧政策的運作上納入社工專業人員,期望藉由家戶的需求評量、資源連結以及方案規劃等工作,研擬長期性的脫貧方案,期望有效改善貧窮的問題。

社會救助是社會安全制度的一環,人民最低生活保障的經濟安全網,也是整個社會福利體系的一道防線。社會救助的實施從早期的社會救濟法、冬令救濟實施辦法、小康及安康計畫以至社會救助法的制定與歷經多次的修訂,在照顧低收入單親家戶的需求方面有相當大的成長,仍是建基在資產調查的社會救助系統,針對以子女相關之經濟補助為主的補充性措施(趙善如,2006)。提供現金給付或實物的協助,單純以給付式的濟貧、安貧政策雖然在短期內可以提高其生活消費水準,但在長期的福利效果上,卻無法積極協助脫離貧窮,走向長期性經濟自立,較容易產生福利依賴及社會福利預算排擠等問題(周大堯,2005)。

　　政府與民間努力嘗試各式積極性的脫貧服務方案，有關脫貧歷程的探討，可粗略分為教育投資、就業自立與資產累積三種學理模式（彭懷眞，2016）。又以資產累積是近年較常被討論與實務運用的模式，主要是因為資產累積具有明確的理論，此三種脫貧模式之差別主要在於服務對象與模式內涵的設定。

一、就業評估

　　對服務對象須先進行就業評估，以服務弱勢婦女為例，重點如下（杜瑛秋，2017）：

　　首先在動機方面，服務的社工先評估婦女心裡有沒有真的想要工作？想要找哪些工作？有沒有計畫要如何找工作？是否開始有找工作的行動？如果只是說說，而沒有實際行動，顯示其就業動機較低。其次在就業動機方面，有些是經濟需求，例如無收入或收入不穩定；有些屬於成就或教育需求，例如想透過工作獲得成就感或增加學習技能；需要協助家人或自己要償還債務，例如丈夫欠債、用卡債來因應生活開支；降低或滿足心理的經濟不安全感；在家裡無聊，想要工作打發時間；有些補助費用要求婦女要有工作才可以取得子女托育費或交通津貼；也有婦女因為正在訴訟爭取監護權，擔心沒有工作收入不容易爭取監護權。

　　協助就業時，社會工作者可依其就業意願與就業能力程度進行分類提供服務，常見類型如下：

1. 就業意願低＋就業能力高類型：進行深度訪談瞭解就業意願低的因素，可與就業社工聯合服務嘗試提升就業意願，也可透過就業諮詢及就業資訊提供身心準備。
2. 就業意願高＋就業能力高類型：提供就業資訊或簡單就業諮詢

即可。

3.就業意願高＋就業能力低類型：就業障礙較多，大多是就業自信與家庭照顧問題。由於有強烈就業意願，社政社工員與就業社工員聯合，解決就業障礙。

4.就業意願低＋就業能力低類型：社工員需要花費較多心力與時間服務，例如輔導婦女看到就業對自己和家庭的好處，體驗經濟需求的現實等。

　　如果協助其進入準備性就業職場，可加速服務的成效。準備性就業服務分為四個部分，包括進入準工作職場、職場適應能力準備、協助進入職場、就業支持與追蹤。社工員在準備性就業服務中，需經常進入該職場提供各種的處遇服務。前三個月提供適應職場相關處遇服務，包括工作技術適應、工作環境適應、職場人際與主管適應。社工應考慮弱勢婦女工作後本身及其家人的適應，例如職場人際溝通、經濟補助、托老與托育安排、物資提供、工作分析、身心調適等。

　　就業服務，可分一般服務及就業相關服務內容。一般服務是透過會談技巧提供情緒支持、心理輔導、資訊提供、資源轉介或是連結，例如連結托育機構、托育／經濟／交通／住宅補助、職訓／物資／醫療資源等。

二、支持身心障礙者就業

　　身障者就業率低，收入少，容易淪為貧窮者。聘僱單位（政府、企業、非營利機構等）持續需要各種人力，身心障礙者也是可貴的人力，聘僱單位依法也應該聘用一定比例的身心障礙者。但由於身心障礙者的生理、心理、教育背景、工作資歷等，各有差別，需更充分瞭解，以便從事就業的安排。扮演此中介角色的就是政府了，尤其是勞

工行政體系。

　　身心障礙者的就業模式大致可區分為「社區化就業」與「庇護性就業」，其中社區化就業又可區分為「一般性（競爭性）就業」與「支持性就業」。競爭性就業是已具備競爭性就業能力之身心障礙者，能與一般人在相同的工作場合獨立工作，同工同酬，不需要就業服務員特別的協助與支持的就業模式，憑實力躋身就業市場。支持性就業為身心障礙就業服務員透過有計畫而持續性的支持計畫，安排並協助症狀與工作能力穩定之障礙者能在社區中就業，在一般職場與人共事，領取合理薪資。就業服務員需於障礙者就業期間，持續提供個案工作評估、問題解決、能力強化與支持等就業服務，並協助個案與雇主間維持良性互動（彭懷眞、黃寶中，2013）。

　　依身心障礙者之障別及障礙程度，予以個別化就業媒合，協助職場試作、就地工作訓練與安置，陪伴適應環境與人事溝通，長期密集輔導及職場支持。社工提供身心障礙者就業後追蹤輔導，協助處理困難，給予情緒支持，達到穩定就業，另辦理就業適應成長團體活動，增進其就業適應能力（吳秀照，2005）。

　　支持性就業服務網絡裡的工作人員促成求才和求職兩者的媒合。如同媒人，持續幫助雙方適應。媒人無論如何努力，提供許多好的條件與誘因，關鍵人物還是工作者與聘僱者。聘用單位如何創造一個適合新手發揮的環境、在訓練能力方面如何增強、在引導時如何有效、在激勵方面如何公平，都是聘用單位需多加考慮的（彭懷眞、黃寶中，2013）。

　　各地勞工局委託辦理的「身心障礙者支持性就業服務計畫」，藉由個案管理、開發就業機會、發展安置計畫、擬定就業服務計畫、訓練工作適應能力等服務模式，提供身心障礙者適性的就業安置，並加強就業後追蹤輔導，以促進身心障礙者穩定就業。

三、支持弱勢女性就業

　　政府對於弱勢婦女有許多促進就業及創業措施。首先，在就業方面，各縣市均有多個就業服務站，社工員可陪同弱勢婦女到就業資訊區，主動查詢職缺資訊及翻閱勞動相關書籍，社工員也可以直接轉介弱勢婦女到臨櫃式諮詢服務區，由個案管理員提供專人服務，依其需求推介就業、安排職業訓練，或針對非自願失業者協助申請失業給付等（杜瑛秋，2017）。

　　部分弱勢婦女從未就業或職場適應有困難，也有許多促進就業工具可使用，例如職場體驗或職場再適應、安排專業心理師進行就業深度諮詢服務、促進就業課程，也可申請就業促進津貼，例如求職交通補助金、臨時工作津貼、職業訓練生活津貼、創業貸款利息補貼、就業推介媒合津貼等。二十四小時免費求職專線0800-777-888及台灣就業通網頁（https://www.taiwanjobs.gov.tw/Internet/index/index.aspx）。

　　信任的專業關係是服務成效的關鍵，社工員遇到就業服務困難情況，例如社工員提供就業資訊後，婦女都沒有去面試、受到婦女欺騙，要求婦女去找工作，對方也都沒有行動等問題，探究原因，大部分是「未與婦女建立良好專業關係」（杜瑛秋，2017）。

　　良好的助人關係是協助效果達成的關鍵，同理是助人關係中的主要元素。社工員與婦女建立關係時，運用收集到的資料，進入服務對象的生活脈絡，瞭解其所處生活處境，回應其需求和情感，最重要的是與服務對象建立相互同理的關係，讓服務對象體會社工員是真誠關心她、理解她的處境，使其感受到社工員站在她的立場協助她，有「和她在一起」的感覺（劉珠利，2012）。

　　當社工員與服務對象建立後信任關係後，服務對象認同社工員的就業評估、表達自己對就業期待和需求、願意與社工員共同擬定就業

計畫，在社工員陪伴下，執行就業或創業計畫。服務對象比較可能主
動告知或分享其執行時內外在的障礙困難，社工員連結或提供資源，
透過與服務對象對話可引導服務對象看到優勢與不足之處。

 第二節　理財脫貧

一、脫貧理念及做法

　　脫貧方案類型都涵蓋自助人助的精神，強調以教育打破貧窮循
環。理財脫貧以財產累積為理念，重點在加強服務對象儲蓄的養成及
擁有金錢管理的觀念，使家戶未來在面臨各種經濟問題時還能維持基
本的生活保障，方案類型有台中市自立家庭築夢踏實計畫、台北市家
庭發展帳戶、台北市青蘋果發展帳戶專案、台北市伴我童行「兒童希
望發展帳戶」專案、「儲蓄互助培力——平民銀行」實驗方案、資產
累積築夢心希望、家庭發展帳戶脫貧計畫等（林萬億、孫健忠、鄭麗
珍、王永慈，2005；王永慈主編，2017）。

　　各種脫貧方案的類型多元，不論是強調鼓勵定期儲蓄、理財訊
息、技能訓練等服務，所有的方案類型或多或少同時兼顧財產累積、
工作福利、人力資本、自助人助、教育資源等五種脫貧理念。希望能
透過方案的操作可以產生預期的福利效果，包括心理面的，產生信心
增強或是自我肯定，對未來能夠充滿實現理想的動力。其次是社會性
效果：人際互動網絡的促進，願意主動參與社會等。第三為經濟性效
果：工作穩定收入增加，累積更多的財產等，有助於達到經濟自立，
脫離貧窮的最終目標（王玉珊，2004）。

　　國內的脫貧方案執行單位模式主要立基於協力的合夥、互補及契

約關係，大致可分為三種類型（鄭麗珍，2016）：

1. 公私協力合夥關係模式，方案為政府採取與企業基金會合作的夥伴關係。
2. 非營利組織之間的協力互補關係模式，如家扶基金會與中國信託慈善基金會共同規劃點燃生命之火，募款協助經濟弱勢家戶。
3. 公私協力的契約委外關係模式：以台中市自立家庭築夢踏實計畫為代表。

黃明玉（2016）歸納出四個重要脫貧方案，並進行研究：

1. 培力樂業家庭方案：方案設計著重於戶長的職涯探索，以技能培訓及提升脫貧動力為主，使其順利就業，邁向脫貧。
2. 鳳凰展翅創業方案：結合微型貸款與創業輔導等資源，協助戶長培植社會資本，實現創業夢想。
3. 築夢希望愛家方案：政府透過相對配合款提撥及教育理財課程等機制，以增強戶長及其子女養成固定儲蓄的習慣，充權家戶成員，培養自給自足。
4. 領航發展帳戶方案：政府透過相對配合款提撥，鼓勵家戶定期儲蓄，以培力就業能力。當家戶面臨資金需求時可藉由申請貸款，解決其經濟需求與問題。

　　每一種脫貧方案的服務類型均相當強調對服務參與者的培力。因此，社工員於方案過程如何進行資源網絡的連結及強化服務參與者運用資源的能力十分重要。要達成方案目標，個案管理方法的落實是關鍵，社工員除了循序性的協助過程，也應適切的扮演好資源整合者、教育者、倡導者的角色（彭懷眞、白琇璧，2017）。

二、自立家庭脫貧

　　中華民國幸福家庭促進協會持續推動財務投入與社會工作有關的方案。例如99年承辦台中市政府委託經濟救助案件社工員訪視計畫，訪視700件，進行低收入戶複查。100年繼續承辦，訪視825件。承辦後，開始了一連串的後續服務計畫。包括：高危機家庭輔導方案、低收入戶關懷輔導、低收個管人力派遣方案、低收入戶子弟暑期工讀計畫、低收入家庭個案管理方案、自立家庭築夢踏實計畫、韌力家庭陪伴計畫、自立家庭就業homerun方案、自立家庭生活支持方案等，這些方案主要是在台中推動。

　　99年度原台中縣推動大專青年築夢踏實方案，藉由方案提供20位低收入戶第二代參加生涯規劃、理財知能及人際關係課程、返鄉服務及發展帳戶的機會。100年底，經過甄選，協會獲得台中市承辦自立家庭築夢踏實計畫的機會，持續推動（白琇璧、劉雅萍，2015）。將「開源節流」觀念落實於脫貧方案，從輔導家戶中瞭解當初想要加入方案的動機。主要的誘因有兩個部分，首先為每月小額存款即可獲得政府1：1相對提撥款，其次的誘因則為家中有工作能力且有就業動機或意願者可獲得就業機會及家戶中子女可優先錄取社會局暑期工讀機會。

　　「節流」部分，採「個人發展帳戶」，以家戶為單位，每戶限申請兩個帳戶，透過儲蓄方式由參與計畫的親代和子代每月穩定儲蓄，即可獲得台中市政府社會局1：1的相對補助款（每戶每人每月最高1,000元相對提撥款），除了藉由儲蓄累積財產之外，並安排成長教育課程，例如理財規劃、現金流、保險認識等，檢視自我消費習慣、學習資產配置、投資工具認識、風險管理等，強化理財知能能力。

　　「開源」的部分，參加本計畫的子代可獲得暑期打工的機會，一

個暑期二個月工讀，至少有三萬多元的收入，子代有錢儲蓄，追求學習與技能，親代也積極就業並儲蓄，增加生活機會，改善生活品質，脫貧可能性大增。

在計畫中設法安排相關課程及做法，投入教育投資措施也是計畫重點。也將參與式評估納入課程規劃，邀請親代及子代成員參與課程劃座談會，重視成員共同投入的過程，運用充權概念與成員共同回顧、檢討，並擬定未來的目標。協會依據成員需求調查並辦理理財系列課程、創業知能課程、購屋需知課程、社會保險與商業保險課程、抒壓系列課程、手工藝系列、心靈成長等系列課程。

幸福家庭協會持續與儲蓄互助社共同研商參與方案家庭所需的課程或訓練，並對親代、子代課程有所區分，設計分別符合父母以及高中職以上子女的理財課程，建立家庭的理財經濟認知，另外也規劃親代與子代可共同參與現金流遊戲課程。

在創業知能及購屋需知課程方面，包括「如何撰寫創業計畫書」、「參訪公司」、「計畫書之分析」、「評估創業可行性」、「購屋需知篇」、「分析評估家戶購屋現況及可行性」。還邀請擁有創業成功及購屋經驗者上台分享，期望激發角色認同並仿效學習外，協助其完成初步夢想並提供接觸社會資源機會。此外安排社會保險與商業保險課程，使自身的權益不受損，保險是因為風險的存在，不可忽略生活中的各種風險。

協會是平台，或說是平台的中心點，擔負以下責任（彭懷真，2015、2016）：

1.個案管理：開案、訪視評估、社工處遇、追蹤輔導、紀錄撰寫等。
2.招募家戶：建立轉介管道、辦理說明會。
3.輔導穩定儲蓄。

4.辦理相關課程：團體課程、成長教育課程。

5.輔導完成志願服務時數。

6.資源連結：創業輔導（經濟部中小企業處）、就業協助（勞政單位）、醫療轉介（署立醫院）、社會局暑期工讀案等。

7.行政事務：召開工作小組會議、辦理個案研討會暨聯繫會報、參與脫貧相關會議等。

第三節　信託保障

一、需求及法源

社會總是將照顧身心障礙者的責任加諸在「家庭」上，但當身為家中照顧孩子主力的父母逐漸老去，身心障礙者的老化速度又較一般人更快時，若沒有足夠的支援體系，這些家庭的經濟與生活品質亟需外界的協助，以避免「兩代同垮」。所謂的垮，主要是經濟的破產和身體的病痛。

社工面對這些家庭，要想到老人共同的基本需求——老身、老本、老友、老居、老伴，分析該家庭老人在這五方面的需求。首先研判平均壽命。104年台灣平均餘命首度超過80歲，達到80.2歲，男性是77.01歲，女性是83.62歲。身心障礙者占總人口比率逐年上升，從99年的3.32%，102年4.07%，至105年已到達4.5%。增加的原因除了「因老而失能」，也因為天生障礙者餘命越來越長的緣故。身心障礙者的平均壽命較短，如果是唐氏症的平均餘命是55歲，肢障則超過75歲。

總人口是滿65歲就算是老人，身心障礙者受制於健康狀況較差、基因缺陷、文化刺激較少、經濟條件較差，起算老化的年齡比一般人

來得更早，障礙者在45歲就是老化的開始，部分特殊疾病如唐氏症，在30歲就算「老」。

身心障礙的疾病能被診斷可以開刀又有藥吃，存活率上升，卻可能因為錢不夠用，晚景淒涼。身障者有各種需求，人們都寄望家庭，希望家人能幫忙，期盼家庭制度能支撐自己度過危機。然而，家又小又弱又窮，無法長期擔負重責大任。台灣日後「兩代同垮」的問題將非常嚴重，殺死家人的案例，台灣已經頻繁出現，照顧者以殘忍的手段殺死被照顧者的悲劇，層出不窮。

身心障礙者占總人口比率逐年上升，從99年的3.32%，102年4.07%，至105年已達到4.5%。以ICF新制來看，第一類指「神經系統構造及精神、心智功能障礙」（包含原舊制智能障礙、自閉症、植物人、失智症、慢性精神疾病、頑性癲癇等）。人數方面，105年第一季時，慢性精神病有124,566人，智能障礙者100,750人，失智症46,188人，自閉症有13,273人，頑性癲癇4,834人，植物人則有4,009人，共293,620人，占總數1,157,731人的25.36%。

心智障礙者由於智力的限制，常無法明確的表達自身健康狀況與相關問題，也難以獨立主動獲得醫療服務及資源，在社會中屬於比較弱勢的一群。因此特別需要主要照顧者來協助其日常生活、維持身體健康（郭孟亭、林藍萍、林金定，2014）。

長期的照顧壓力與負擔，容易對照顧者的心理健康產生傷害，甚至造成憂鬱與心理疾病。當智能障礙者開始出現老化的狀況時，主要照顧者通常也進入高齡的階段，這類被照顧者與照顧者雙重進入老化狀況的家庭稱作「雙老家庭」，照顧者在面臨老化的同時，除了需面對自身的老化問題，仍需肩負起照顧個案的責任，如此現象使雙老家庭在未來的照顧階段更顯艱難。障礙照顧者本身的「生活品質」與「健康狀況」，都低於一般人。

家中如果有一位不良於行需要僱用全時間照顧者，每月至少要3萬

元，一年就是快40萬。如果65歲時不良於行，活到平均壽命的80歲，十五年至少五百多萬。然而，身心障礙者家庭近半數處於入不敷出的赤字狀態，高齡伴隨貧窮，生活份外艱難。因而，智障者家庭有三成以上為中低收入戶，脊髓損傷而癱瘓的家庭更有半數是中低收入戶。

通常年紀愈大，因為病痛及照顧所需的經費更多。一個家庭如果有兩代老人，所需預備的金錢更多。通常身心障礙者的收入較一般人為少，支出卻多，更難儲蓄。因為要照顧家人，也是收入少的群體，承擔的經濟壓力更大。一位勞工工作三十年退休，可以領到三百多萬的退休金，離五、六百萬僱用照顧者的花費還差很多，更何況該勞工自己也要生活。

根據內政部於100年做的抽樣調查，全國108萬5,000戶身心障礙家庭中，父母雙亡的高達53.79%，若再加上父母其一亡故、其一65歲以上，或兩人均65歲以上的家庭，數字便增加到80.24%。若再計入父母其一達65歲以上，高達85%，有98.4萬戶的身心障礙家庭面臨父母亡故或年邁的問題。智障者家長總會的調查顯示，台灣智障者與家人同住的比例為98.4%，智障者均齡42.2歲，而照顧者均齡67歲。

身心障礙的疾病、生活的照顧需求常寄望家庭，期盼家庭制度能支撐。然而，每個家庭的經濟、照顧能力不一，多數無法長期擔負照顧重責大任。照顧者若無法忍受照顧的痛苦、不堪長期照顧的壓力，以殘忍的手段戕害被照顧者的悲劇層出不窮，形成人間悲劇。

身心障礙者的照顧需求是沉重財務負擔，如經濟較佳者，因身心障礙的受限而無法管理財產。為確保財產能「專款專用」，不被他人挪用或侵占，是許多身心障礙家庭希望解決的問題。多數身心障礙家庭將財產管理與照顧責任則委由親友負擔，常衍生許多糾紛或親人不堪負荷（林瓊嘉、彭懷真，2017）。

我國社會福利法規中，就弱勢者財產的保障，多有信託規定，例如：

1. 《兒童及少年福利與權益保障法》第72條：「有事實足以認定兒童及少年之財產權益有遭受侵害之虞者，直轄市、縣（市）主管機關得請求法院就兒童及少年財產之管理、使用、收益或處分，指定或改定社政主管機關或其他適當之人任監護人或指定監護之方法，並得指定或改定受託人管理財產之全部或一部，或命監護人代理兒童及少年設立信託管理之。前項裁定確定前，直轄市、縣（市）主管機關得代為保管兒童及少年之財產。第一項之財產管理及信託規定，由直轄市、縣（市）主管機關定之。」

2. 《身心障礙者權益保障法》第83條：「為使無能力管理財產之身心障礙者財產權受到保障，中央主管機關應會同相關目的事業主管機關，鼓勵信託業者辦理身心障礙者財產信託。」另外依照聯合國《身心障礙者權利公約》（Convention on the Rights of Persons with Disabilities，簡稱CRPD）第12條第五項規定：「在符合本條之規定情況下，締約國應當採取一切適當及有效的措施，確保身心障礙者平等享有擁有或繼承財產之權利，掌管自己財務，有平等機會獲得銀行貸款、抵押貸款和其他形式的金融信用貸款，並應當確保身心障礙者之財產不被恣意剝奪。」

3. 《老人福利法》第14條：「為保護老人之財產安全，直轄市、縣（市）主管機關應鼓勵其將財產交付信託。金融主管機關應鼓勵信託業者及金融業者辦理財產信託、提供商業型不動產逆向抵押貸款服務。住宅主管機關應提供住宅租賃相關服務。」

二、意義及功能

信託制度（Trust）是一種為他人利益而管理財產之法律制度，任

何人均得藉由契約或遺囑，以動產、不動產或其他權利爲自己或他人之利益設定信託（潘秀菊，2010）。我國《信託法》第1條規定：「稱信託者，謂委託人將財產權移轉或爲其他處分，使受託人依信託本旨，爲受益人之利益或爲特定之目的，管理或處分信託財產之關係。」

我國於民國85年公布了《信託法》，奠定了信託關係之法律依據，明確規範了委託人、受託人及受益人三方當事人間的權利義務關係。由於信託財產的轉移牽涉許多稅法的問題，不同的信託財產就適用不同的稅法，例如，單純的現金，適用綜合所得稅、贈與稅、遺產稅等；房屋、土地等不動產則牽涉有土地增值稅等；其他尚有契稅等交易稅的課徵，均屬信託制度的一環。因信託業務龐雜，在國內對一般民眾屬於比較陌生的金融商品及財產管理方式。

信託財產保障的功能有（林瓊嘉，2005）：

1. 安全性：因信託財產已轉入受託銀行名義下，辦理信託後新生債務，債權人不得對身心障礙信託財產爲強制執行；又信託可設定信託監察人（多由律師、會計師擔任），監督信託銀行忠實執行信託契約，屬安全性較高的金融商品。
2. 獨立性：信託銀行必須獨立管理信託財產，不得與該信託業者資本混淆；縱使信託業者破產，亦不計入破產財產分配，其保障不受限於中央存款保險公司最高300萬元之理賠限制。
3. 富彈性：基於財產權保護「最小限制選擇法則」，信託財產得完全依信託契約的指示作信託保管及使用。財產信託部分，受益人、受益額度可隨時依其需要變更信託內容。信託財產給付亦可爲一次或年金方式分期給付，以符合身心障礙者需求。
4. 理性分配：雙老家庭的分配財產，容易發生家族糾紛；不分配財產，又惟恐事後家族分產爭議。利用信託分式爲財產分配，可保障身心障礙者的權益，亦可保障其分配方式不爲家族所知。透過指定專人爲分配方式，增加財產規劃的彈性。

5.節省稅捐：財產信託雖非以節稅為核心，但藉專業理財方法可兼達節稅效果。有些企業家透過財產信託，以達企業永續經營或德澤子孫。

6.保密功能：信託財產屬受託人所有，交易是以受託銀行名義進行，身心障礙者財產信託不會成為交易的名義人，對身心障礙者財產可達保密功效。

7.資產管理：信託銀行由專業理財人員製作財務報表，代為詳細記載各項投資交易紀錄。相對的，身心障礙者財產未辦信託時，多筆存款、分散交易支出，無法清楚釐清其財務，更可達到資產管理之效果。

8.專業管理：身心障礙者將財產移轉信託銀行，由信託銀行專業協助管理其財產。

三、針對各人口群的服務

(一)對兒童

　　國內信託的科際整合，最早發展於「台中縣九二一震災失依兒童少年生活重建計畫」。因地震導致父母雙亡的失依兒少有81人、單親家庭兒少有140人，為提供頓失依靠、不幸兒少的寄養照顧及輔導，依「台中縣失依兒童少年暨危機家庭生活照顧輔導工作實施計畫」，工作項目在「經濟扶助」有「設立失依兒童生活扶助教育補助基金專戶」、「失依兒童少年信託基金管理手續費補助」、「寄養費用補助」等。

　　台中縣因失依兒童經濟扶助開創國內信託科際整合的首例，透過信託專業會議，結合志工律師、中央信託局（台灣銀行信託部前身）、台中縣社會局、內政部兒童局（衛生福利部社會及家庭署前身）等，與54位失依兒少完成信託契約，另未加入信託之失依兒少

則由社會局追蹤輔導。方案獲內政部兒童局採用，並由「財團法人九二一震災重建基金會」補助每名辦理信託之兒少各50萬元及信託管理費；中央信託局則以低於市場收費計收信託管理費。三位志工律師義務由台中縣政府聘任，擔任信託監察人；信託方案再經兒童局核定，適用全國各縣市辦理九二一失依兒童少年經濟扶助。

(二)對身障者

　　台中市身心障礙者信託方案，構思參考前台中縣九二一震災失依兒少信託專案，藉九二一震災失依兒少信託方案經驗，撰擬身心障礙信託方案。經台中市政府社會局提案通過公彩審查，先框列公彩盈餘100萬元作為該方案預算，並自104年開始實施。

　　本計畫與一般銀行信託的不同之處，說明如下：

1.接受全方位的專業協助。為公平審查，由身心障礙者專家學者、身心障礙機構負責人擔任申請者資格審查委員，以確保資源公平合理分配。

2.服務方案採跨專業團隊的整合，提供社工、法律、金融、教育等專業支持；透過中華民國幸福家庭協會為科際整合的平台。

3.設信託監察人，由台中市政府遴聘績優律師義務擔任，監督受託銀行執行信託契約及各項給付符合信託契約的要求。

4.信託銀行委由台灣銀行承辦，信託開辦費一般約須3,000～4,000元，本方案申請者僅需2,000元，其餘由銀行優惠、政府補助。一般方案信託管理費按信託金額0.3～0.6%計算，本信託管理費台灣銀行信託部依公益信託0.2%優惠，方案信託期間由公彩盈餘全額補助。

　　參加本方案享有之權利：信託管理費全額由台中市政府補助，直到方案終止。目前僅受理現金信託，信託金額50萬元至300萬元。其他

如保險金、不動產信託等，未來視方案進展再研討，不在受理範圍。信託監察人之選任或變更：由台中市政府社會局選任，監督受託銀行依照信託契約履行及信託契約之變更、終止。台中市政府社會局及中華民國幸福家庭促進協會為保障個案權益，不定期進行訪談，提供相關信託服務與協助。

方案由社工專責擔任個案管理者，負責聯繫協調、計畫擬定、招募說明會、開案、辦理身心障礙者財產信託宣導說明會及製作宣導海報。社工服務項目包括以下各點：為受益人（身心障礙者）辦理有關信託契約簽訂信託契約；宣導身心障礙者財產信託服務；聘請專家擔任財產信託監察人；檢視服務方案、作成服務成效評估，以利未來方案續辦或擴大辦理之參考；透過專家學者進行資格審查、面談評估、提供專業意見，以利落實服務成效。

在每個月初，承辦人都針對上一個月的執行狀況整理詳細清楚的工作月報，每個月的工作月報平均有十項紀錄，並刊登在協會出版的會訊之上。閱讀者可以一目了然，日後的追蹤、改進及研究，有了基本資料。

總之，經濟性議題是助人工作服務過程中經常遇到的，從安貧、脫貧到老年化社會的安養，都環繞在家庭社會工作的服務裡，有許多經濟性的服務應運而生。大部分的助人專業養成，讓社工習慣從個別的角度介入，認為經濟補助、物資供應、關懷陪伴、團體課程等方式，能幫助案主克服困境。事實上，如此的服務很難澈底解決根本問題，甚至衍生出「福利依賴」、「萬年個案」的現象。家庭社工應多盡一份心力來處理財富等經濟性議題，社會工作利用跨專業的介入，讓助人者透過「財務知識與能力」的培養，能精確盤點「財務缺口」，搭配助人專業養成的「脈絡」評估能力，與服務對象共同釐清致貧可能原因，進而採取有效的計畫（林瓊嘉、彭懷眞，2017）。

本章書目

一、直接引述

王玉珊（2004）。〈台北市貧窮政策與方案〉。收錄於《貧困家庭自立脫貧方案與實務研討會彙編》，92-98。台中：家扶基金會。

白琇璧、劉雅萍（2015）。《台中市自立家庭築夢踏實計畫服務成效評估研究》。台中：中華民國幸福家庭促進協會執行。

吳秀照（2005）。〈從理論到實踐：身心障礙就業服務之理念與服務輸送的探討〉。《社區發展季刊》，112，104-117。

杜瑛秋（2017）。〈弱勢婦女就業、創業與社會工作〉。收錄在王永慈主編（2017），《家庭經濟安全與社會工作實務手冊》，頁35-60。高雄：巨流。

周大堯（2005）。《脫貧婦女復原力建構歷程之初探》。台北：天主教輔仁社會工作學系碩士論文。

林萬億、孫健忠、鄭麗珍、王永慈（2005）。《自立脫貧操作手冊》。台北：內政部。

林瓊嘉（2005）。《論老人財產的保障》。嘉義：中正大學法律研究所碩士論文。

林瓊嘉、彭懷真（2017）。〈透過科際整合，提供身心障礙者財產保障——以台中市身心障礙信託方案為例〉。《社區發展季刊》，160，1-18。

郭孟亭、林藍萍、林金定（2014）。〈智能障礙者雙老家庭之照顧者憂鬱情形及相關因素探討〉。《身心障礙研究》，12(4)，207-220。財團法人中華啟能基金會附屬台灣智能障礙研究中心。

彭懷真（2015）。〈平台、平衡、平實——家庭福利服務組織合作新思維〉。「社會企業與資產脫貧——平民銀行實驗方案」產官學研討會。

彭懷真（2016）。〈透過多方合作，搭造對貧困與身障家庭的經濟社會協助平台〉。發表在「社會正義與社會創新‧多元發展的社會工作實務」學術研討會。台中：東海大學。

彭懷真、白琇璧（2017）。〈經濟弱勢家庭的資產累積與社會工作〉。收錄在王永慈主編（2017），《家庭經濟安全與社會工作實務手冊》，頁81-98。高雄：巨流。

彭懷真、黃寶中（2013）。《台中市身心障礙者支持性就業服務資源網絡及需求調查》。台中市政府委託研究。

潘秀菊（2010）。《身心障礙者信託之理論與實務》。台北：新學林。

趙善如（2006）。〈家庭資源對單親家庭生活品質影響之探究：以高雄市為例〉。《台大社會工作學刊》，13，109-172。

劉珠利（2012）。《創傷女性與社會工作處遇模式》。台北：雙葉。

鄭麗珍（1999）。〈女性單親家庭的資產累積與世代傳遞過程〉。《台大社工學刊》，1，111-147。

鄭麗珍（2016）。〈立基於資產累積的脫貧方案經驗〉。收錄在黃琢嵩、鄭麗珍主編（2016），《發展性社會工作：理念與實務的激盪》，頁39-59。台北：雙葉。

Becker, Gary S. (1993). *A Treatise to the Family*. Harvard University Press.

Becker, Gary S. (1994). *Human Capital: A Theoretical and Empirical Analysis, With Special Reference to Education*. University of Chicago Press.

Becker, Gary S., Becker, Guity Nashat & Nashat, Guity (1998). *The Economics of Life: From Baseball to Affirmative Action to Immigration, How Real-World Issues Affect Our Everyday Life*. McGraw-Hill.

Bent-Goodley, T., Sherraden, M., Frey, J., Birkenmaier, J., Callahan, C. & McClendon, G. (2016). Celebrating six decades of social work and advancing financial capability and asset development. *Social Work, 61*(4), 293-296.

Davis, E., & M. Sanchez-Martinez (2015). *Economic Theories of Poverty*. Joseph Rowntree Foundation.

Sherraden, M. (1991). *Assets and the Poor: A New American Welfare Policy*. M. E. Sharpe, Inc.

二、參考書目

中華民國信託業商業同業公會（2014）。《信託與我》。台北：宏典。

中華民國信託業商業同業公會（2016）。《高齡者身心障礙者信託》。

王永慈（2017）。〈家庭經濟安全與社會工作〉。收錄在王永慈主編
　　（2017），《家庭經濟安全與社會工作實務手冊》。高雄：巨流。

王志誠（2017）。《信託法》。台北：五南。

王國羽（2017）。〈聯合國身心障礙者權利公約第十二條對台灣未來身心障
　　礙者服務體制的影響〉。《社區發展季刊》，157，168-177。

周月清（2004）。《障礙福利與社會工作》。台北：五南。

馬淑蓉（2011）。《工作貧窮女性單親家庭邁向脫貧之歷程研究：以被社會
　　救助法排除者為例》。台中：靜宜大學社會工作與兒童少年福利學系碩
　　士論文。

馬淑蓉、吳惠如、郭俊巖、賴秦瑩、巫承宗（2013）。〈單親婦女的生活困
　　境與福利需求：以非營利機構受助者為例〉。《社會發展研究學刊》，
　　13，72-108。

張英陣（2015）。貧窮、儲蓄互助社與社會工作：平民銀行計畫的省思。
　　《社區發展季刊》，151，62-72。

張英陣（2017）。〈儲蓄互助社、平民銀行與社會工作〉。收錄在王永慈
　　主編（2017），《家庭經濟安全與社會工作實務手冊》，頁99-118。高
　　雄：巨流。

張素菁、邱淑芸、賴錦昌（2016）。〈跨專業脫貧策略的可能〉。發表在輔
　　仁大學「金融社會工作發展的探索與應用」研討會。

許志成（2012）。行政院衛生署委託辦理「身心障礙者提前老化及年平均餘
　　命基礎研究」期末成果報告。

郭登聰、張素菁（2016）。〈金融社會工作之能的養成規劃〉。發表在「金
　　融社會工作發展的探索與應用」研討會。台北：輔仁大學。

黃明玉（2016）。《社工員執行脫貧方案個案管理之探究：以服務女性戶長
　　單親戶為例》。台中：東海大學社會工作學系博士論文。

黃明玉、吳惠如、郭俊巖（2014）。〈從台北市家庭發展帳戶方案探析女性

戶長單親戶脫貧的可能〉。《台灣社區工作與社區研究學刊》，4(1)，
131-152。

黃琢嵩、鄭麗珍主編（2016）。《發展性社會工作：理念與實務的激盪》。
台北：松慧。

黃源協（1999）。《社會工作管理》。台北：雙葉。

楊培珊、梅陳玉嬋（2016）。《台灣老人社會工作：理論與實務》。台北：
雙葉。

鄧麗萍、周思含（2015）。〈愛的契約書——信託全解析〉。《今周刊》，
976，60-78。

蕭善言、封昌宏（2016）。《信託法及信託稅法最新法令彙編》。台北：財
團法人台灣金融研訓院。

謝哲勝（2016）。《信託法》。台北：元照。

Birkenmaier, J., Sherraden, M. & Curley, J. (2013). *Financial Capability and Asset Development*. Oxford University Press.

Buvinic, M., & R. Furst-Nichols (2014). Promoting women's economic empowerment: What works? The World Bank Research Observer. doi: 10.1093/wbro/IKu013.

Feldman, G. (2017). Contradictory Logics in Asset-building Discourse: Habits, Identities and Discipline. Social Policy and Administration. doi: 10.1111/spol.12326

Gidron, B., & Y. Monnickendam-Givon (2017). A social welfare perspective of market-oriented social enterprises. *International Journal of Social Welfare, 26*(2), 127-140.

Miller, M., J. Reichelstein, C. Salas & B. Zia. (2015). Can you help someone become financially capable? A meta-analysis of the literature. The World Bank Research Observer. doi: 10.1093/wbro/IKV009

Shanks, T., Boddie, S., & Rice, S. (2010). Family-centered, community-based asset building: A strategic use of individual development accounts. *Journal of Community Practice, 18*, 94-117.

　　我曾帶領一個團隊在台中地方法院服務，負責台中市社會局派駐法院家暴事件服務處，那時《家事事件法》通過，即將上路。家事法庭的楊庭長希望我們能多瞭解該法，以便日後擴大服務。我在猶豫是否要踏上新服務的旅程？本會當年的表現非常好，協助家暴當事人申請保護令、訴狀書寫、出庭陪伴、法律諮詢等業務，也提供民眾對於一般性社會福利諮詢。到了年底，為次年的服務處方案，原本以為十拿九穩，沒想到差了一分，沒法繼續在法院經營。

　　「塞翁失馬，焉知非福？」如果真的繼續承辦家暴事件服務處，面對家事事件的複雜度，很難做得好。大致區分，家暴事件專精、特定，牽涉較小。家事事件則廣泛，牽連甚廣。我們聘任的五位社工，經過一年服務處的教育訓練及實務經驗，能把家暴事件處理好就不容易了，更何況要做家事事件？

　　由此可以判斷家事工作之難度，當攸關民眾家庭紛爭處理之《家事事件法》，在立法院法制委員會二讀通過後，社會工作專業人員協會發表聲明，一方面肯定該法新創設的家事法庭、家事調查官、社工陪同、合併審理等制度，對「扶助弱勢」給予正面肯定。社工專業的介入與社工人員的陪同實屬必要，但其中的複雜度及專業程度都高。但專協擔心此舉將使工作量已經超乎負荷之社工無法勝任。

　　在家事調解方面，John Bradshaw原著《家庭會傷人——自我重生的新契機》（鄭玉英、趙家玉譯，2006）給我很多的啟發。該書敘述家庭給人負面傷害，要帶著相當大的勇氣去閱讀，以便發現自己身上可能有的傷痕和偏差的來源，學會如何走出家庭陰影，找回健康的自我。我們感嘆：應該帶給人們幸福的家庭卻成為傷害人的最主要場所，無數社工的案主甚至是社工本身，都受到家庭大大小小不一的傷害。

　　當家庭暴力防治只是訴求尚未立法的年代，我將自己處理婚姻暴力的案例及處遇的經驗在《皇冠雜誌》上連載，後整理為《婚姻會傷

人》，敘述二十七個案例。然而，我對婚姻制度一直帶著信心，不認爲家庭暴力事件必然以離婚收場。實在難以改善，再考慮分手，分手也應試著「好聚好散」。

針對離婚的可能考驗，我寫《愛情下課了！》一書，愛情是一生的課題……如果說人生是一門學問，那麼愛情就是人生的一堂必修課，人們總是在學著愛人和被愛，學著在愛中成長和茁壯。但是，當另一半轉身離去……愛情驟然消失了，必然傷心、難過且不能接受，愛禁不起考驗。離婚者無法置信，愛情不再天長地久，認定人生也就有了缺憾。

在愛情下課後，中斷了愛情，中斷了這堂甜蜜的課，但除了難過，我們還有朋友，還可以尋求幫助，還有權利找尋自己的幸福，讓自己過得更好！在《愛情下課了！》的七個系列六十篇文章中，關鍵的一個系列主題是「愛情下課，親情認眞學」，我分析了離婚過程裡親情的各種考驗，這方面正是社會工作者最能多加協助之處。孩子一定有痛苦，但父母應避免把孩子推走，須考慮孩子的年齡進行適當安排。我建議優先考慮共同監護權，並以漸進的方式處理分離。近年來，Sigle-Rushton、Hobcraft和Kiernan（2005）及常以方譯（2016）等的論述，尤其值得參考。

無數社會工作的學生對法律領域都又愛又怕，從大一開始，就知道觀護人、家事調查官等均是可能的出路。實習時，很多人也希望進法院或相關機構深入學習。但是，基於對法律專業的畏懼，積極走上司法社會工作之路的學生，並不多。

其實，只要投身社會工作，無論服務何種人口群，幾乎都離不開法律，都需與司法體系互動。社會工作者需要執行法律來推動專業服務，法律也需要社會工作來落實。社會工作與法律的關係愈來愈密切，尤其是有了《家事事件法》之後。

本章第一節簡要介紹家庭社會工作者需要知道的法律名稱，以家

事事件為主，說明社會工作在其中的角色。《民法》當然是基礎，家
事事件就是落實《民法》的內容及程序。先扼要介紹《家事事件法》
的五大類型，說明該法的特色，以及家事事件流程裡的幾類角色：程
序監理人、家事調查官、兒少心理專家。第二節專門解釋社工的角
色、在法院裡的社工平台、社工如何陪同兒少出庭、如何辦理交往會
面及監督會面。第三節則專門分析《家事事件法》之中最重要的機制
——家事調解，尤其是關於子女的監護權，社工該如何協助此任務。

第一節　《家事事件法》及分工

一、《家事事件法》的全貌

　　《家事事件法》將家事事件區分為家事訴訟事件（即甲、乙、丙
類）與家事非訟事件（即丁、戊類），將贍養費事件、家庭生活費事
件、扶養費事件歸類為家事非訟事件。根據該法第3條規定，家事事件
分為以下五類，參考李太正（2015），說明如下：

(一)甲類事件

　　指具有訟爭性，而當事人對於訴訟標的並無處分權者，包括：

1. 確認婚姻無效、婚姻關係存在或不存在事件（因為婚姻是否有
　 效，具有公益性，不能任由當事人自由決定其效力）。
2. 確定母再婚後所生子女生父事件（子女之生父究竟為誰，同樣
　 具有公益性，不能任由當事人自行決定）。
3. 確認親子關係存在或不存在事件（例如生父主張認領之意思表

示爲無效，非婚生子女請求確認親子關係存在事件）。

4.確認收養關係存在或不存在事件。

(二)乙類事件

具有訟爭性，且當事人對於訴訟標的具有某種程度之處分權者，包括：

1.撤銷婚姻事件。

2.離婚事件。

3.否認子女、認領子女事件。

4.撤銷收養、撤銷終止收養事件。

(三)丙類事件

指具有訟爭性，當事人對於訴訟標的具有處分權限，且與家事事件具有密切關係之財產權事件，包括：

1.因婚約無效、解除、撤銷、違反婚約之損害賠償、返還婚約贈與物事件。

2.因婚姻無效、撤銷婚姻、離婚、婚姻消滅之損害賠償事件。

3.夫妻財產之補償、分配、分割、取回、返還及其他因夫妻財產關係所生請求事件。

4.因判決終止收養關係給予相當金額事件。

5.因監護所生損害賠償事件。

6.因繼承回復、遺產分割、特留分、遺贈、確認遺囑眞偽或其他繼承關係所生請求事件。

(四)丁類事件

較無訟爭性，但是當事人或利害關係人對於訴訟標的亦無處分權者，包括：

1.宣告死亡事件。

2.撤銷死亡宣告事件。

3.失蹤人財產管理事件。

4.監護或輔助宣告事件。

5.撤銷監護或輔助宣告事件。

6.定監護人、選任特別代理人事件。

7.認可收養或終止收養、許可終止收養事件。

8.親屬會議事件。

9.拋棄繼承、無人承認繼承及其他繼承事件。

10.指定遺囑執行人事件。

11.兒童、少年或身心障礙者保護安置事件。

12.停止緊急安置或強制住院事件。

13.民事保護令事件。

(五)戊類事件

具有訟爭性，且當事人或利害關係人對於訴訟標的有某種程度上之處分權，需要法官依職權裁量，並且作出妥適而迅速之判斷，包括：

1.因婚姻無效、撤銷或離婚之給予贍養費事件。

2.夫妻同居事件。

3.指定夫妻住所事件。

4.報告夫妻財產狀況事件。

5.給付家庭生活費用事件。

6.宣告改用分別財產制事件。

7.變更子女姓氏事件。

8.定對於未成年子女權利義務之行使負擔事件。

9.交付子女事件。

10.宣告停止親權或監護權及撤銷其宣告事件。

11.監護人報告財產狀況及監護人報酬事件。

12.扶養事件。

13.宣告終止收養關係事件。

綜合而言，如果請求法院調解或裁判的事件有下列情形之一，就屬家事事件（邱宇，2013）：

1.常見的如：離婚、收養、扶（贍）養費、確定子女監護權、聲請法院宣告失智老人爲應受監護或輔助之人等。

2.因離婚所生的損害賠償、確認親子關係、確認遺囑眞假、給付家庭生活費、停止親權、拋棄繼承等。

3.依據《民法》親屬編、繼承編或其特別法規定來請求，性質上屬於家事的事件。

二、特色

除了社工陪同、專業調解制度、交付子女及會面交往事件等需詳細說明之外，《家事事件法》還有以下特色（邱宇，2013）：

1.專業處理原則：處理家事事件人員應具有性別平權意識、瞭解權控議題，多元文化等專業素養，專業處理家事事件。

2.不公開審理原則：為保護家庭成員之隱私及名譽、發現真實、尊重家庭制度，家事事件之處理以不公開法庭處理為原則，但有特別情況得公開及准許旁聽。

3.法院職權探知：為求法院裁判與事實相符，保護有利害關係第三人及便於統合處理家事紛爭，且家事事件與身分及公益有關，採行職權探知主義，法院可依職權調查證據。

4.開庭時間彈性大：考慮未成年子女上學無法於上班時間出庭，法官於訊問兒童及少年、受監護或輔助宣告之人前，應考量如無法於上班時間受訊問時，得指定於非上學時間、夜間或休息日等非上班期日。

5.遠距視訊審理：必要時（如離婚事件當事人一方在監獄服刑）得進行遠距視訊審理，以便利當事人。

6.特約通譯：家事事件之當事人或關係人為聾、啞人或不通我國語言之外籍配偶或勞工者，法院主動或依聲請為其準備通譯，保障其訴訟權益。

7.合併審理制度：就基礎事實相牽連之家事訴訟及家事非訟事件，可以合併審理、合併裁判，法院因而發揮統合處理功效，避免當事人奔波及勞費支出，並符合程序經濟原則。

8.暫時處分：為避免當事人生活無著或財產被處分，防止緊急狀況之發生，法院得要求當事人為一定之行為，如先給付學費等生活費用。

9.未成年子女表意權應特別保護：為使未成年子女真實表達意願，得請兒少心理專家或其他專業人士協助，子女並得於法庭外陳述。親子非訟事件深刻影響未成年子女，自應儘速定期日。須先聽取父母及其他關係人之意見，不宜先訊問未成年子女。為充分保障未成年人表意權，除了以上各項協助之人員措施外，法院也應致力於硬體設備之改善，例如溫馨詢問室之設置。

10.履行勸告：因當事人間血緣親情關係及撫養未成年子女的共同
責任，如當事人於裁判確定後，能自動自發依執行名義履行，
應可避免彼此對立、痛苦或憤怒，有助於維護未成年子女最佳
利益。為促進債務人自動自發履行，《家事事件法》創設「履
行確保」制度，使債權人於認為適當時，得以透過法院的協助
與柔性勸導，讓債務人理解自動履行的好處及對未成年子女的
正面幫助，進而心甘情願地依執行名義履行債務。

三、主要頭銜及其任務

根據新制《家事事件法》，在家事法庭中，出現了一些「新面
孔」，參考陳竹上、孫迺翊、黃國媛（2013）、李太正（2015）及後
續推動的狀況，簡介如下：

(一)社工人員

《家事事件法》第11條規定，在家事事件審理程序中，「未成年
人、受監護或輔助宣告之人，表達意願或陳述意見時，必要者，法院
應通知直轄市、縣（市）主管機關指派社會工作人員或其他適當人員
陪同在場，並得陳述意見。」相關工作在第二節詳細說明。

(二)程序監理人

程序監理人是法院選任來保護當事人或利害關係人權益之人，
可以為當事人或關係人（法律稱為「受監理人」）進行程序行為，以
保護其利益，並作為受監理人與法院間溝通的橋樑，協助法院處理家
事事件。權利義務包括聲請閱卷、與受監理人會談、說明程序進行情
形、與受監理人特定家屬會談、參與調解或和解程序、依法院指示提

出報告等。

◆法院選任程序監理人的時機

1. 無程序能力人與其法定代理人有利益衝突之虞時。
2. 無程序能力人之法定代理人不能行使代理權，或行使代理權有困難時。
3. 為了保護有程序能力人之利益，法院認有必要時。
4. 滿7歲以上之未成年人，就有關其身分及人身自由之事件，有程序能力，但法院認為有違其選任程序監理人時。
5. 當事人不能獨立以法律行為承擔義務，但能證明其有意思能力，而法院認為有違其選任程序監理人時。

◆程序監理人的資格要求

應以具有特殊專業者為佳，例如具有性別平權意識、尊重多元文化，並有處理家事事件相關知識之適當人員，方具有足夠的適任性。

◆程序監理人的權限

有為受監理人之利益進行一切程序行為之權，並得獨立上訴、抗告或為其他聲明不服。不過，當程序監理人之行為與有程序能力人之行為不一致者，則以法院認為適當者為準。

程序監理人要經過法院選任，法院可以選社會福利主管機關、社會福利機構所屬人員，也接受律師公會、社會工作師公會或其他相類似公會推薦，會考量個案實際需要選適合的人員擔任，而且可以選一位以上的程序監理人。

程序監理人可以向法院聲請報酬，也可以義務（免費）服務。如果向法院聲請酌定報酬，法院會斟酌職務內容、事件繁簡等狀況酌定酬金，酬金包括程序監理人為該事件支出的必要費用，例如開庭交通

費、閱卷影印費等。

(三)家事調查官

家事調查官是依法院指示，就特定事項調查事實、蒐集資料、提出調查報告、出庭陳述意見、進行履行勸告及調查、連結相關資源，以協助法官處理家事事件之法院人員，依法官指示就調查家事事件中特定事項、提出調查報告，協助法院瞭解家事紛爭真正問題。須具備社工、教育、心理、輔導或法律等專業學識知能，以協助法官妥適處理家事事件，如有必要時，連結社會資源，有利當事人獲得協助輔導。

◆家事調查官之主要工作

家事調查官應依審判長或法官指示，辦理的工作主要有（李太正，2015）：

1. 就各類家事事件的特定事項調查事實、蒐集相關資料，並於調查後提出調查報告。
2. 就指定事項提出報告，例如未成年子女身心狀況、溝通能力，評估當事人會談可能性，進行親職教育或親子關係輔導、心理諮商輔導或其他醫療行為之必要性，可連結或轉介協助之社會主管機關、福利機關或團體等。
3. 開庭時，到場陳述意見。
4. 連結相關資源，協調聯繫社會主管機關、社會福利機關或其他必要的協調措施。

◆家事調查官應具備之資格

家事調查官職等為「薦任第七職等至第九職等」，應具有下列資

格之一：

1. 經公務人員高等考試或公務人員特種考試司法人員考試相當等級之家事調查官考試及格。

2. 具有法官、檢察官任用資格。

3. 曾任家事調查官、少年調查官、少年保護官、觀護人，經銓敘合格。

4. 畢業於社會、社會工作、心理、教育、輔導、法律、犯罪防治、青少年兒童福利或其他與家事調查業務相關學系、研究所畢業，具有薦任職任用資格。

(四)兒少心理專家

在家事事件中，法院為了瞭解未成年人、受監護或輔助宣告人等的真正意願，法院可以請兒童少年心理專家或其他專業人士協助。

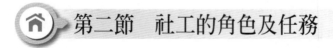

第二節　社工的角色及任務

一、角色的法源

《家事事件法》中有很多和一般民事事件不同的制度，例如專業處理、程序不公開、社工陪同、遠距視訊審理、程序監理人、家事調查官、專業調解、擴大可以合併審理的事件範圍、暫時處分、兒少及心智障礙者特別保護、履行勸告等，目的使法院可以結合社工、心理、輔導、精神醫學、調解等不同領域的專業資源來協助當事人，同時妥適、統合解決家人間的糾紛，以保障當事人人格尊嚴、性別平

等、未成年子女和老弱族群的最佳利益（李太正，2015）。

《家事事件法》層面甚廣，民法的知識、民事訴訟法的流程是社工必須具備的知識（李淑明，2016）。對各相關法令，也須有基本的認識。社會工作專業於家事事件程序之功能定位包括程序發動者、陪同及意見陳述者、訪視報告提出者、擔任家事事件程序或實體之法定人員、執行程序協力者、資源連結者、扶養事件之請求協助者等。面對社會及家庭衝突之際，能以最小傷害原則，將勝敗考量居次，避免家庭成員間僅存的關係破壞殆盡。

社工主要的任務是陪同兒童少年出庭、處理監督會面、協助保障離婚後子女的權益、應法官要求進行訪視、提供法官有關子女最佳利益的意見等（陳竹上、孫迺翊、黃國媛，2013）。以下針對前兩者進一步說明。

依照該法，已經有專門的窗口，就是地方政府駐法院家事服務中心，為直轄市、縣（市）政府在法院設置的社會福利資源窗口，協助在法院有離婚、監護權等家事事件的當事人和未成年子女，提供陪同出庭、心理支持、親職教育輔導、法律諮詢和連結相關福利資源等很多元福利服務。目前全國各地方法院和高雄少年及家事法院都設立，全名是「○○縣（市）政府駐法院家事服務中心」。

各駐法院家事服務中心對法院而言，可兼顧家事事件當事人及未成年子女民眾需求暨公平法院角色，維護行政、司法固有權責功能。對地方政府而言，能經由該中心延伸服務據點，依照施政方針關照民眾需求，使民眾權益獲得更大保障，提升施政之可見度與信任度。非營利組織可經由進駐服務，成為民眾、社政機關與法院間之溝通橋樑，維護家事事件當事人及其未成年子女之司法權益，倡議增進友善之司法環境。民眾需求因此獲得重視，權益獲得更大保障。

家事服務中心提供的服務主要有（張淑慧，2009；陳竹上、孫迺翊、黃國媛，2013）：

1. 陪同出庭：由專業社工人員用同理、關懷的服務態度協助未成年子女或受監護、輔助宣告的當事人，減緩他們對司法流程的焦慮、壓力與不安，並給予情緒支持與陪伴，使其在法庭上能夠更容易表達自己的意見和想法，維護他們在訴訟程序進行上的利益。

2. 監護權或親權調查訪視：法院為了判斷由何人來行使對於未成年子女的監護權或親權，比較符合未成年子女的最佳利益，有必要時可以請專業社工人員進行實地的調查訪視，提供評估和建議，作為法官裁判時的參考。

3. 法定通報：如果社工人員在服務過程中，發現沒有被通報的家庭暴力、性侵害、老人保護、身障保護、兒少保護、高風險家庭或有自殺疑慮的當事人，將會通報相關單位，適時連結資源介入及提供必要之協助。

4. 未成年子女監督會面、法律諮詢、諮商輔導、親職教育輔導等服務。

各地中心在103年成立，當年服務量合計50,715人次，104年增加至76,882人次，105年更達88,563人次，作為法院連結地方政府相關資源的重要平台。104年各家事服務中心有六成以上當事人是到現場請求服務，三成多用電話聯繫。服務的對象中，七成以上是家事事件當事人。服務的事件以婚姻事件最多，占32%；其次是親子事件，占30%。

二、社工的任務

(一)協助保障離婚後子女的權益

《民法》第1055條規定：「夫妻離婚者，對於未成年子女權利義

302

務之行使或負擔，依協議由一方或雙方共同任之。未爲協議或協議不成者，法院得依夫妻之一方、主管機關、社會福利機構或其他利害關係人之請求或依職權酌定之。前項協議不利於子女者，法院得依主管機關、社會福利機構或其他利害關係人之請求或依職權爲子女之利益改定之。行使、負擔權利義務之一方未盡保護教養之義務或對未成年子女有不利之情事者，他方、未成年子女、主管機關、社會福利機構或其他利害關係人得爲子女之利益，請求法院改定之。」

按照此法條，社會福利機構在父母離婚後，可以扮演角色的情況主要有（李淑明，2016）：

1. 請求確定針對子女利益的協議，法院得依社會福利機之請求或依職權酌定。
2. 協議若不利於子女，法院得依社會福利機構之請求爲子女之利益改定之。
3. 行使、負擔權利義務之一方未盡保護教養之義務或對未成年子女有不利之情事者，法院得依社會福利機構之請求爲子女之利益改定之。
4. 處理交往會面，爲未行使或負擔權利義務之一方酌定其與未成年子女會面交往之方式及期間。
5. 變更交往會面，會面交往有妨害子女之利益者，法院得依請求或依職權變更。

(二)應法官要求進行訪視

《民法》第1055-1條規定，法院爲前條裁判時，應依子女之最佳利益，審酌一切情狀，參考社工人員之訪視報告。按照此法條，社工在完成訪視報告時特別應注意及說明：(1)子女之年齡、性別、人數及健康情形；(2)子女之意願及人格發展之需要；(3)父母之年齡、職業、

品行、健康情形、經濟能力及生活狀況；(4)父母保護教養子女之意願及態度；(5)父母子女間或未成年子女與其他共同生活之人間之感情狀況；(6)父母之一方是否有妨礙他方對未成年子女權利義務行使負擔之行為；(7)各族群之傳統習俗、文化及價值觀。

(三)提供法官有關子女最佳利益的意見

《民法》第1089條規定：「對於未成年子女之權利義務，除法律另有規定外，由父母共同行使或負擔之。父母之一方不能行使權利時，由他方行使之。父母不能共同負擔義務時，由有能力者負擔之。父母對於未成年子女重大事項權利之行使意思不一致時，得請求法院依子女之最佳利益酌定之。法院為前項裁判前，應聽取未成年子女、主管機關或社會福利機構之意見。」

然而，兒童少年出庭作證或表達自己的真實意願時常見下列壓力：(1)面臨出庭作證或陳述可能背叛父母一方的心理交戰；(2)面對陌生的法院環境與人事物的惶恐；(3)需陳述或回答不愉快的暴力經過；(4)擔心自己太緊張造成想法無法清楚表達；(5)擔憂陳述不好會影響判決；(6)面對施暴者的恐懼害怕；(7)擔心生活的變動，例如焦慮未來要跟誰住或擔憂未來生活的經濟來源等（張淑慧，2009）。

出庭後常見的壓力有：被追問、開庭內容被知道、一直反覆回想開庭的過程、法院裁判結果不如預期，孩子可能解釋為法官不相信他說的話、產生自己無能、沒有人願意幫助的惶恐與無助感等。父母應該避免聲請法院傳孩子出庭，也不要指導或追問孩子出庭時說些什麼、為什麼這麼說。

為了幫助孩子，規定未滿20歲的人、受監護或輔助宣告人出庭表達意願或意見，法院認有必要時，會通知主管機關指派社會工作人員或其他適當人員（如未成年人的親屬、學校老師等）陪同到場，陪同人員可以坐在被陪同人旁邊並可以表示意見。另外也可以聲請法院分

別訊問、提供進出法庭的安全路線、不同的等候開庭處所等,以避免孩子受到傷害。

　　爲保障社工的人身安全,陪同出庭的社工人員報到簽名時可以用所屬機關、機構、工作證號或代號代替其身分證號、住居所等足以識別的資料;其他陪同人員如果認爲提供人別資料會危害其安全時,也可如此做。

三、交往會面及監督會面

(一)交往會面

　　爲了符合子女最佳利益,法官決定交往會面時審酌的主要因素有:(1)未成年子女的年齡及有無意思能力;(2)未成年子女的意願;(3)執行的急迫性;(4)執行方法的實效性;(5)債務人、債權人與未成年子女間的互動狀況及可能受執行影響的程度。考量後,法官予以同意交往會面的申請。在執行方法部分,可以擇一或併用直接或間接強制方法(李麗珠,2005)。

　　用直接強制方式交付子女時,宜先擬定執行計畫;必要時得不先通知債務人執行日期,並請求警察機關、社工人員、醫療救護單位、學校老師、外交單位或其他有關機關協助。執行過程宜妥爲說明,儘量採取平和手段,並注意未成年子女的身體、生命安全、人身自由及尊嚴,安撫其情緒。

家庭社會工作

(二)監督會面

◆服務目標

　　保障家庭暴力事件中未行使親權父母之一方與未成年子女間，能在安全的環境以及有效的督導之下正當行使親權。透過監督會面的安排，提供因家庭暴力而未能行使親權父母之一方與未成年子女間的互動並提升彼此間的情感，以保護未成年子女身心、人格之健全發展。監督會面以及執行過程中，也可以進一步評估家長的親職能力及孩子身心狀況，視需要提供相關服務。

◆服務對象

　　經法院裁定，且向地方政府家庭暴力暨性侵害防治中心提出申請，期待與未成年子女會面交往與交付之當事人及其子女。

◆社工員的角色

　　有四類社工人員角色及相關的任務（李麗珠，2005）：

1. 個案管理社工員：最主要的，由專任社工員擔任。經家庭暴力暨性侵害防治中心轉介案件之後，職責包括：(1)審查申請案件及負責聯繫雙方處理會面相關事宜；(2)針對父母及子女進行評估會談，並撰寫評估表以及製作協議書；(3)個案平時聯繫窗口（如協調時間以及相關行政問題等）；(4)評估個案需求，轉介相關社會資源；(5)監督人員之行政管理，如排班、紀錄彙整、督導會議安排等；(6)機構外單位之聯繫窗口，如律師、法院或相關社會福利單位等。

2. 諮商輔導社工員：經個案管理社工員以及監督會面之社工員評估，針對需要提供個案進一步諮商輔導者，利用監督會面時

間，提供諮商輔導服務。

3. 執行監督會面交往服務社工員：與未能同住父母及子女在指定場地內進行會面，近距離監督會面進行，直到會談結束。監督者的注意事項有：(1)保持中立，不偏袒父母任一方；(2)確保會面與交付過程中的任何接觸，皆依法院裁定辦理；(3)在會面過程中，提供兒童相關必需品，如藥物、食物、書籍等；(4)為確保兒童權益，在必要或適當時，得予以介入處遇；(5)在會面過程當中，協助父母與孩子良善互動；(6)當孩子、父母或工作人員安全無法被維護時，立即終止會面；(7)當有需要時，得提供當事人建設性回饋或建議；(8)觀察記錄會面與交付狀況。

4. 督導：針對個案管理工作提供督導以及監督子女會面交往所衍生相關問題督責。

◆申請流程

　　相對人於警局進行家庭暴力處理過程時，可以在填寫「處理家庭暴力案件調查紀錄表」時，針對「未成年子女權利義務行使與負擔意願」項目中，填寫欲使用此服務。也可以於法院針對保護令審理過程，主動向法官表達欲使用此服務。

　　經法院判決確定後，可以直接向家庭暴力暨性侵害防治中心提出申請，會面交往時間依法院裁定或雙方協議，中心同意後由承辦單位進行。

◆監督會面交往的過程

1. 前置作業：未同住父母提前十五分鐘至會面場所，由社工員接待跟確認對方身心狀況以評估是否進入會面程序，若有任何安全顧慮，則可停止當次交付。同住父母與其子女要等候社工員知會後，子女從另一入口進入會面場所，等到社工員接到孩子

後，同住父母即可離開。

2.會面進行：社工員將孩子帶至親子會客室，同時監督會面交往狀況，並於結束之後將孩子帶回交還給同住父母。過程當中若有衝突或是危及安全行為發生，得協請警員介入並立即終止會面程序。

3.結束處理：社工員在同住父母與孩子離開之後，與未同住父母簡單會談以瞭解當次會面交往之想法以及解答相關疑問，並再次提醒會面過程中之注意事項以及下次交付時間。

第三節　家事調解

一、調解的重要性

依《家事事件法》第23條第一項規定，除了丁類事件（包括民事保護令、監護／輔助宣告、撤銷監護／輔助宣告、宣告死亡、撤銷死亡宣告等）或有其他不能調解的情形（如當事人行蹤不明或在國外定居）外，原則上所有家事事件都要先經過法院調解。

家事調解程序是「經由家事調解委員協助兩造當事人自主解決紛爭」的機制，法院及調解委員應該尊重當事人的選擇。如果真的無法成立調解，案件就會移給法官審理，不會強迫民眾一定要調解，而且在調解過程中，任何一方或調解委員都可以隨時暫停或終止調解程序（李太正，2015）。

家事調解委員受聘任前，應接受司法院所舉辦的專業訓練課程至少三十小時；任期內，應接受司法院或各法院每年定期舉辦的專業講習課程至少十二小時，並且要依照法院的通知，參加相關座談會。

聘任前的專業訓練內容，包括關於家事相關法令、家庭動力與衝突處理、社會正義與弱勢保護（含兒童少年保護、性別平權、新移民與多元文化等）、家庭暴力處理、家事調解倫理，以及案例演練等核心能力專業訓練課程。

家事調解委員辦理調解時，可以提供政府機關或公益法人相關社會福利資訊或文宣給當事人參考，但不可以有強迫或轉介當事人接受心理諮商、治療、輔導或其他類似情事的行為。

二、子女監護權

子女監護權（在台灣也稱為親權）的爭議出現許多問題，高離婚率和無婚姻關係之父母親的衝突，使得爭奪監護權成為頻繁的訴訟來源。以合作的方式進行監護權協商對父母親及子女的幫助不僅限於短期，從長遠來看也是有益的，但這是高難度的。處理監護權，有五種主要的參與者，先設想各自的心境：

1. 父母親：對於失去子女及法律費用感到難堪，在法院中的爭鬥引起不安等情緒。
2. 子女：監護權爭議可能象徵父母離婚最糟糕的事，被夾在中間，處在父母親的戰火當中。
3. 律師：監護權爭議也是棘手的，這類案例容易激起情緒、難度高又吃力不討好。
4. 法官：依據子女的「最佳利益」來決定監護權是一項模糊的原則，並不容易單單依此做出監護權爭議的決定。
5. 社工等專業人才：有時應法官的要求，提供某些意見及協助。為了降低離婚困難度，須運用不同方式朝此共同目標邁進。合作的夥伴可能包括教育人員、親職協調人員、兒童權益擁護人

員、運用回饋以鼓勵解決之道的監護權評估人員、合作的律師及其他參與替代性爭議解決的人等。

子女處在父親與母親的衝突之間，十分為難，雙方都想要爭奪監護權。「最佳利益」經常被用來決定監護權，要有效落實，需社工的專業評估。社工應試著協助父母認識：「你必須愛你的孩子，勝過恨你的配偶。」以合作而非對立、溝通而非衝突的方式，過程的和緩順暢有助於達到較佳的結果。

家事調解是必要的，經由此歷程，非共同居住的父母親，不論在重要性上或實質上，都更關心子女的生活，而成為比較好的父母親。調解是一種替代性爭議解決（Alternative Dispute Resolution, ADR），透過調解，中立、專業的第三者協助當事人盡可能以合作的態度進行監護權或財務上的協商（常以方譯，2016）。調解委員須與父母親透過個別及共同會面，協助他們確認和討論，希望能順利解決彼此的差異。

在法律上，調解的目標是協商出構成約束力和法律協定的基礎協議；在心理和情緒上，則是協助當事人即使婚姻結束，昔日的愛情終止了，仍能維持他們身為父母親的關係，保持親情（彭懷真，1999）。

離婚極少是「令人開心」或「令人滿意」的，但父母親與專業人員可以致力於確保離婚不至於變得過於棘手，尤其對子女減少影響。專業社工應陪同父母親降低離婚與監護權決定對子女所造成的傷害，保護子女減輕受到父母親的爭論及離婚的混亂情緒而感到的痛苦，遏止因婚姻結束及家庭分裂所帶來的混亂，幫助父母親在不加重痛苦與憤怒的情況下協商離婚條款（常以方譯，2016）。

離婚導致家庭的分裂，成為一個危機事件，該危機可能造成生命中所經歷很不好的事。然而，大多數的子女和父母親即使面對離婚仍

是有韌性的，可以從一切劇變、不確定性與痛苦中復原。父母親如何處理破裂婚姻帶來的立即衝擊，專業人員如何協助他們，都是一種危機管理。一段關係的結束是一個重要的抉擇點，介於會摧毀已岌岌可危的關係或希望開始修補或重新定義之間。復原力對成人而言就是一種選擇，尤其是成人為了子女所做的一種選擇。父母親如何處理他們與子女的關係以及彼此之間的關係，對子女在離婚事件中的福祉而言非常重要（常以方譯，2016）。

三、社工的訪視

《家事事件法》規定的調查訪視採雙軌制，法院除了可以請家事調查官調查外，也可以請社會福利機關（構）指派社工依法進行訪視，並提出調查報告與建議。希望由不同角度觀察並蒐集更多資料，以便更妥適處理家事事件。主管機關經由這管道，基於法定權責去察覺及提供被訪視兒童少年、被害人及其家庭所需要的社會福利服務、衛生醫療、就業等資源，維護民眾及兒童少年的權益。

為了避免不同單位一再訪視造成困擾，家事調查官進行調查前，應該先由程序監理人或相關的社會福利機關、團體取得資料，以避免讓當事人或關係人重複陳述。

家庭紛爭涉及家庭成員及其親屬間的情感和隱私，當事人和關係人能自由、自主、自治地進行有效溝通且共同商討，確實瞭解紛爭所在，容易找出合理的解決方法，例如重建或調整和諧的身分或財產關係。這樣的效果，絕不是法院以裁判方式可以達到的，當事人及關係人在衝突過程中有時無法理性對話，因此《家事事件法》採取調解前置主義。

為提升家事調解效能，並因應家事調解專業化的趨勢與要求，司法院自97年起全面推動專業家事調解制度，除了設置力求溫馨的調

解室外，並要求遴聘具備心理師、社會工作師、律師或有家事專業調解經驗等資格者為家事調解委員。101年訂定「法院設置家事調解委員辦法」，重新規劃家事調解委員的進場、退場機制，內容包括積極資格、消極資格、受聘任前應接受之多元核心能力專業訓練課程及時數（聘任前至少三十小時，內容包括家事相關法令、家庭動力與衝突處理、社會正義與弱勢保護，含兒童少年保護、性別平權、新移民與多元文化）、家庭暴力處理、家事調解倫理及案例演練等多元核心領域專業訓練課程，聘任中之繼續教育訓練（每年至少十二小時）、執行職務應注意事項、倫理規範、旅費等報酬、平時個案評核與定期評鑑等機制，以堅實家事調解委員專業基礎，進而有效發揮家事調解功能。

本章書目

直接引述

李太正（2015）。《家事事件法之理論與實務》。台北：元照。

李淑明（2016）。《民法入門》。台北：元照。

李麗珠（2005）。《離婚後未成年子女會面交往之研究》。嘉義：中正大學法律研究所碩士論文。

邱宇（2013）。《解構家事事件法》。台北：高點。

常以方譯（2016）。Robert E. Emery原著。《離去？留下？重新協商家庭關係》。台北：張老師。

張淑慧（2009）。〈司法社會工作概述〉。《社區發展季刊》，128，155-16。

陳竹上、孫迺翊、黃國媛（2013）。〈社會工作專業於家事事件程序之功能定位、法律效力及未來展望〉。《月旦法學雜誌》，223，21-37。

彭懷真（1997）。《婚姻會傷人：真實的婚姻暴力》。台北：平安文化。

彭懷真（1999）。《愛情下課了！》。台北：平安文化。

鄭玉英、趙家玉譯（2006）。《家庭會傷人——自我重生的新契機》。John Bradshaw原著。台北：張老師。

Sigle-Rushton, W., J. Hobcraft, & K. Kiernan (2005). Parental divorce and subsequent disadvantage: A cross-cohort comparison. *Demography, 42*(3), 427-446.

參與寄養安置收養出養

- 寄養
- 機構安置
- 收養及出養

　　106年春天，我擔任研究生實習的校內指導老師，有幾位是在知名的兒童保護基金會中實習，我與每一位研究生從其實習計畫書開始即充分討論，我分析：「社工組織各有特色，各有專長，政府也會按照民間組織所長，進行不同的合作。實習應考慮組織最強的服務方案，聯繫申請。以兒童服務的四養——寄養、認養、出養、收養來看，家扶基金會在前兩項特別有經驗，兒福聯盟對後兩者持續投入。高風險家庭領域，伊甸、世展都有廣泛經驗。」有三位的實習重點都是「寄養服務」，我陪著研究生學習。

　　寄養與安置密切關聯，有一位博士研究生以安置為論文主題，我是口試委員，因此多瞭解被安置者的心境。我們協會與新竹少年之家有多項方案的合作，因而對安置機構的工作也有所認識。

　　我超愛看電影，每一週平均看三至四部，至少有一半是與家庭有關的。藉此，大大方方進入各種家庭的情境之中。透過演員，能夠揣摩各種類似處境者的心情、感受、壓力。透過劇情的演變，能夠體會不同角色之間互動的考驗。

　　到哪裡找到有用的資訊呢？介紹三個平台，有志於從事收養、出養、寄養的朋友可以在此找到寶貴的線索。

　　首先，衛生福利部社會及家庭署兒童及少年收養資訊中心整理了將近三十部相關電影（http://www.adoptinfo.org.tw/CommendFilm.aspx）。

　　其次，台北市兒童及少年收出養服務資源中心做了很好的歸納，超過八十部電影（http://www.tcadopt.org.tw/Content/Messagess/PicList.aspx?SiteID=562753574625340444&MenuID=562753607377704702）有各種基本的介紹。

　　更令人佩服的是兒童福利聯盟的多媒體服務，提供很多實用的訊息（https://www.children.org.tw/archive/movies），更花費不少人力、財力拍攝相關微電影，甚至拍了長片，說明在台灣家庭及兒童少年工作

的真實狀況。

關於收出養，先敘述一段往事。回想妻子到醫院生兒子時，才23歲的妻子並不是年紀最輕的，同病房有位高中生也剛臨盆，青澀的臉龐很難過，不斷哭泣。還未成年的她生下了孩子，卻無法照顧，因為孩子被領養了。這孩子如今應該37、38歲了，我們的兒子已經有兒、有女、有工作，但這高中女生完全不知道自己的骨肉何在？

在家庭社會工作領域有四種「養」必須知道，也是社工經常要執行的任務。「認養」是一種定期的金錢贊助方式，通常透過具公信力的社會福利機構捐款，協助貧苦無助的孩子得以維持溫飽或求學等，認養人藉著寫信或探訪與孩子建立關係，但不直接撫養亦無須法律認可。「寄養」是社工暫時將孩子帶離原生家庭，安置在另一個家庭或機構中，等待家庭解決困難後，再將孩子接回原本的家庭，時間有限制，生父母仍具有處理孩子事宜的權利義務。「出養」卻是永久性的，孩子將永遠離開原生家庭，並透過法律程序轉移生父母的親權，生父母對孩子的權利義務將完全被取消，孩子需跟隨收養父母改換姓氏。

在本章，先簡要介紹寄養，分析哪些孩子應該依法寄養，何種家庭可以擔任寄養家庭，以及寄養裡各種實際狀況。有時，以機構的安置代替寄養家庭，為孩子找尋安定成長之所，是第二節的重點。第三節仔細介紹改變孩子身分的出養及收養，社工在流程中扮演極為重要的角色。

第一節 寄養

某位家庭服務體系的社工，目前主責的個案十幾件，乍看不算多，每個案例卻都不好處理。例如個案一是「父親或母親攜子自

殺」，市府社會局社工評估寄養兒童安全確有疑慮，評估需進行安置，待危險因子改善後再規劃返家期程。個案二的狀況是「寄童因遭同住的長輩（如父親、母親的同居人、叔叔）猥褻，其他家人無法提出適當的保護機制而予以安置。」個案三是「因為經濟情況差，親職功能也差，兒童無法得到合宜的照顧，經過政府體系的社工進行委託安置，先簽一次短期委託安置契約，持續評估，後續再安排漸進式親情維繫，以評估安置或出養。」個案四是「父親與母親均被判刑，卻都無意出養寄童，但親友皆無協助照顧的意願，寄童返家欠缺足夠照顧資源。」為了對這些案例進行處遇，社工要懂得經濟扶助、社會資源連結、與市府社工密切聯繫，更要考慮孩子寄養、出養的可能性。

一、家庭寄養服務

寄養服務（foster care）屬於「替代性」的兒童服務，安排兒童至合宜的處所以替代父母執行照顧角色。當兒童的親生家庭有一段時間無法照顧兒童，且不願意或不可能將兒童被收養時的一種處置。家庭寄養（foster family care）是兒童及少年福利服務方式之一，兒童、少年因其親生家庭發生重大變故，或遭到虐待等因素，需將其暫時安置親生家庭以外之適當環境中（李加心，2011）。家庭寄養服務則是當兒童因父母管教不當、疏忽或虐待，不得不離開原生家庭，政府為了協助兒童在生活與安全上獲得保障及社會情緒上的適應，達到照顧、保護、治療的目的，進而提供兒童一個有計畫期間的替代照顧。孩子暫時居住在有愛心且具熱心的寄養家庭中，由寄養父母親給予完整的家庭生活照顧，讓這些不幸的兒童、少年，獲得有愛的溫暖感覺。

(一)寄養服務的性質

就性質來看，寄養服務是（郭靜晃，2008；廖廷衛，2014）：

1. 「專業性」的兒童福利服務，透過專業判斷，進行安置工作，希望透過此服務而讓兒童不會受到威脅，生長於健全的家庭環境中。

2. 「有計畫性的」，提供給兒童一定計畫時間內的替代家庭照顧。

3. 是「暫時性」，將目前不適合由原生家庭所照顧的兒童，透過政府的介入而安置於寄養家庭，接受妥善的照顧，促使每位寄養兒童都可以獲得安全無虞的成長環境，並透過寄養家庭的照顧而獲得心理復原。

(二)寄養服務的目的

就目的而言（李加心，2011；何依芳，2003）：

1. 維持寄養兒穩定的生活：寄養家庭滿足生理、心理等基本需求，提供情緒的支持，讓寄養兒擁有正向、正常的成長經驗。

2. 協助改善兒童原本發展的不足：因為原生家庭親職功能不好，兒童處於暴力家庭必然影響人格發展、情緒發展、學習能力與行為發展。寄養家庭與專業人員協助兒童建構合宜的環境，並減少孩子過度焦慮、缺乏自信等問題。

3. 幫助建立人際關係、提升其自我價值感：因為寄養幼兒無法感受到被愛以致缺乏自信，需給予更多的愛。

4. 確保安全無虞的成長環境：寄養家庭需提供安全無虞的成長環境，以保護寄養兒。

5. 提升原生家庭的親職功能：暫時將兒童安置於寄養家庭，促使原生家庭有機會重整、提升親職功能，強化功能以確保兒童未來在健康、安全的環境中成長。

6. 增進寄養兒童未來的生活能力：寄養家庭需與專業人員共同增

進兒童各種能力，以適應未來的生活。

(三)寄養服務的相關條文

翁毓秀、曾麗吟譯（2009）強調安置兒童照顧必須協同合作。在安置寄養對象方面，首先應瞭解法令，整理《兒童及少年福利與權益保障法》、《兒童及少年福利機構設置標準》相關條文的規定如下：

須提供適當安置的有三類型：(1)不適宜在家庭內教養或逃家之兒童及少年；(2)無依兒童及少年；(3)未婚懷孕或分娩而遭遇困境之婦嬰（《兒童及少年福利機構設置標準》第2條）。

《兒童及少年福利與權益保障法》第56條說明須提供適當安置的有四類型：(1)兒童及少年未受適當之養育或照顧；(2)兒童及少年有立即接受診治之必要，而未就醫者；(3)兒童及少年遭遺棄、身心虐待、買賣、質押，被強迫或引誘從事不正當之行為或工作者；(4)兒童及少年遭受其他迫害，非立即安置難以有效保護者。

《兒童及少年福利與權益保障法》第62條規定：「兒童及少年因家庭發生重大變故，致無法正常生活於其家庭者，其父母、監護人、利害關係人或兒童及少年福利機構，得申請直轄市、縣（市）主管機關安置或輔助。」

依據《兒童及少年福利與權益保障法》及《兒童及少年性剝削防制條例》之規定，得由縣市政府進行評估而安置於寄養家庭者包括：

1.不適宜在家庭內教養或逃家少年。

2.無依無靠。

3.未受適當之養育或照顧者。

4.有立即接受診治之必要而未就醫者。

5.遭遺棄、身心虐待、買賣、質押，被強迫或引誘從事不正當之行為或工作者。

6.遭受其他迫害，非立即安置難以有效保護者。

7.因家庭發生重大變故，致無法正常生活於其家庭者。

8.有相關特殊情形或從事性交易之虞者。

寄養安置可分為一般或保護寄養。一般寄養是民眾因家庭因素暫無法照顧其子女而向政府尋求協助，並經社工員評估，有寄養之必要時，得申請寄養服務，管道需聯繫社會局各區域福利服務中心。保護寄養則是為受虐不法侵害之兒童少年提供保護寄養安置服務，管道需聯繫社會局家庭暴力暨性侵害防治中心。

二、確認寄養家庭狀況

(一)寄養家庭申請的資格

兒少要安置到寄養家庭，社工先確定可申請寄養家庭的資格（王美恩，2001；郭靜晃，2008）。寄養家庭之資格分成三種狀況：

◆雙親家庭

1.年齡均在25歲以上，其中一方在65歲以下，具有國中以上教育程度者。

2.結婚二年以上相處和諧者。

3.家長及共同生活之家屬品行端正、健康良好，無傳染性疾病及其他不良素行紀錄者。

4.其中一方有固定收入足以維持家庭生活者。

5.住所安全整潔，有足夠活動空間者。

每一受寄養家庭寄養兒童、少年之人數，包括該家庭之未成年子女，不得超過四人，其中未滿2歲兒童、身心障礙或發展遲緩兒童均不

得超過二人。但寄養之兒童、少年為兄弟姊妹關係者，不在此限。

◆單親家庭

1. 具有照顧子女能力者。
2. 符合雙親家庭前款第一目、第三目及第五目規定者。寄養安置兒童少年人數不得超過二人（包括自己之兒童少年），其中身心障礙或發展遲緩兒童不得超過一人。

◆專業寄養

專業寄養須具有下列條件之一，並符合前述雙親家庭3～5項規定者：

1. 具有高中以上教育程度，年齡在25～50歲，曾任托兒所、安置機構保育人員二年以上工作經驗者，或領有專業保母證照者。
2. 社會工作相關科系畢業、曾有二年以上社會工作實務經驗者，或領有社工師執業證照者。

申請為受寄養家庭，應檢具全戶戶籍謄本及其本人公立醫院健康證明書，有配偶者，並應檢具配偶公立醫院健康證明書，向政府社會局或受託單位申請，經社會局審查合格登記並訂定契約後，始得接受寄養。

寄養於親屬家庭者，由政府斟酌實際需要給予補助辦理。寄養費用包含寄養個案生活費、基本醫療費及國中以下學雜費用。標準按照寄養兒童的狀況分三大類：(1)一般兒童；(2)一般少年、中度以上身心障礙兒童及未滿1歲嬰幼兒；(3)中度以上身心障礙少年。政府給予的補助費用，第三類高於第二類，第二類高於第一類。

(二)寄養家庭申請的步驟

申請步驟如下：

1.第一步，向受委託單位提出申請，填妥申請表。

2.第二步，參加說明會，接著由社工到府進行家訪評估：社工初步說明寄養家庭應具備之條件、服務內容與職責、家庭後續需配合之項目，以及寄養家庭可能面臨的兒童少年或相關情形。

3.第三步，寄養家庭職前訓練：通過審查進入受委託單位的儲備寄養家庭，依據縣市政府兒童及少年寄養辦法，修畢二十四小時之職前訓練課程。

4.第四步，正式家訪評估：職前培訓後，確認有意願從事服務工作，將由社工員實際到家中進行訪視評估，針對家庭環境（拍照）、經濟狀況、家庭親子關係與互動等進行綜合性評估。

5.第五步，審核會議：針對書面資料以及家庭訪視評估之資料，組成寄養家庭資格審核會議，評估該家庭是否適合擔任儲備之寄養家庭。

寄養兩年為一期，必要時可申請延長寄養。寄養期間，原來的父母可去探視。經濟狀況好轉時，可申請提早解除寄養帶小孩回家。《兒童及少年福利與權益保障法》規定：家庭情況改善者，被安置之兒童及少年仍得返回其家庭，並由主管機關續予追蹤輔導一年。寄養期間不得超過兩年，但必要時得予延長。如欲延長寄養之期限，得視實際需要辦理。兒童、少年於寄養期間，縣市政府或受託單位應安排其原監護人、親友、師長前往探視。

三、掌控寄養服務流程

　　根據內政部102年的統計資料，有1,370戶寄養家庭並照顧2,702位寄養兒童少年，其中，有1,078位是0～6歲的寄養幼兒，從身心健康狀況來看，有290位是屬於發展遲緩幼兒。其中，0～6歲的幼兒人數在1,100～1,200位之間，但身心具有發展遲緩的寄養幼童的比例卻逐年增加。劉春香（2010）指出有將近六成的寄養家長照顧過發展遲緩的幼兒，有過半的寄養家庭曾照顧發展遲緩幼兒；廖廷衛（2014）也探討寄養家庭主要照顧者的壓力。

　　全國二十二縣市政府中，僅有連江縣政府自行辦理外，其餘各地方政府都委託民間機構辦理。社會局委託社會福利團體辦理寄養家庭招募、訓練及管理。以新北市為例，包括：兒童暨家庭扶助基金會新北市分事務所、台灣世界展望會、新北市保母協會、中華兒童與家庭促進協會等。

(一)社工訪視重點

　　寄養方案中，寄養兒童的原生家庭是縣市政府社工負責，受委託單位的社工則負責寄養家庭與寄養兒童部分。寄養家庭對社工的訪視應配合。社工對寄養家庭及寄養兒童的訪視，重點包括：

　　1.觀察寄養家庭及寄養兒童之間互動關係。
　　2.瞭解寄養兒童受照顧及身心發展狀態。
　　3.注意管教情況。
　　4.評估需求，連結相關資源提供協助。

　　就實務操作上，由縣市主管機關所提供的轉介單、健康檢查表及相關服務資料等，受委託單位再進行媒合。媒合過程中，寄養家庭

對於寄養幼兒的瞭解多來自於寄養社工的說明、主管機關社工人員或原生家庭中獲得更多寄養幼兒的發展現況、情緒表現與照顧注意事宜等。寄養家庭在照顧寄幼兒時，常會面對的最大課題則是寄養幼兒難以相處的行為，會形成照顧上的親職壓力，使得寄養家庭本身、內在動力及家庭氣氛無形之中已經發生改變。

(二)寄養家庭應配合事項

社工應注意寄養家庭的配合事項有：

1.提供溫馨、穩定的家庭環境，照顧寄養兒童少年的生活起居。
2.關注寄養兒童少年身心發展、行為表現以及心理情緒支持。
3.配合社工的訪視及處遇計畫，提供寄養兒童少年必要之協助與關懷。
4.參與政府單位及受委託單位各項教育訓練與活動。
5.注意寄養兒童、少年之安全，發生事故時，應緊急妥善處理，同時通知政府或受託單位。
6.寄養經費之妥善運用。

(三)寄養家庭的其他義務

寄養家庭的其他義務如下：

1.必須與受託單位簽訂寄養契約。
2.依社會局社工員處遇計畫協助維繫寄養個案與原生家庭之親子關係。
3.妥善運用寄養經費，並負責兒童少年健康照顧及滿足日常生活之基本需求。
4.按月向社會局填報寄養兒童及少年之個案狀況資料書表。

5.定期接受訪視、輔導及督導，以確保服務品質。

6.每年度配合進行寄養家庭評核。

7.受寄養家庭終止或放棄提供寄養服務，應於一個月前向政府社會局或受託單位申請註銷登記。但情況特殊者，不在此限。

(四)主責社工應做事項

寄養家庭不得拒絕社會局以及受託單位社工人員訪視。社工對首次安置及轉換安置個案之訪視頻率，安置前兩個月每月至少家訪兩次，第三個月起，每月至少家訪一次。初次審查通過之寄養家庭於接受安置個案後，前六個月每月至少家訪兩次。

社會局及受託單位應落實「寄養家庭之督導、訪視督導及查核機制、支持系統」，加強督導委託機構進行兒童少年安置前之寄養家庭配對評估，降低寄養家庭轉換率，對個案安置進行服務評估，並與委託單位定期召開寄養兒童及少年個案審查會暨聯繫會報等會議，以掌握及落實寄養兒童及少年服務計畫。社工該做的事項則有：

1.輔導寄養兒童、少年對寄養家庭生活的適應，以培養其社會行為，並教育輔導回歸親生家庭。

2.提供寄養兒童、少年就學及課業輔導必要之協助，以加強其生活及知能教育。

3.提供寄養經費。

4.必要時可請寄養家庭提供兒童、少年之個案狀況。

這些工作，都是主責社工的任務。

(五)寄養家庭在職訓練的目標與流程

◆目標

受託單位對寄養家庭辦理各項在職訓練，例如「會心團體」，目的是增強寄養家庭父母的照顧技巧以及提升孩童的生活品質，以達到三個目標：

1. 增加對寄養、收養以及出養的瞭解與認識。
2. 改善親子間的問題、衝突，協助寄養父母在照顧上所面臨的挑戰。
3. 增進寄養父母與孩子親子間的關係。參加對象包括：寄養家庭、收出養主責社工、臨床心理師、寄養主責社工等。

◆流程

課程前半部由收出養主責社工進行收出養宣導，增加寄養家庭對於收出養的認識與瞭解，提供有意進行收出養的家庭明確的收出養流程。後半部由臨床心理師進行團體討論，成員彼此分享在照顧孩子時所面臨的挑戰或困境，藉由團體交流的方式，分享照顧技巧與經驗。

第二節 機構安置

一、安置的對象

法源是依據《兒童及少年福利與權益保障法》第56條規定，兒童及少年若有未受適當之養育及照顧、遺棄、虐待等情事，主管機關必

須予以緊急保護與安置，並委由寄養家庭或兒童及少年福利機構或其他安置機構照顧。所以，除了寄養到家庭，也可能安置到機構（陳桂絨，2000）。

第56條專門規範「安置」，當兒童及少年有：(1)未受適當之養育或照顧；(2)有立即接受診治之必要，而未就醫；(3)遭遺棄、身心虐待、買賣、質押，被強迫或引誘從事不正當之行為或工作；(4)遭受其他迫害，非立即安置難以有效保護等情形，非立即給予保護、安置或為其他處置，其生命、身體或自由有立即之危險或有危險之虞者，政府主管機關應予緊急保護、安置或為其他必要之處置。

被強制安置少年因《兒童與少年福利與權益保障法》、《兒童及少年性剝削防治條例》、《少年事件處理法》之一，需接受機構安置。若少年受暴狀況嚴重且有持續受暴之風險時，社工評估少年必須接受機構安置，以維護其安全。少年保護則指少年現有生活環境不僅無法提供少年身心發展所需，且危及其身心與權益時，須提供其支持性、補充性及替代性服務，以利其在健康環境中成長。

被強制安置少年可分為三類，包括（卓翊安，2017）：

1. 第一類：兒童及少年遺棄、獨留、身心虐待、未受適當之養育或照顧等。
2. 第二類：使兒童或少年為有對價之性交或猥褻行為、利用兒童或少年從事坐檯陪酒或涉及色情之伴遊、伴唱、伴舞等，應依法被通報之兒少保護案件。
3. 第三類：家庭無法適當教養的少年，家庭遭重大變故，父母、養父母或監護人濫用親權行為或無力管教者，以及受到蓄意傷害，押賣、強迫、引誘從事不正當職業或行為而需要適當保護者；與從事性交易或有性交易之虞。

《兒童及少年福利機構設置標準》第2條規定設立兒童及少年安

置、教養機構指辦理下列對象安置及教養服務之機構，服務對象有：
(1)不適宜在家庭內教養或逃家之兒童及少年；(2)無依兒童及少年；(3)未婚懷孕或分娩而遭遇困境之婦嬰；(4)經盡力禁止或盡力矯正而無效果之兒童及少年；(5)應予緊急保護、安置之兒童及少年；(6)因家庭發生重大變故，致無法正常生活於其家庭之兒童及少年；(7)兒童、少年及其家庭有其他依法得申請安置保護之情事者。

二、安置的機構

政府設有兒童及少年安置及教養機構（俗稱育幼院），提供兒童及少年安置照顧服務，兒童及少年如果因為失去父母或遭遇父母生病等重大變故，可以向社政單位申請安置於機構。機構除了提供生活照顧之外，也提供心理及行為輔導、就學及課業輔導、衛生保健、衛教指導及兩性教育、休閒活動輔導、就業輔導、親職教育及返家準備、獨立生活技巧養成等（卓翊安，2017）。

依法令規定，如有家庭遭重大變故、失依、貧困或需受保護之兒童少年個案，政府部門應協助提供安置教養服務。另依《兒童及少年福利機構設置標準》規定，兒少安置教養機構應提供各項專業服務、設置相關設施設備、具有適當之室內樓地板面積，以及配置各類專業工作人員等項，為無法於原生家庭生活的兒童少年提供適當的專業服務，並維護及保障其基本福利及權益。

安置服務常見類型包含：「婦幼庇護家園」、「中途之家」、「短期收容中心」、「緊急性庇護安置」、「寄養服務」、「自立生活適應協助方案（含院內輔導及追蹤輔導）」、「社區家園」等。中長期安置機構（long-term residential institution）指依照《兒童及少年福利與權益保障法》第75條：兒童及少年福利機構分類的第三款——安置及教養機構，以及「兒童及少年福利機構設置標準」第2條規定所設

立兒童及少年安置、教養機構。又分為緊急性庇護安置的服務及「社區家園」，前者以提供短暫的住宿服務為主，並非長期性的安置服務。後者提供生活及社會能力缺損、不適合獨居的成年身心障礙者居住。以社區化為理念，創造能滿足身心障礙者就業、就養等多方面需求的居住環境，使他們能享有最大程度的獨立生活能力，以保有較高品質的個人生活，避免與社會脫節，學習適應社會。

安置流程有差異，衛生福利部委託胡中宜主編（2017）《兒少結束家外安置後續追蹤輔導及自立生活服務社工實務手冊》，使承辦社工有所依循。依《兒童及少年性剝削防制條例》，從事性交易或有從事性交易之虞之少年，可自行求助或透過責任通報、查獲等管道，再經法院裁定後安置，安置期滿得視特殊教育實施之必要性由主管機關向法院聲請裁定提前免除特殊教育；或依安置學員最佳利益轉介其他社會資源網絡，辦理結束安置手續。如果是非行少年，經少年法庭依《少年事件處理法》裁定安置接受輔導處分或由縣市政府依法委託安置，安置期滿或經少年法院裁定變更安置機關撤銷安置輔導，辦理結束安置手續。安置機構對相關訊息有保密的責任，且服務對象在進入安置場所後，機構為其提供之服務內容，皆歸類於此項服務對應項目之中。

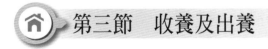

第三節　收養及出養

一、基本觀念

家庭的組成原因主要有三種：結婚、血緣及領養（收養）。以前兩者居大多數，社工員沒有什麼專業角色。領養較少，但在此社工負

有重責，居關鍵的專業角色（張淑慧，2009）。

收養又稱為領養，由非直系血親的雙方，經過法律認可的過程，建立親子關係，使兒童得到提供適當照顧的家庭，同時也為收養父母覓得子女。出／收養制度追求的目標，是培育兒童在愛和關懷的環境中成長。收養不是救濟，也不是資助，要付出真誠的關懷及承諾來扶養照顧孩子。

當孩子的收養程序完成時，法定扶養關係即正式成立。收養人將完全擔起父母的責任、義務與權利，須關愛孩子、分享親情。出養替代原生家庭照顧孩子的方式，使孩子的生活與福利受到保障。在出養法定程序完成後，出養人將終止與孩子在法律上的親子關係。

(一)收養之狀況

無論出養人、收養人、孩子都是自然人，主要有三種狀況：

1. 親戚收養：指收養人、出養人及被收養人間有血緣關係，可能基於協助有困難的親人照顧孩子、傳宗接代等原因而辦理。須符合《民法》等之親等輩份的規定。
2. 繼親收養：亦稱他方收養。指收養配偶前次婚姻或前段感情所生的孩子。
3. 無血緣關係收養：指收養人、出養人及被收養人間無血緣關係。依兒少法，無血緣關係之收養需經收出養服務媒合者媒合。

收出養的過程除了繼親和一定親等內的親戚收養外，「旁系血親在六親等及旁系姻親在五親等以內，輩分相當」與「夫妻之一方收養他方子女所有無血緣或遠親間的收養案件」，都必須透過主管機關許可的收出養媒合服務者。凡是透過親友介紹的私下收養案件都屬不合法，法院將不予以認可。如此可遏止過去私下收養帶來的偽造文書、

金錢交易、挑選指定等弊病。

(二)收出養媒合服務者之服務範圍

　　既然必須透過法人組織來進行，均依《兒童及少年福利與權益保障法》進行。依照該法，主管機關衛生福利部104年頒布了《兒童及少年收出養媒合服務者許可及管理辦法》。所謂的媒合服務者，以公立安置機構或已辦理財團法人登記的私立安置機構為限，而且最近一次評鑑要是優等或甲等。該辦法說明了收出養媒合服務者應提供及辦理之服務範圍：(1)收出養諮詢服務；(2)接受收出養申請；(3)轉介出養人福利服務；(4)收出養前後相關人員會談、訪視、調查及評估工作；(5)被收養人被收養前後之心理輔導；(6)收養人與被收養人媒合服務；(7)收養人親職準備教育課程；(8)收養人與被收養人於先行共同生活或漸進式接觸期間所需之協助；(9)收出養服務宣導；(10)收出養家庭與被收養人互助團體及其他後續服務；(11)收養家庭親職教育或相關活動；(12)收養服務完成後之追蹤輔導，期間至少三年；(13)其他與收出養有關之業務及服務。

　　此種安置機構需聘用社會工作人員執行收出養工作，按照該辦法規定：收出養媒合服務者應置專任主管人員一名，綜理收出養媒合服務業務，並置社會工作人員、心理輔導人員、行政人員或其他工作人員。該條文特別規定：社工人員應為專任；心理輔導人員得以特約方式辦理；行政及其他人員得由相關人員兼任。換言之，社會工作人員最重要，必須專任。又規定：社會工作人員應至少配置三人，且其中一人須具有二年以上從事兒童及少年福利工作經驗，並優先進用領有社會工作師證書者。收出養媒合服務者應定期召開督導會議，其社會工作人員每年應接受兒童及少年福利與收出養相關課程在職訓練至少二十小時。

　　出養過程中，孩子與父母會經歷分離的悲傷與失落，情緒劇烈波

動，常出現適應上的問題，因此需給予協助。在專業服務裡，社會工作人員主動瞭解出養人的出養原因、家庭問題與評估出養的必要性。透過持續的關懷、支持與輔導，降低分離的衝擊，協助出養人和孩子走過悲傷，使孩子能順利與收養家庭建立關係。

(三)出養服務之辦理程序

按照《兒童及少年收出養媒合服務者許可及管理辦法》規定，收出養媒合服務者從事出養服務得依下列程序辦理：

1.提供出養諮詢服務。
2.接受出養人申請，並建立檔案。
3.進行出養人會談、訪視或調查。
4.評估出養之可行性及必要性。
5.接受出養人委託，提供被收養人安置服務。
6.與出養人共同尋求適當收養人。
7.協助被收養人與收養人媒合。
8.提供分離失落輔導。
9.協助被收養人進行試養。
10.進行試養後評估。
11.協助辦理聲請法院收養認可事宜。
12.辦理出養人追蹤輔導或轉介相關福利服務。

(四)收養服務之辦理程序

在收養服務方面，則依下列程序辦理：

1.辦理收養說明會。
2.提供有收養意願者準備教育課程。

3.接受收養人申請，並建立檔案。

4.進行收養人書面資料審核。

5.進行收養人會談、訪視或調查。

6.辦理收養人審查會。

7.協助收養人與被收養人媒合。

8.安排漸進式接觸。

9.協助被收養人進行試養。

10.進行收養評估。

11.協助辦理聲請法院認可收養。

12.辦理收養家庭追蹤輔導，並提供支持性服務。

13.辦理收養家庭互助團體或其他相關活動。

二、社工的角色及任務

在實際操作面，整理王美恩（2001、2002）及專業的組織（如兒福聯盟、家扶基金會）的做法，社會工作人員從事下列專業處遇：

(一)出養前的服務

1.電話諮詢：提供與出養相關的資訊、出養流程的諮詢服務，視情形轉介相關資源。

2.會談家訪：社工透過會談及訪視，向出養人說明出養進行方式、法律流程與可能涉及的風險、各項權益。社工須充分瞭解原生家庭之出養原因、孩子的生活狀況、重要親友對出養的想法、對後續聯繫的期待等。

3.評估留養的可行性：出養是個相當困難的決定，必然造成孩子生命中重大的失落。在決定的歷程中，社工與出養家庭一起檢視是否能透過資源的協助，將孩子留在原生家庭中成長。

4.尋找收養人：通常先找尋國內的。社工會與出養人討論對收養家庭的期待，並依此協助孩子與已經登記的收養人進行媒合配對。透過衛生福利部的兒童及少年收出養資訊中心（http://www.adoptinfo.org.tw/index.aspx）尋找專業團體是否有合適的人選。若無法順利找到國內收養人，社工再與出養人討論是否考慮進行國際出養，然後與合作之國外收養機構找尋合適的收養家庭，進行國際出養程序。

5.出養前準備：在兒童方面，出養過程中，孩子經歷與原照顧者分離的悲傷，以及與新家庭建立關係的焦慮等情緒問題，可能延伸出適應和行為問題，社工均應協助孩子。在出養人方面，常出現悲傷、失落和罪惡感，社工持續關心、給予情緒支持、提供必要的訊息。例如出庭時陪同，出庭前和出養人先行討論出庭事宜。出養人與孩子見面，社工皆應陪伴。

6.協助出養後的適應：孩子進入收養家庭之後，社工每月進行訪視，針對孩子到了新環境中的生活適應、身心發展、照顧與管教議題進行交流，並將情形回報給出養家庭，視情況陪伴出養人面對與孩子分離後的生活。

7.轉介或結案：針對出養家庭的需求，提供諮詢及資源連結。即使決定不出養，也可轉介其他服務，讓家庭能夠得到相關的福利。

除了上述流程外，專業的組織視需要提供短期家庭安置服務。出養人在準備出養期間若無法繼續照顧孩子，可先將孩子委託在專業組織訓練的短期安置家庭，由專業合格的保母提供家庭式的照顧，社工定期訪視，瞭解孩子的狀況，確保孩子被照顧的品質。

(二)出養後的服務

1. 出養後陪伴：出養完成後社工仍應與出養人一起面對孩子離開的新生活，許多出養人會有心理上與生活上的問題需加以調適，社工須陪伴出養人度過悲傷與失落的歷程，並運用社會資源改善生活。

2. 收出養聯繫與執行約定協議：出養的過程中，收出養雙方應對未來的互動方式與頻率做出約定，如提供照片或見面；出養人也可以透過書信，表達對孩子想說的話。專業組辦理各項收養家庭活動，出養人也可以透過社工知道孩子後續的情形。無論是透過何種形式，擔任平台的社工鼓勵收出養雙方保有互動的管道，讓孩子能夠感受到雙方的愛與關懷。

3. 辦理法院收養聲請：當評估孩子已經適應收養家庭，社工會協助出養人準備法院相關資料及陪同出庭，並提供家庭訪視報告，使法官明確瞭解收出養人的意見與孩子的被照顧狀況，之後法院會寄發裁決確定書。

4. 追蹤關懷：在裁定認可收養後，社工持續關懷出養家庭的狀況，並執行後續的收出養協議。不定期邀請出養人參與支持性喘息服務，也陪伴出養人。

5. 尋親與重聚：專業組織應妥善保存收出養雙方的相關文件，代為保管出養人欲待孩子長大後再給予的書信物品等，作為被收養的孩子未來尋親重聚的依據。藉此可瞭解被出養原因、原生家庭的背景資料等，另外有助於連結衛生福利部兒童及少年收養資訊中心之尋親服務。

社工要研究收養人條件，該辦法規定：除應符合《民法》及其他相關法令規定外，並得包括身心狀況、人格特質、經濟能力、與被收

養人之年齡差距、參與準備教育課程情形、試養之意願及有無犯罪紀錄等。但不得對收養人有相關歧視之限制。社工需對收出養人評估，包括會談、訪視或調查，也須對收養人審查，包括書面資料審核或由相關人員組成審查會審查。審查會由收出養媒合服務者及具有兒童少年福利、醫療或法律背景的專家或學者組成。

關於費用，原本中央會補助所從事的機構。但新法實施後，政府規定「使用者付費」，認為收養人應具備基本的經濟能力來支付服務費用，因此不再提供收養服務補助。收出養媒合服務者辦理向收養人收取費用的項目及基準，收出養媒合服務者應給予收據，並保存收據存根五年。收出養媒合服務者受託辦理服務時，應與收養人、出養人分別簽訂書面契約，載明：(1)服務項目；(2)收費項目及金額；(3)收費及退費方式；(4)違約之損害賠償事宜；(5)其他主管機關規定之事項。

所繳交的費用是用來支付專業人事與行政管理費。至於孩子的安置、醫療、生活費，以及對原生家庭的經濟支援等支出，承辦的機構多半透過募款和政府補助來籌措，並未包含在收養服務收費中。為了避免爭議與增加收養人負擔，通常採取分階段收費。

三、面對未婚懷孕出養的案主

以出養來看，分析社工如何與出養人溝通。最常見的是未婚懷孕，社工應先同理「出養孩子是極困難的決定」，向出養人說明：對妳／你、對孩子、對家人、都造成一輩子的影響。絕不會有絕對或簡單的答案，須盡可能想過各種選項，並思考每一個選擇的影響，找親人、朋友，但最好能和從事相關業務的社工討論。

(一)出養前須考慮的議題

不管成年或未成年，社工員都不會冒然聯絡妳的家人，除非是事

先取得妳的同意。如果父母還不知道懷孕的事，社工員會先傾聽希望的解決方式，幫忙分析各種做法中，哪些部分在法律上是必須有父母親的協助及同意，然後才由妳自己決定是否要告知父母，以及要用什麼方式告知。建議要仔細考慮的議題包括：

1. 親權的轉移：一旦決定出養，便是捨棄對孩子的親權行使，失去與孩子在法律上的關係，以後無權決定孩子的任何事。
2. 選擇合法的管道：出養是為孩子找一個永久的家，過程必須慎重，過度簡化的收出養程序，會使孩子日後所要承擔的風險變高。因此建議充分瞭解收出養團體是否有完善的服務流程與審查機制及對於收出養雙方之聯繫協議的執行機制。若必須出養孩子，收出養案件皆須透過政府許可合法的收出養媒合機構辦理，並到法院聲請，經由法官的審查與裁定。凡是個人私下尋找收養人（親戚與繼親收養除外）的方式，法院都不會予以認可。
3. 自我決定：出養孩子必然悲傷與失落，但出養是自己的決定，未來比較容易走出悲傷。跟每一個母親一樣，都有權作選擇，要為自己好。服務團體尊重妳的想法，設身處地的同理在過程中的猶豫與擔憂，在整個服務流程中均會持續與妳討論，陪伴檢視出養孩子的必要及任何留下孩子的可能性，提供資源轉介及相關的資訊，並會充分尊重妳的選擇及所需要的時間，不勉強或催促做決定。

在懷孕時，就可以開始計畫生產後希望跟寶寶接觸的程度，記得在完成法院裁定認可前妳仍是孩子的父母跟監護人，妳有權探視孩子、餵奶，或是用任何想要的方式照顧。

(二)有政府核發許可證的出養服務團體

可以透過政府相關網站，或致電當地社會局／處，瞭解合法的收出養服務團體名單，以進一步詢問。

1. 衛生福利部社會及家庭署。
2. 兒童及少年收養資訊中心網站。

社工的基本立場是秉持兒童及少年的最佳利益，讓孩子在健全、關愛的環境中成長。為孩子尋求一個能滿足其需求的家庭，讓他們可以健康茁壯成長。收養不是救濟，也不是資助，而是要付出真誠的關懷來扶養照顧孩子。

(三)由誰來辦理出養？

1. 生父母為未成年人：如生父母為未成年要進行出養者，須經由父母或法定代理人的同意。
2. 婚姻關係存續：現有婚姻關係存續欲出養者，均須經配偶同意。即使分居、非配偶之親生子女，亦需徵得對方同意。
3. 兩造離婚：夫妻離婚後，不論是否約定孩子（指被出養人）歸屬何方監護，因出養涉及親權問題，仍需獲孩子父母雙方同意。即使沒有監護權的一方，在出養事件上，仍有表示意思的權利。

(四)出庭程序與法律相關規定

1. 出庭是必要的程序：法官重視出養人意願的當面表達，所以出庭重要且必須。即使是委託收出養媒合機構辦理出養事宜，仍需要與機構保持聯繫，瞭解出庭時間並依時出庭，以免阻礙出

養程序，影響孩子權益。

2.無血緣關係的出養服務都需找政府核可的收出養媒合機構辦理。

3.出養必要性：法院認可收養案件前，須調查出養的必要性及原生父母無法照顧子女的因素。如果原生父母不是有困難而必須將孩子出養，法院不會認可。

4.國內優先原則：有關孩子的出養，必須以「國內收養人優先收養為原則」。孩子必須經由國內各收出養媒合服務機構的協助後嘗試，確定都無法媒合適當的國內收養人，才能安排孩子出養到國外。因為被收養的孩子，要經歷身分上的變化，若被送出國，成長過程中還要再面臨膚色、語言、文化等衝擊，甚至可能承受歧視，造成孩子認同的困擾。

本章書目

直接引述

王美恩（2001）。《兒童福利聯盟收養服務評估與未來發展之探討》。台北：兒童福利聯盟文教基金會。

王美恩（2002）。收養理念及兒童最佳利益的認知。《收出養工作人員實務專業研習會會議手冊》，第一篇，頁5-12。

何依芳（2003）。《寄養家庭的壓力與調適》。台中：東海大學社會工作學系碩士論文。

李加心（2011）。《寄養家長從事寄養服務的工作滿足與持續服務意願之研究》。台中：東海大學社會工作學系碩士論文。

卓翊安（2017）。《非自願少年留院適應歷程之探究》。台中：東海大學社會工作學系博士論文。

胡中宜主編（2017）。《兒少結束家外安置後續追蹤輔導及自立生活服務社工實務手冊》。台北：衛生福利部。

張淑慧（2009）。〈司法社會工作概述〉。《社區發展季刊》，128，155-168。

翁毓秀、曾麗吟譯（2009）。Ian Milligan、Irene Stevensm原著。《安置兒童照顧：協同合作實務》。台北：洪葉。

郭靜晃（2008）。《兒童少年與家庭社會工作》。台北：揚智。

陳桂絨（2000）。《復原力的發現：以安置於機構之兒少保個案為例》。台北：東吳大學社會工作學系碩士論文。

廖廷衛（2014）。《寄養家庭主要照顧者壓力之探討——以照顧零至六歲發展遲緩幼兒者為例》。台中：台中教育大學幼兒教育學系早期療育碩士班碩士論文。

劉春香（2010）。《寄養父母之教育訓練及其滿意度研究》。台北：台灣師範大學社會教育學系在職進修碩士班碩士論文。

兒童福利聯盟、台灣兒童暨家庭扶助基金會、衛生福利部等網站。

國家圖書館出版品預行編目（CIP）資料

家庭社會工作 / 彭懷真著. -- 初版. -- 新北
　市：揚智文化, 2018.02
　　面；　公分. --（社工叢書）

　ISBN　978-986-298-281-5（平裝）

　1.社會工作　2.家庭輔導

547　　　　　　　　　　　　106025364

社工叢書

家庭社會工作

作　　　者 / 彭懷真
出 版 者 / 揚智文化事業股份有限公司
發 行 人 / 葉忠賢
總 編 輯 / 閻富萍
特約執編 / 鄭美珠
地　　　址 / 新北市深坑區北深路三段 260 號 8 樓
電　　　話 / (02)8662-6826
傳　　　真 / (02)2664-7633
網　　　址 / http://www.ycrc.com.tw
E-mail / service@ycrc.com.tw
I S B N / 978-986-298-281-5
初版一刷 / 2018 年 2 月
定　　　價 / 新台幣 420 元